Anselm Grün begegnen

Anselm Grün begegnen

herausgegeben von

Abtprimas Notker Wolf OSB

Vier-Türme-Verlag

Bibliographische Information der Deutschen Nationalbibliothek

Die Deutsche Nationalbibliothek verzeichnet diese Publikation in der Deutschen Nationalbibliographie. Detaillierte bibliographische Daten sind im Internet über http://dnb.d-nb.de abrufbar.

FSC www.fsc.org
MIX
Papier aus verantwortungsvollen Quellen
FSC® C014889

1. Auflage 2014

Lektorat: Marlene Fritsch
Umschlagfoto: Andrea Göppel © Vier-Türme-Verlag
Druck und Bindung: Pustet, Regensburg
ISBN 978-3-89680-900-1

www.vier-tuerme-verlag.de

Kapitel II

Mitten aus dem Leben
Das Werk und die Theologie Pater Anselm Grüns

Kapitel III

Erinnerungen

Von Beerdigungsgesängen für einen Vogel, nächtlichen Autofahrten, Bachkantaten, offenen Händen und einem liebenden Herzen

Kapitel IV

Gute Wünsche

»Dein hörendes Herz, dein kritischer Blick, dein wacher Geist, dein heller Verstand, dein klares und wahres Wort seien dir weiterhin Stütze und Stab, Rückenwind und Richtschnur«

ABTPRIMAS NOTKER WOLF

Pater Anselm Grün – einfach ein Mitbruder

Zum Geleit

Pater Anselm Grün ist ein Glücksfall – ein Glücksfall für Menschen, die heute geistliche Orientierung suchen und einen guten Rat brauchen. Es gibt wohl keinen, der diesbezüglich im deutschen Sprachraum zurzeit mehr bieten kann. Immer neue Schriften erscheinen, Hörbücher, Aufsätze; er bietet Meditationskurse an, hält Vorträge, spricht im Radio, im Fernsehen. Manche meinen, er würde zu viel schreiben. Der Absatz seiner Werke beweist die Notwendigkeit solchen Schaffens. Zahlreiche Werke sind in verschiedene Sprachen übersetzt worden.

Andere kritisieren, er schreibe nichts wirklich Neues. Doch geht es immer um den Menschen, der in seiner Grundstruktur, in seinen Freuden und Nöten derselbe bleibt. Und es gibt auch immer nur eine Quelle, in der wir Antworten suchen können: die Bibel, die Frohe Botschaft, die uns Mönchen zur täglichen Nahrung geworden ist und die durch die Regel Benedikts eine konkrete Lebensform darstellt.

Zu meinen reichen Studienerfahrungen in Sant' Anselmo in Rom gehört auch die Begegnung mit Pater Anselm. Eigentlich sind es keine besonderen Vorkommnisse. Als er in Rom studierte, war ich bereits an die Ludwig-Maximilians-Universität nach München gewechselt. Aufgefallen ist damals, dass er sich für die Psychologie von C. G. Jung und Graf Dürckheim interessierte. Das war damals ungewöhnlich, wenn nicht sogar etwa anrüchig. Aber es hat ihm für seine Thematik eines modernen Erlösungsverständnisses geholfen, das er anhand von Karl Rahner erarbeitet hat. So wurde seine Promotion im überfüllten Kapitelsaal von Sant' Anselmo 1974 ein glanzvolles Ereignis, auf das sein Doktorvater Pater Magnus Löhrer mächtig stolz war. Wir alle saßen gespannt und freuten uns, wie ruhig und akribisch genau Pater Anselm auf die Einwände der beiden Co-Zensoren, des Fundamentaltheologen Pater Ursizin Derungs und des Ökumenetheologen Pater Gerard Békés, einging. Die Arbeit fügte sich gut in den neuen heilsgeschichtlichen Ansatz von Pater Magnus ein, den er in dem von ihm nach dem Konzil herausgegebenen mehrbändigen Werk »Mysterium Salutis« entfaltet hat.

Später, als ich Erzabt von St. Ottilien war, sind wir uns bei kanonischen Visitationen begegnet. Aufgrund seiner Spanischkenntnisse unternahmen wir zweimal gemeinsam die Visitationen unserer Häuser von El Rosal in Kolumbien und Güigüe in Venezuela. Ich schätzte ihn wegen seines gesunden und ausgewogenen Urteils. Als Visitator ist es gut, einen in monastischen Fragen nicht nur kundigen, sondern sehr praktisch denkenden Berater an der Seite zu haben.

Gegen Abend gingen wir miteinander spazieren, tauschten unsere Eindrücke aus, redeten aber auch über andere Dinge, zum Beispiel über die Notwendigkeit und sein Geschick mit finanziellen Investitionen. Er musste ja für seine Abtei und das Gymnasium die nötigen Gelder aufbringen. Wir sprachen über die Beleihung von Grundstücken, zu der ihm Schweizer Banker geraten hatten.

Es waren unsere Spaziergänge zum Teich in El Rosal an den lehmigen Abhängen von Camurí Chico, die mir noch intensiv in Erinnerung geblieben sind. Diese Freizeiten in den Tageslauf einzuschieben war uns wichtig. So konnten wir Abstand gewinnen von den zahlreichen Interviews und die Situation besser beurteilen. Ein anderes Mal hatten wir Gelegenheit, uns länger zu unterhalten, als wir von der gemeinsamen Visitation von Königsmünster nach Münsterschwarzach im Auto zurückfuhren.

Als wir letztes Jahr in Sant' Anselmo zum ersten Mal den Kurs über »Leadership, Management und die Regel des heiligen Benedikt« für monastische Obere durchführten, sagte Pater Anselm spontan zu, auch wenn er den Termin zwischen zwei andere hineinquetschen musste. Er kam am Morgen aus Frankfurt angeflogen, und am Abend ging es wieder zurück nach Deutschland. Es war ein bisschen schade, dass er nicht mehr Zeit hatte. Aber ich kenne das aus eigener Erfahrung. Er redete über den Umgang mit weltlichen Angestellten und fand bei den 35 Teilnehmern großen Anklang. Denn Mönche und Nonnen müssen sich heute in ihren Klöstern umstellen und brauchen die Hilfe von außen, wenn sie ihre Aufgaben bewältigen wollen. Angestellte stehen nicht nur im Dienst eines Klosters, sie sind Menschen, wollen als solche geachtet und geschätzt werden.

Er konnte dabei aus dem Vollen schöpfen. Ich erlebte ihn mit seinen wachen Augen und seiner klaren Unterscheidungsgabe wie früher, nur der Bart ist seit 1974 länger und grauer geworden. Er ist jemand, der konsequent seinen Weg gegangen und dabei gereift ist und jetzt seine Weisheit anderen mitteilen kann. Weisheit wächst vor allem mit der Liebe zum Menschen, und die können wir aus seinen Schriften wie bei seinen Vorträgen spüren.

Pater Anselm ist wohl der meistgelesene geistliche Schriftsteller unserer Zeit, weit über die Grenzen Deutschlands hinaus. Doch hat er über drei Jahrzehnte in erster Linie als Cellerar seiner Abtei gedient, oder mit den Worten eines gregorianischen Kommuniongesanges ausgedrückt, er war »ein treuer und kluger Diener« seines Klosters Münsterschwarzach, in dessen Hand die Sorge um das leibliche Wohl der Brüder, um die ganzen Aktivitäten einer großen Gemeinschaft, die über 100 Mönche zählt, liegt. Dabei blieb er stets Bruder unter Brüdern, aber eben nicht nur seiner Brüder im Kloster, sondern vielen Schwestern und Brüdern in dieser Welt: Denn das Wirken eines Cellerars trägt bei Missionsbenediktinern immer auch eine globale Note.

Das geregelte Leben in seinem Kloster ermöglicht die große Kreativität, die Pater Anselm auszeichnet. Trotz Gebetszeiten und eines harten Arbeitstags bleibt genügend Mußezeit für Lesen und Schreiben. Er ist ein Mitbruder unter den anderen, betet und isst mit ihnen und trägt durch Tantiemen und Honorare zum Unterhalt der Gemeinschaft bei. Er ist ein Glücksfall, auch für seine Gemeinschaft.

Ich wünsche Pater Anselm weiterhin Gottes Segen für viele Jahre körperliche und geistige Frische, damit wir aus seiner Hand und seinem Herzen noch zahlreiche Geschenke erhalten und er weiterhin noch zahlreichen Menschen in Wort und in Schrift Orientierung und Freude geben kann.

Rom, Hochfest des heiligen Benedikt 2014
Abtprimas Notker Wolf

Kapitel I

Von bescheiden bis Actionheld

Wer ist Pater Anselm Grün?

CLEMENS BITTLINGER

Siebenmal Anselm

1. Der Franke

Anselm Grün ist gebürtiger Franke. Seine Mutter floh während des Zweiten Weltkrieges von München aus in die Rhön. Am 14. Januar 1945 wurde er als Wilhelm Grün in Junkershausen in der Rhön geboren, er war das vierte von sieben Kindern. Die Familie war sehr religiös und die Eltern eifrige, ja tägliche Kirchgänger. Ein Elektronikgeschäft sorgte für den Unterhalt der Familie.

Das Rhön-Grabfeld kenne ich gut. Ich bin selbst in Bad Königshofen zur Schule gegangen und habe dort auch Abitur gemacht. Meine damalige Freundin und jetzige Frau stammt ebenfalls aus diesem Ort. Als Schüler war ich in den letzten beiden Schuljahren vor dem Abitur als freier Mitarbeiter des »Bote vom Grabfeld« gewissermaßen ständig auf Achse. Ortsnamen wie Wülfershausen, Junkershausen, Heustreu sind mir wohlvertraut und klingen ein wenig nach Heimat. Ende der 1970er-Jahre gab es in Heustreu zum Beispiel eine Diskothek, die bei uns Schülern sehr beliebt war und die auch von den damals noch in der Region stationierten amerikanischen Soldaten gerne und häufig besucht wurde. Diese Disko war zwar verrufen als Drogenumschlagplatz und Kifferzone, aber sie spielten dort die angesagte Musik. Außerdem war dieser Ort auch eine Handels- und Tauschbörse für amerikanische Waren wie zum Beispiel die heißbegehrten Stereoanlangen amerikanischen Fabrikats.

Apropos elektronische Geräte: Mit einem Elektronikgeschäft konnte man in Junkershausen wahrscheinlich nicht allzu reich werden, wir waren ja Zonenrandgebiet, das heißt, Richtung Osten gab es keinen Markt und keine potenziellen Käufer, und auch den Handel über das Internet gab es ja damals noch nicht. Außerdem war die Kleinstadt Bad Neustadt gleich um die Ecke, und dort gab es mit Sicherheit konkurrierende Geschäfte mit einem weit größeren Sortiment. Als streng katholischer Geschäftshaushalt stand man außerdem als Kind und als Jugendlicher gewissermaßen permanent unter Beobachtung. »Das Dorf« hat viele Augen und Ohren, und schon damals interessierte »das jüngste Gerücht« die Menschen weit mehr als »das Jüngste Gericht«.

Doch die Rhön und das Grabfeld sind eine wunderschöne Gegend, und hier konnte man als Kind aufblühen und viel draußen sein. Die meisten Dörfer sind schön hergerichtet und gestaltet, und es gibt viele kulturelle Angebote und Initiativen. Der Franke und die Fränkin wirken zwar auf den ersten Blick ein wenig spröde, aber hinter der harten Schale pocht ein offenes und herzliches Herz. Der Franke, so wie ich ihn viele Jahre erlebt habe und kennenlernen durfte, ist zunächst ein wenig zurückhaltend und abwartend, nicht gleich so weltumarmend wie vielleicht der Rheinländer.

Und diese zunächst zurückhaltende, mitunter fast schüchtern wirkende Art kann man bei Anselm auch heute noch hin und wieder beobachten. Nicht beobachten hingegen kann man bei ihm die Mühe und den Kampf des Franken mit der deutschen Sprache. In geradezu bewundernswerter Sprachfertigkeit hat er sich den sprachlichen Sonderheiten seines Heimatdorfes entzogen. In keiner Region dieser Welt muss man sich auf die Nennung des Namens »Pascal« die Frage gefallen lassen: »Mit B wie Berda oder B wie Baula?« Und das, obwohl man klar und deutlich »PPPascal« gesagt hat – der Franke hört zunächst einmal »Bascal«. Das Gleiche können Sie bei den Buchstaben »D« und »T« beobachten – Franken ist das Land der »Deller, Dassen und Underdassen«! Besonders lustig oder gruselig wird es dann, wenn ein Franke sich extra bemüht, hochdeutsch zu sprechen und an den richtigen Stellen das »D« und das »T« zu platzieren, denn er hat dafür kein Konzept oder Gefühl und überlässt das Ganze dann einem schwer zu durchschauenden Zufallsprinzip. Und dann kann die Rede eines ortsverbundenen Landtagsabgeordneten schon mal beginnen mit: »Sehr geerhde Tamen unt Herren ...« An diesem Punkt ist Anselm wie gesagt kein »dybischer Frange«.

2. Der Mann

Wenn Anselm sich an die ersten zehn Jahre als Mönch erinnert, so denkt er immer wieder auch an seine Familie und wie es wäre, selbst eine Familie zu haben: »Ich hatte Angst, ob eine reine Männergesellschaft nicht zu spröde ist und ob man nicht zu kurz kommt mit seinen eigenen Gefühlen«, gesteht er in einem Interview. Natürlich kommt eine bestimmte Seite des Männlichen zu kurz, wenn man sich entscheidet, zölibatär zu leben. Doch Anselm Grün macht keinen Hehl daraus, dass er sich auch als Mönch schon mal in eine Frau verliebt hat und dass er durchaus erotische Gefühle und Fantasien hat – »alles andere wäre ja auch unnormal, die Frage ist ja nur: Wie gehe ich damit um? Als zölibatär lebender Mönch kann ich bedauern, dass ich keine Lebenspartnerin habe, als Verheirateter kann ich bedauern, dass ich nur diese eine Lebenspartnerin, mit all ihren Macken und Schwächen habe!«, sagte er mir im Gespräch. Und so ist es typisch für seine Offenheit, dass er einer großen Tageszeitung durchaus auch einmal ein Interview mit der Überschrift »Die erotischen Gefühle eines Benediktinermönches« gestattet. »Ich mag seine Augen«, erzählte mir neulich eine junge Frau, mit der ich über dieses Buch sprach, »da schaut irgendwie ein Spitzbub raus, der hat Witz und ganz viel Liebe!«

Er mag sein Auto und fährt am liebsten selbst: ca. 60.000 Kilometer klopft er im Jahr, kommt relativ knapp zu den Veranstaltungen und fährt ziemlich schnell wieder nach Hause. Er steht zu seinem VW Golf – es muss nicht das neuste Modell sein, aber fahrtauglich und ein paar PS mehr zum guten Überholen dürfen es schon sein. Vor vielen Jahren hatten wir ihm mal zusammen mit einigen Freunden angeboten, ihm ein etwas komfortableres Auto und einen Fahrer zu stellen. Dies lehnte er dankend ab, das passe nicht zu seinem Lebensstil, außerdem fahre er gerne selbst, sagte er mir. Ein Mann und sein Auto ... Und: Anselm interessiert sich für Fußball, in Zeiten der WM hat er die Ergebnisse und die Spielkombinationen meist parat.

Blickt man in die Reihen des stets zahlreich erscheinenden Publikums, so stellt man sehr schnell fest: Es sind überwiegend die Frauen, die zu seinen Lesungen und Vorträgen pilgern. Anselm Grün wird als Mann wahrgenommen, als ein Mann Gottes sicherlich, aber auch einfach als besonderer Mann – vielleicht haben so ähnlich die Propheten des Alten Testaments ausgesehen, vielleicht hätte Jesus im fortgeschrittenen Alter so ausgesehen. Als Anselm einmal vor vielen Jahren bei uns zu Hause zu Gast war und unsere damals sechsjährige Tochter Enya ihn in seiner Kutte bestaunte, rief sie laut aus: »Du siehst ja aus wie der Gandalf!« (Gandalf ist der Zauberer im Buch »Der Herr der Ringe«.) Und natürlich kam und kommt es vor, dass sich Frauen in diesen Mann verlieben. Die meisten heimlich und im Stillen – manche leider auch öffentlich und nervig, wie die Stalkerin, die ihm vor einigen Jahren nachstellte. In jedem Fall ist der Mann Anselm Grün auch für viele Männer ein wohltuendes Beispiel für einen ganz anderen Lebensentwurf: weg vom Karrieredenken und Machtstreben hin zu einem sensiblen und spirituell offenen »Mannsbild«.

3. Der Mönch und Theologe

Im zarten Alter von zehn Jahren hat der kleine Wilhelm auf einmal die Idee, Priester zu werden. Und diesen Weg verfolgt er dann auch, nachdem er in Würzburg sein Abitur gemacht hat: Er begibt sich als Novize in das Kloster Münsterschwarzach. Seinen ursprünglichen »Plan«, Biologe zu werden, gibt er auf – nicht ganz ohne Zweifel und innere Krisen, wie er einmal im Gespräch gesteht. »Nichts haben, alles besitzen«, so lässt sich die Haltung von Weisen aus allen Religionen, zu allen Zeiten beschreiben. Nur wer sein Herz an nichts Geschaffenes hängt, wer loslassen kann, woran andere hängen, der ist wirklich frei. Gelassen ist ein Mensch, der sein Ego losgelassen und sich in Gott hineinergeben hat, der ruhig geworden ist in seinem Herzen, weil er sich in den göttlichen Grund hat hineinfallen lassen. Das möchte er letztendlich. Für den jungen Wilhelm ist der Kirchenvater Anselm von Canterbury ein großes Vorbild, und so wird aus Wilhelm Anselm. Anselm von Canterbury wurde übrigens im Jahr 1720 von einem Papst Clemens (!) zum Kirchenlehrer ernannt. Als Scholastiker war eines seiner Hauptthemen das Verhältnis von Glaube und Vernunft – und sein wohl bekanntester Satz über das Wesen Gottes lautet: »Worüber hinaus Größeres nicht gedacht werden kann.« Dieses Verhältnis von Glaube und Vernunft bestimmt bis heute noch die Theologie und die Philosophie von Anselm Grün. Seine Vorträge und Ausführungen, egal zu welchem Thema, beginnen jeweils mit einer breiten Gesamtschau des bereits vernünftig Gedachten und Gesagten.

In einem der größten Benediktinerklöster Europas lebt er nun seit über fünfzig Jahren in einer zwölf Quadratmeter großen Kammer nach den Regeln des heiligen Benedikt: »Die Gebetszeiten sind im Kloster die Eckpfeiler des Tages. Fünfmal täglich versammeln sich die Mönche in der Kirche, um Gott Lobpreis und Ehre darzubringen, aber auch um die Nöte dieser Welt vor ihn zu tragen. Von der Morgenhore (Vigil und Laudes) bis zur Nachthore (Komplet) spannt sich der Tagesablauf des monastischen Lebens.« So heißt es in den Statuten der Abtei. Und in der Tat, Anselm Grün nimmt diese Zeiten sehr ernst: Außer bei den großen Kirchentagen ist er nach jeder Veranstaltung stets nachts wieder nach Hause gefahren, um die Bodenhaftung zum Mönchdasein nicht zu verlieren und um wieder einzutauchen in die Vertrautheit der klösterlichen Abläufe.

Als Mönch ist er auch Asket. »Verzichten ist Ausdruck der inneren Freiheit. Und die gehört zu unserer Würde«, hat er einmal gesagt. Und Verzichten kann und will er. Regelmäßiges Fasten gehört für ihn zum Lebensstil, ist für ihn eine Quelle der Inspiration. Aus eigener Erfahrung mit dem Heilfasten weiß ich, dass man ab einem bestimmten Stadium des Fastens auf einmal hellhöriger, feinfühliger und kreativer wird. Man verliert durch den Verzicht nicht an Energie, sondern im Gegenteil: Auf einmal ist es, als würde sich ein Pfropfen lösen, und man ist ganz da, gerade weil man nichts oder nur sehr wenig braucht. In dieser Zeit wird man auch sensibler für die Gegenwart Gottes, wenn man bereit ist, sich dieser Dimension zu öffnen und zuzuwenden.

Es ist ja in Mode gekommen, vor allem in der Passionszeit für sechseinhalb Wochen auf etwas zu verzichten, und ich finde das eigentlich ganz schön, dass auch so etwas mal wieder »in Mode« kommt. Und so verzichten jedes Jahr in den Wochen nach Fastnacht Millionen von Menschen zum Beispiel auf Alkohol, einfach, um mal auszuprobieren, ob es noch geht, wie weit der Grad des Gewohnheitstrinkens schon fortgeschritten ist. Und auf einmal merkt man, dass man seltener mit Kopfschmerzen aufwacht und dass andere Dinge in den Vordergrund rücken.

Man hat vielleicht Lust, auch andere Dinge auszuprobieren, die Nahrung umzustellen, kurzum: nicht einfach im alten Trott weiterzuwurschteln. Dabei kann das Fasten, auch und vor allem das Teilfasten, helfen. Ganz offensichtlich wird es, wenn man sich vorstellt, dass manche Familien zum Beispiel auf das Fernsehen oder das Internet verzichten – stellen Sie sich das doch einmal vor, wie viel Zeit für andere Dinge Sie auf einmal haben: Familien unterhalten sich wieder, holen die Brettspiele vom Speicher und machen etwas miteinander.

Für die Mönche ist das nichts Besonderes, sie kennen das Fasten, das Schweigen und das Verzichten, aber ihre Tradition und das Wachhalten der Askese ist wichtig für eine Gesellschaft, die sich »zu Tode amüsiert«. Ziel der Askese ist die Einkehr und die Umkehr. Jemand, der nach sechs Wochen ohne Internet feststellt, wie gut das war und wie sehr er ein Gefangener seiner Angewohnheiten geworden ist, wird danach (vielleicht) umkehren und anders leben wollen.

Umkehr heißt im kirchlichen Kontext Buße. Dazu hat Anselm einmal gesagt: »Buße heißt: wiederherstellen und heilen. Unser Leben ist oft genug beschädigtes Leben, Leben, das sich von den Verletzungen bestimmen lässt. In der Fastenzeit sollen wir unsere Verletzungen beobachten und sie Gott hinhalten. Dadurch können sie geheilt werden. Wenn wir geheilt werden, wenn wir heil werden und ganz, dann wird auch von unserem Leben Segen und Heil für andere ausgehen.« Das kann man erleben und wird ganz konkret erfahren, wie der Glaube und die spirituelle Praxis der Benediktiner das Leben verändern: nachhaltig!

4. Der Zocker

»Der Heilige Benedikt will, dass die Mönche von ihrer eigenen Hände Arbeit leben und dass sie mit ihrer Arbeit anderen Menschen dienen. Ora et Labora, Beten und Arbeiten sind ineinander verschränkt. Das Arbeiten ist für Benedikt kein Gegensatz zum Gebet, sondern die Fortsetzung in den Alltag hinein. Die Arbeit ist wie ein Test, ob das Gebet echt ist oder nicht. Eine gesunde und kreative Arbeit zeigt, dass auch die Frömmigkeit stimmt. Das benediktinische Ora et Labora führt so zu einer realistischen und geerdeten Frömmigkeit, die sich nicht nur auf fromme Gefühle erstreckt, sondern die Welt so gestaltet und formt, dass darin etwas von der Herrlichkeit Gottes sichtbar wird!«, so liest man auf der Homepage des Klosters Münsterschwarzach. Die Arbeit, der Anselm jahrzehntelang ziemlich erfolgreich nachging, war die des Cellerars, des Schatzmeisters.

In gewisser Weise war er somit der Nachfolger des Jüngers Judas, natürlich nur, was die Aufgabenzuteilung innerhalb der Jüngerschar anbelangte, wenngleich er sich doch auch hin und wieder der Kritik ausgesetzt sah, er habe das Vermögen des Klosters aufs Spiel gesetzt. Vor allem in Zeiten der Wirtschaftskrise hätten manche gerne einen etwas konservativeren »Finanzminister« gesehen, aber wie heißt es so schön: »Eine gesunde und kreative Arbeit zeigt, dass auch die Frömmigkeit stimmt ...«

Und kreativ war Anselm Grün zweifellos auch als Schatzmeister: An der Börse kennt er sich gut aus, und dass manche ihn als »Zocker« bezeichneten, nimmt er mit der ihm eigenen verschmitzten, fränkischen Gelassenheit. Er weiß: Hin und wieder muss man auch mal etwas riskieren, sonst kommt man auf keinen grünen Zweig. Und dass dieser Zweig des Klosters grünt (welch ein Wortspiel!), zeigen die ausgeglichenen Bilanzen dieses beachtlichen Wirtschaftsbetriebes (Gymnasium, Buchhandlung, Verlag, Druckerei, Metzgerei, Bäckerei, Goldschmiede, Gewährleistung der Missionsarbeit, Gästehaus, Recollectio-Haus, Landwirtschaft und vieles mehr). »Wenn man etwas riskiert und es gut läuft, hat man viele Freunde und Menschen, die einem auf die Schulter klopfen, wenn es mal nicht läuft, gibt es nur einen, der schuld ist«, sagte er einmal schmunzelnd zu mir. Apropos »kreative Arbeit« (Regel des Benedikt): Welches Kloster hat schon einen Cellerar, der sämtliche Veranstaltungshonorare und Einnahmen aus den Buchverkäufen in den Haushalt seiner Bruderschaft fließen lässt und so nochmals selbst »Hand anlegt« und für einen erheblichen Umsatz sorgt! »Kreativ arbeiten«, das kann Anselm.

5. Der Autor

Anselm Grün ist ein disziplinierter Vielschreiber, ständig erscheinen neue Bücher von ihm auf dem Markt, und mühelos könnte er von den Erlösen und Tantiemen seiner Bücher leben. Doch ist er bescheiden geblieben und kommt, so sagt man, mit ungefähr 50 Euro Bargeld im Monat aus. Das macht ihn glaubwürdig, wenn er von neuen und anderen Lebenskonzepten spricht und sich auf jahrhundertealte benediktinische Traditionen beruft: Da ist einer, der eben nicht wie viele andere Wasser predigt und Wein trinkt, sondern authentisch lebt, wofür er steht. Gemeinsam haben wir zwei Ökumenische Fastenkalender geschrieben, die dann auch als Buch erschienen sind, und mehrere Hörbücher aufgenommen, bei denen ich wie auch bei unseren gemeinsamen Konzerten mit meinen Liedern auf seine Texte antworten durfte.

Bei unserem gemeinsamen Schreiben fiel mir auf, wie klar und unkompliziert Anselm Grün die Themen angeht – dabei habe ich für mein eigenes Schreiben viel gelernt. Man hat den Eindruck, er schöpft aus einem ungeheuren Fundus an Grundwissen aus den Bereichen Theologie, Wirtschaft, Philosophie und Psychologie. Das Ganze füllt und belebt er dann mit Beispielen aus seinem eigenen spirituellen Erleben und

Geschichten aus seinem Alltag. Das macht seine Bücher so relevant und praxisnah. Wenn einer so aufgestellt ist, kann er auch zu praktisch allen Themen des Lebens etwas Relevantes sagen und schreiben. Daher gibt es eigentlich kaum ein Thema, das Anselm Grün nicht in irgendeiner Weise »beackert« hat. Die Titel seiner über 300 bisher erschienen Bücher lesen sich dann auch wie ein geistlicher Rundgang durch das pralle Leben. Manche kritisieren das, finden, er schreibe zu viel und wiederhole sich. Ein führender Theologe meiner Landeskirche warnte gar einmal vor einer »Anselmgrünisierung der protestantischen Theologie«.

Der Autor selbst sieht es gelassen: Tiefe Wahrheiten gelten eben themenübergreifend und beweisen gerade in der Redundanz ihre mitunter geradezu universale Gültigkeit. Kein Wunder, dass er immer wieder auch ein gefragte Berater für Banker und Manager ist – hier ist eben einer, der nicht nur vergeistigt spirituelle Häppchen verteilt, sondern mit beiden Beinen im Leben des freien Kapitalmarktes agiert und trotzdem aus einer ganz anderen Welt kommt, sich trotzdem nicht kaufen und bestechen lässt, keiner ist, der auf Boni-Zahlungen schielt oder eine Wahl gewinnen muss. Wo findet man schon noch so einen? Und er ist neugierig, eine wichtige Grundvoraussetzung für einen guten Autor. Wann immer ich ihm ein Thema vorschlage, sei es für ein Buch, eine CD oder einen Konzeptabend, ist er ganz wach da und überlegt gleich mit, was denn nun alles in diesem oder jenem Thema stecken könnte.

6. Der Privatmensch

Ganz ehrlich: Über den Privatmenschen Anselm Grün weiß ich leider sehr wenig, und das, obwohl er wie auch ich gerne mal ein gutes Glas Rotwein trinkt. Da ich selbst ein halber Franke bin, kann ich mir vieles, was den privaten Anselm ausmacht, erschließen, aber richtig »privat«, so schätze ich es ein, ist Anselm nur ganz selten. Zu sehr ist er verwoben mit seinem Dasein als Mensch und Mönch, das ist man eben immer, auch wenn man seine Kutte einmal auszieht und mit Jeans und Pullover herumläuft. Klar ist, dass er sich als viertes von sieben Kindern sicherlich immer wieder nach »oben« und »unten« behaupten musste und dass diese Rückbesinnung auf die Familie ihm immer sehr wichtig war und ist:

Jeden Sommer, im August, geht es für drei Wochen in die Berge, ohne die geistlichen Brüder, nur mit der Familie, mit seinen Geschwistern, Nichten und Neffen. Und da sorgen dann die Schwestern für neue »Privatkleidung« und frisieren und stutzten ihren Anselm fürsorglich. Vergeblich sucht man ihn jedoch in irgendwelchen Einkaufszentren oder Bummelmeilen, das interessiert ihn einfach nicht – wie sollte es auch. Pullover, Jeans und gutes Schuhwerk – das reicht.

Apropos gutes Schuhwerk. In den Sommerferien wird viel gewandert. Manchmal ist das anstrengend, und er denkt: »Bin ich denn wahnsinnig, dass ich mich hier auf den Berg quäle?« Aber wenn er dann oben steht, »ist es doch immer wieder schön!«. »Jeder Mensch braucht im Haus seiner Seele besondere Räume des Schutzes und des schöpferischen Versunkenseins«, hat er einmal gesagt, und einen dieser Schutzräume bietet ihm sicher seine Großfamilie. Ansonsten: Von Hausarbeit und Putzen versteht er nichts, und mit dem Kochlöffel steht er eher auf Kriegsfuß. Wie gut, dass es das Fertiggerichte gibt, doch darauf muss er kaum zurückgreifen, denn in der Abtei Münsterschwarzach werden täglich rund 400 Personen bekocht und in der hauseigenen Kantine bewirtet. Was im Fernsehen läuft, interessiert ihn nicht, und das, obwohl er selbst dort immer wieder auftaucht und zu sehen ist. Aber die Fußballergebnisse, wie schon erwähnt, interessieren ihn schon, da ist er auf dem Laufenden, zumal bei einer WM.

Hobbys? Naja: Die klassische Musik und die Kunst im Allgemeinen haben es ihm angetan: CD-Aufnahmen mit Werken von Bach, Mozart und in der Passionszeit auch gerne von Haydn liegen im CD-Player, wann immer der »reisende Pater« Deutschlands Autobahnen unsicher macht. Sicher sind auch das private Momente, wenn er nach einer Veranstaltung in sein »Patermobil« steigt und sich umhüllen lässt von den symphonischen Klängen der alten Meister, in Gedanken schon wieder zu Hause in seinem Kloster. Ich kenne das sehr gut, wenn ich nach einem Konzertwochenende am Sonntagabend in mein Auto steige und auf dem Navi »nach Hause« anwähle, dann macht sich sofort ein sehr schönes »privates Gefühl« breit, und ich fahre »feierabendlich gestimmt« gen Heimat.

Im persönlichen Gespräch mit Anselm erlebe ich immer wieder sehr private Momente und den Raum zu sagen, wie es mir geht. Fernab von jeglicher Seelsorge, einfach von Mann zu Mann, von reisendem Liedermacher zu reisendem Pater begegnen wir uns dann im Vier-Augen-Gespräch, wo die Weite und die Freiheit besteht, sehr vieles zu sagen und zu teilen. Worüber wir dann reden? Nun, das ist privat!

7. Der Performer

Bei aller Bescheidenheit – jemand, der seelenruhig vor Tausenden von Leuten stehen und diese mit hineinnehmen kann in seine spirituelle Welt, ist ein Performer. Er ist eine Erscheinung, sofort und unverwechselbar erkennbar: schwarze Kutte, Rauschebart, markante Nase, blitzende Augen und wehender Gang – das ist Pater Anselm.

Er braucht keinen besonderen Auftritt, kein »Warm-up«, er geht von Anfang an mit auf die Bühne und ist präsent, auch wenn er zunächst einmal noch gar nichts zu tun hat. Er setzt sich bescheiden auf seinen Stuhl und wartet auf den verabredeten Einsatz. Und wenn er dann ans Rednerpult tritt, verändert sich mehr oder weniger automatisch die Atmosphäre im Saal, eine neue Qualität von Spannung liegt in der Luft, die Leute schauen zu ihm auf, sind dankbar, dass sie da sein und diese Stunde mit diesem besonderen Menschen teilen dürfen. Dabei ist manchmal gar nicht so wichtig, was er sagt, sondern wie er es sagt und wie er das Gesagte einbettet in seinen eigenen Alltag und seine spirituelle Tradition.

Ich habe mir das oft überlegt, wenn ich ihm so lauschen durfte: »Wenn ich mich hinstellen und das Gleiche erzählen würde, hätte es längst nicht die gleiche Wirkung.« Das Gesagte, so einfach es manchmal auch klingen mag, ist wichtig, weil es einer sagt, der wie aus einer anderen, einer sehr stillen und spirituell geprägten Welt gewissermaßen »auf die Bühne geschwebt« kommt und uns gestresste und »zu Tode amüsierte Zeitgenossen« für einen kurzen, wunderbaren Augenblick teilhaben lässt an seinem Geheimnis.

Die meisten seiner Vorträge enden mit einer Geste: Er bittet seine Zuhörerinnen und Zuhörer aufzustehen und mit ihm eine Segensgebärde oder Segenshaltung zu vollziehen. Die erste Großveranstaltung, die wir 2003 gemeinsam gestaltet haben, fand im Rahmen des Ökumenischen Kirchentags in Berlin statt. Anselm Grün hatte ein Buch mit dem Titel »Bilder von Jesus« veröffentlicht, und ich hatte kurz zuvor eine CD zu den sieben »Ich-bin-Worten« Jesu herausgebracht. Daraus entwickelten wir einen gemeinsamen Abend zu dem Thema »Jesus von Nazaret«.

Schon die Vorabsprachen dieses dialogischen Konzertes waren denkbar unkompliziert. Ich entwarf einen Ablauf mit Minutenplan, bei dem ich Anselm fünf inhaltliche Einheiten zu je 8 bis 10 Minuten vorschlug, die dann im Wechsel mit Liedern, Instrumentalmusik und Pantomimestücken des spanischen Künstlers Carlos Martinez das Thema entfalten sollten. Anselm Grün antwortete nur knapp und per E-Mail: »So machen wir es!« – einfach, seiner Intuition trauend – wohl gemerkt: wir hatten noch nie zusammengearbeitet – und unkompliziert.

Der Abend selbst fand dann im ICC, Saal 1 statt. Die rund 5.000 Besucher, die dort Platz fanden, saßen auf Klappstühlen, und vor der Halle fand eine Außenübertragung für all jene statt, die nicht mehr hineingekommen waren. Der Anfang war chaotisch, denn die Technik war mehr oder weniger abgestürzt und musst neue konfiguriert werden, sodass wir erst mit einer halbstündigen Verspätung beginnen konnten. Meinem Freund Carlos Martinez war es zu verdanken, dass dieser großen Menge nicht die Laune verging, denn er mischte sich unter die Menschenmasse und unterhielt sie mit spontanen pantomimischen Einlagen. Das Konzert selbst verlief dann reibungslos, bis Pater Anselm ganz zum Schluss plötzlich sagte: »Ich möchte Sie einladen zu einer Geste und bitte Sie, sich zu erheben!« Wissen Sie, wie es klingt, wenn 5.000 Klappstühle gleichzeitig nach oben schnellen? Es klang, als würde das Dach einstürzen, weshalb auch die Sicherheitsleute sofort alarmiert aufsprangen. Ich kann nur sagen: kleine Geste – große Wirkung!

Das Unkomplizierte ist geblieben, bei all den vielen Events, die wir gemeinsam gestalten durften. Einmal sind wir auch aneinandergeraten: Es war 2008 beim Deutschen Katholikentag in Osnabrück. Ich hatte, verärgert über die Herabsetzung der Evangelischen Kirche durch Papst Benedikt (Juli 2007 unterschied er in einem Schreiben Christen in »Kirche im eigentlichen Sinne und im nicht eigentlichen Sinne«), den Protestsong »Mensch Benedikt« geschrieben. Anselm kannte den Text und war natürlich nicht begeistert. Wie immer hatte ich ein Minutenprogramm für den Abend erstellt, in dem auch das Lied »Mensch Benedikt« vorgesehen war, aber ich fragte Anselm vor dem Abend noch einmal explizit, ob es okay sei, wenn ich dieses Lied singe. Er bejahte meine Nachfrage, und so nahm das Konzert seinen Lauf.

Als dann das Lied vorbei war, war die Reaktion in der prallvollen Marienkirche ziemlich gespalten: von euphorisch begeistert bis ganz klar ablehnend. In jedem Fall sprengte der Text den inhaltlichen Bogen ein wenig und polarisierte eindeutig. Anselm meisterte die Situation souverän, indem er ausführlich über den Ordensgründer Benedikt sprach und das immer wieder verschmelzen ließ mit der Person des damaligen Papstes.

Erst einige Monate später, als wir wegen einer anderen Veranstaltung Kontakt hatten, ließ er mich wissen, dass er es nicht gut fand, dass ich dieses Lied an diesem Abend gespielt habe. Im Kontext des englischen Königshauses würde man sagen: »He was not amused!« Er fühlte sich, so gab er zu, überrumpelt von mir und hätte sich, als er die gespaltene Reaktion des Publikums bemerkt habe, nicht mehr wohlgefühlt. Das tat mir natürlich aufrichtig leid! Ich wähnte mich nach seiner Zustimmung vor dem Konzert »auf der sicheren Seite«. Nun: Wir haben die Sache geklärt, und dieser Konflikt hat unser Zusammenwirken und unsere Freundschaft eher noch gestärkt, so empfinde ich es zumindest. Und davon leben auch unsere gemeinsamen Konzerte, dass wir aus zwei sehr unterschiedlichen »Lagern« kommen und einander doch sehr schätzen.

Und so ist es mittlerweile schon fast eine gute Tradition, dass ich nach einem konzeptionell gut durchdachten und wohlverwobenen Abend hinüber zu »meinem Pater« schreite und mit ihm spontan auf der Bühne nochmals zu dem jeweiligen Thema ins Gespräch komme. Das sind dann oft ganz besondere Momente.

Auch rhetorisch-phonetisch ist Anselm ein Performer, hier jagt zwar nicht ein Gag den anderen, hier gibt es kein raffiniertes sprachliches Ansteuern von Pointen und »Aha-Erlebnissen«, keine bewusst eingesetzte Stimmakrobatik, sondern eher einen meditativ-sonoren Gleichklang. Er spricht eher verhalten, eher leise, es ist eine sich in das jeweilige Thema tastende Stimme, die dem Zuhörer auch akustisch vermittelt: Hier kommt jetzt etwas anderes, Entschleunigung ist zunächst einmal angesagt, und wenn dann in dieser wohltuend unaufgeregten Klangatmosphäre der Schalk aufblitzt und er eine kuriose Begebenheit einstreut, ist der Effekt umso stärker – man lacht nicht ab, sondern man lacht auf, und das meist auch deshalb, weil man sich selbst in dem Geschilderten wiedererkennt.

Ist Pater Anselm eitel? Sicherlich ist jeder, der sich auf eine Bühne begibt, der weiß, dass er fotografiert wird, auf Büchern und CDs millionenfach zu sehen ist und ab und zu auch im Fernsehen auftaucht, auch ein bisschen eitel und narzisstisch veranlagt. Ich würde aber dennoch sagen, er ist nicht eitel.

Und wenn er seine eigene Eitelkeit entdeckt, amüsiert ihn das eher. Ich erinnere mich an eine Veranstaltung auf dem Dresdener Kirchentag, wir saßen alle in einem großen Raum hinter der Bühne einer riesigen Messehalle. Anselm Grün war mit ein, zwei Leuten in einer Ecke im Gespräch, und ich stand mit meinen Musikern zusammen und erzählte von einer Frau, die mich nach einer Veranstaltung angesprochen hatte, ich möge doch darauf achten, dass mich die Kamera nicht so oft von der Seite aufnehme, denn da würde ich (auf der Großleinwand) nicht mehr so gut aussehen und meine Nase käme zu stark zur Geltung. Da musste Anselm laut auflachen, offensichtlich hatte er mit einem Ohr meinen Ausführungen gelauscht. Freundlich lachend und mit blitzenden Augen rief er mir zu: »Ja, das ist schon interessant, worauf manche Menschen achten!«

Für Pater Anselm

Worte aus der Stille
wachsen tastend
in den Raum
und ein klarer Wille
rührt an einem
alten Traum,
lässt die Sehnsucht
Gründe finden,
die nicht wanken,
sondern sind.
Hoffnung
lässt sich
darauf gründen,
dass auch ich
das Leben
find.

WINFRIED NONHOFF

Dem Freien ist alles frei

Von Mönchsbildern

Frage rund, wie man sich einen Mönch vorstellt! Was mögen da für Bilder auftauchen? – Glück gehabt, wenn sich eine Gestalt unserer Breiten einstellt oder überhaupt ein Bild. Mag sein, dass der Ölbildmönch mit Bier- oder Weinglas, Kugelbauch und geröteten Pausbacken eine Rolle spielt. Vielleicht auch eine Gestalt in Kutte mit Riesentaschen. Appetit in vielfältiger Form könnte das Assoziationsfeld bestimmen …

Dem Himmel sei Dank, dass es da Bildverunsicherer gibt! Menschen und Mönche, die öffentlich genug wirken und so Bilder korrigieren. Öffentlich genug, das ist wichtiger denn je. Denn wer dringt sonst noch durch die zahllosen Kanäle, Blätter, Applikationen und Ohrenstöpsel? Wer erreicht als Mönch, als Vereinzelter also, bei aller Zurückgezogenheit noch relevant viele Leute?

O, gebe es sie doch mehr, und vor allem glaubwürdig: die Mönche, von Klosterfrauen ganz zu schweigen, die Bilder korrigieren, Vorstellungen verunsichern, schon immer scheinbar Gewusstes verflüssigen, die zum Hinhören und genauerem Sehen verlocken!

Einem solchen Mönchsverunsicherer und Klosterkorrektor kann man – und man muss Augen und Ohren gar nicht so weit aufmachen – begegnen. Erst einmal ist man erstaunt, einen eher zierlichen, nicht allzu großen, weißgrau-langhaarig-bebarteten, kaum einmal laut erscheinenden, intensiv beobachtenden und häufig lächelnden Menschen zu treffen.

Jahrzehnte lebt er an ein und demselben Ort. Zurückgezogen gewiss, aber doch präsent – nicht allerorten, aber doch an vielen Plätzen, sogar weltweit. Dieser Mönch ist beschenkt mit der Gabe erschließender Rede, die in die Seele trifft. Er stellt sich Reich und Arm, Klein und Groß, Jung und Alt, Prominent und Unbekannt. Er weiß sich gesendet, und die Bezeugung seiner Mission klingt weder hohl noch bedrohlich. Ein sanfter Überredungskünstler vor dem und für seinen Herrn. Wie viele tausend Menschen mögen es sein, die ihn während eines Jahres hören und sehen?

Wie ein verkörperter Segen für den Buchmarkt wirkt der Mönch, dem kein Thema zu hoch oder auch zu lebensnah ist, der die alten, ja uralten Traditionen, in deren Faszination er sich selbst bewegt, klar, feinfühlig und brisant zu entwickeln weiß. Wenn es eines Beweises bedarf, dann gelingt er hier seit vielen Jahren: Die unbezweifelbare Krise der religiösen Ansprache von Menschen verläuft nicht naturwüchsig und unsteuerbar. Wenn jemand auf seinen Auftrag lauscht, Ängste vor anderen ablegt und sein Herz den Sorgen und dem alltäglichen Wirrwarr öffnet, wenn er seine Worte abzuwägen weiß und all seine Ideen, Begabungen und Botschaften einer schaffenden Disziplin unterwirft, dann wird jene Krise verwandelbar.

Dass ich einen solchen Mönch kenne, dass ich mit diesen Skizzen keinem Phantom nachlaufe, erfüllt mich mit Hoffnung und Zutrauen: Denn jede und jeder kann *ihren/seinen* Öffentlichkeitsplatz finden, *ihre/seine* passende Redekunst entwickeln und Zeugnis für Leben erschließende Freude und Dunkelheiten ertragenden Trost ablegen. Wir *könnten* das, so die Kräftigung durch jenen Menschen, Mann und Mönch aus Münsterschwarzach!

Mir gefällt, dass ich hier einmal ganz bewusst nur mich positiv Beeindruckendes aufschreiben darf. Denn, wie angedeutet, das Geschäft der grauen und schrägen Töne zu Mönchen und Klöstern besorgen – leider nicht immer zu Unrecht – genügend Bescheidwisser.

Also doch noch zwei Belege, dass hinter den sprichwörtlichen dicken Klostermauern Mönche mit Profil und Kante hausen: Nicht selten hatte jener Mönchsverunsicherer, wenn ich ihm während eines Vormittags begegnete, umfängliche Datenlisten vor sich liegen, die er mit sichtlichem Vergnügen und in rascher Entschiedenheit bearbeitete. Klöster sind auch Wirtschaftsbetriebe. Sie sorgen für Arbeitsplätze, häufig in strukturschwächeren Regionen. Sie tragen Verantwortung für das Leben der ihnen Zugehörigen – mit manchmal länderübergreifenden Verpflichtungen. Sie müssen sich also Freunde mit dem Mammon machen. Denn in unseren Städten und Dörfern sieht man kaum Mönche mit Spendenbüchsen fürs eigene Kloster betteln. Das sei ganz am Rande der verständlichen Sehnsucht nach allumfassender, der sogenannten Welt sich versagender Kontemplation ins Stammbuch geschrieben. Wie dann aber mit dem Wirtschaften das Profil einer Gemeinschaft für Gott und zum Segen der Mitwelt zusammengebracht werden kann, das ist meinem morgendlichen Gesprächspartner als Anliegen hoch bewusst.

Und dennoch: Dieser Mönch besitzt unter seinen vielen Naturen auch eine Art Spielernatur. Er kennt sich aus – keine Frage! – mit Aktien, Wertpapieren, Anleihen, Zinsen und ethisch sauberen oder riskanteren Anlageformen. Er schätzt auch in diesem Zusammenhang menschliche Verlässlichkeit, scheut Tricks, weiß um Niederlagen und genießt die Freude des Wagemuts und des Erfolgs. Weil es eben wirklich nur die *eine* Welt gibt, in der wir uns bewegen, fällt aber im rechten Tun der Gegensatz von hier Weltkind und da Himmelsjünger in sich zusammen. Nur: Auf das rechte Tun, auf das die Gier Begrenzen und einer höheren Wichtigkeit Sich-verpflichtet-Wissen, darauf kommt es an.

Der zweite Hinweis: Ich hatte mehrfach das Vergnügen, mit diesem Mönch ein sich einem gleichermaßen himmlischen wie irdischen Geschenk widmendes Buch öffentlich vorzustellen: an volkreichen Plätzen durchaus, an Stellen des Genusses und der Lebensfreude, auch in seiner klösterlichen Heimat. Über den Wein hatte er nämlich nachgesonnen und ihn dem geistig-körperlichen Gaumen näher gebracht. Und getrunken wurde an jenen Abenden auch. Sonne der Gerechtigkeit im

Glas! Und sinnliche Fröhlichkeit auf den Gesichtern der vielen Gäste! Nicht die Milch der frommen Denkungsart wurde hier gepriesen, sondern die Hingabe an den Gott der Lebendigkeit, dem wir das Sakrament des Weines und des Brotes danken.

Über solche Begegnungen entstanden meine Bilder von diesem Mönch: immer wieder überrascht – ja, begeistert durchaus, benebelt in keiner Weise, dankbar vor allem und weiteren Segen des Himmels und der Erde jenem Mann wünschend, der für diese hingetupften Skizzen Anlass ist.

ANDREA J. LARSON

Pontifex – Brückenbauer

Lieber Onkel Willi,

kleiner als früher kamst du mir vor, als du an einem frühlingshaften Mainachmittag durch die elektrische Schiebetür des Flughafenterminals in meiner amerikanischen Wahlheimat auf mich zukamst. Wir hatten uns schon seit Jahren nicht mehr gesehen, geschweige denn als Erwachsene jemals Seite an Seite gestellt – ohne deinen Habit wirktest du tatsächlich nicht viel größer als ich. Wir haben also beide nicht nur die »Grün'sche Nase«, sondern auch die »Grün'sche Größe« geerbt.

Du hattest einen »kleinen« Umweg auf deiner Reise zu einem Benediktinerkloster in Nebraska eingeplant, um mich in North Carolina für knappe 24 Stunden zu besuchen. Auf dem Programm: ein Vortrag im Kreis von Psychologen und Theologen der ansässigen Universität noch am selben Abend, ein Fototermin am nächsten Vormittag, Stadterkundung und Mittagessen, bevor es wieder zum Flughafen ging.

Trotz halbtägiger Anreise warst du gewohnt vital, wolltest sogar – da der Ankunftstag auf Fronleichnam fiel – noch eine kleine intime Feier bei mir zu Hause dazu gestalten: vielleicht draußen, am Esstisch in der schattigen Gartenlaube, umgeben von blühenden Sträuchern. Du sagtest, dass du alle Utensilien dafür in deinem kleinen Handkoffer mitgebracht hättest. Du bräuchtest nur noch etwas Wein, ganz egal welchen. »Tiger«, unsere Katze, und unsere älteste Tochter setzten sich auch dazu und beobachteten dich, wie du in aller Ruhe deine liturgischen Geräte vor dir ausbreitetest und anfingst zu beten, als wäre es die natürlichste Sache der Welt – nach langer Reise mitten am Tag in Amerika am Gartentisch mit gekühltem Rosé-Wein im Kelch, uns beiden Damen und unserer Katze auf der Holzbank.

Es gibt sicherlich nicht viele Menschen, die so anpassungsfähig sind, dass sie sich einerseits einem starren Korsett wie dem strikten Klosteralltag unterordnen können und dann wiederum – in Abwesenheit gewohnter äußerer Strukturen – von Veränderungen so unbeeindruckt zu sein scheinen, dass es ihnen gelingt, ausschließlich im Hier und Jetzt zu leben. Nicht jeder schafft es, so in seiner Mitte zu ruhen, dass Oberflächlichkeiten jeder Art unwichtig werden. Du bist sicher verankert.

Vielleicht ist diese Lebenshaltung aber auch nur das glückliche Ergebnis des beschützten Klosterlebens: Wer nicht gefallen muss, nicht nach Liebe sucht, immer ein Zuhause hat und nicht an wirtschaftlichem Erfolg gemessen wird, der ist freier als unsereins. Denn nichts erscheint uns »hier draußen« doch schlimmer, als unbeliebt, einsam, heimatlos und mittellos zu sein. Diese Angstvorstellung treibt uns an, macht uns wachsam und skeptisch, biegsam und gleichzeitig zerbrechlich. Wir werden zu kontaktfreudigen Alleinstreitern. Diese Angstvorstellung lässt auch hier und da unser Selbstbild verblassen und unsere innere Stimme verstummen.

Deshalb treffen wir heutzutage nur noch selten auf Menschen, die blind sind für Äußerlichkeiten und taub gegenüber all dem Stimmengewirr anderer, das sie aus ihrer Mitte schubsen könnte. Vielleicht ist es schlichtweg der Luxus des Furchtlosen oder des Beschützten, ganz aus sich heraus leben zu dürfen. Für die scheinbar unantastbare Obhut hinter Klostermauern hast du aber auch viel geopfert – vor allem vielleicht eine Schulter zum Anlehnen. Dabei hast du den Schutz ja gar nicht gesucht – im Gegenteil: Du stehst durch deine Schriftstellerei häufig in der Öffentlichkeit, bereist die Welt, um Vorträge und Kurse zu halten, und begleitest außerdem noch Hunderte von Menschen in persönlichen Gesprächen. Als bekannter Autor bist du ständig der Kritik ausgesetzt. Und die ist nicht immer freundlich, nicht einmal fair.

Vielleicht ist dir Gott wirklich Schutz und Schulter zugleich, was es dir möglich macht, furchtlos nach außen zu treten und doch aus deiner Mitte zu schöpfen. Vielleicht ist dein Glaube wirklich deine innere Quelle und dein Anker, der dich trotz deines Erfolges nicht abheben lässt.

Viele Leser schätzen deine weisen Worte, aber Weisheit entsteht oft nicht in Phasen des Erfolges und des Glanzes, sondern gerade dann, wenn wir seelische Täler und Wüsten durchwandern müssen. Unsereins meint, durch unser Streben nach Liebe, Genuss und Freiheit solchen Wüsten ausweichen zu können. Umso überraschter sind wir dann, wenn wir, vom letzten Freudentaumel noch benommen, aufwachen und uns plötzlich im Abgrund wiederfinden. Als Mönch schreitest du mit offenen Augen der Wüste entgegen. Wissentlich gehst du auf Zeiten der Entsagung, der Einsamkeit und des Zweifels zu. Das finde ich mutig.

Du bist auch ganz Mensch: bemühst dich um Balance und Rhythmus im Leben und kannst dich trotzdem nicht immer daran halten, weil am Ende der Spaß an der Arbeit über die Ruhezeiten triumphiert – so ist das bei uns Menschen nun mal.

Wahrscheinlich ist es diese menschliche Seite, die dich so populär macht, weil du Weisheit besitzt und trotzdem – oder genau deshalb – auch um eigene Schwächen weißt. »Perfekt sein«, hast du einmal gesagt, »heißt, die guten und die schlechten Seiten anzunehmen. Perfekt sein heißt, uns mit all unseren Facetten lieben zu lernen.«

Leider wollen viele Menschen einen Helden ohne Makel. Dieses Paradox macht deine Position in meinen Augen kompliziert: Wir loben Menschen für ihre Weisheit und wollen nicht sehen, dass sie vielleicht mehrmals ihre Lebensideale verabschieden und ihre unerfüllten Wünsche betrauern mussten, um überhaupt zum Helden werden zu können.

Die Größe eines Menschen ist nicht in der Abwesenheit von Fehlern zu messen, sondern darin, wie er aus Makeln Stärken macht und in der Begrenzung Weite findet.

Meine Oma, deine Mutter, sagte häufig: »Mach das Beste daraus.« Akzeptiere die Begrenzung deiner Situation und schaffe mit dem, was dir gegeben ist, das Bestmögliche.

Bewusst oder unbewusst scheinst du dir diesen Satz tatsächlich zu Herzen genommen zu haben. Indem du auf alle Arten von Äußerlichkeiten verzichtet hast, scheinbar blind für Oberflächlichkeiten und taub für banales Stimmengewirr geworden bist, hast du gelernt, Menschen mit anderen Sinnen in ihrem Wesen zu sehen und in ihren Nöten zu hören.

So haben es mir die amerikanischen Gäste des Vortrages am Abend im Nachhinein geschildert: »Wenn wir einem authentischen Menschen begegnen, dann spüren wir es – wir sehen es in der Güte des Blickes und seiner friedvollen Ausstrahlung, auch wenn wir eine andere Sprache sprechen.«

Da du in Amerika noch ziemlich unbekannt warst, wussten die Gäste nicht genau, was sie von einem Pater Anselm aus Deutschland zu erwarten hatten. Teils Psychotherapeuten, teils Mitglieder der theologischen Fakultät der örtlichen Universität, war das Publikum gespannt, was du zum Thema »Psychologie im Christentum« zu sagen hattest. Eine deutsche Therapeutin fungierte spontan als Übersetzerin und bemühte sich, deine Worte Satz für Satz ins Englische zu übertragen. Gott sei Dank sprichst du die Sprache der Menschen, dachte ich, schlicht und einfach, ohne große Schnörkel oder linguistische Rückwärtssaltos.

Ich hatte mich etwas in den Hintergrund gesetzt und beobachtete, wie einige mit einem Bleistift Notizen machten und hier und da mit dem Kopf nickten. Konzentriert schienen sie, interessiert und nachdenklich. Mir fiel auf, dass es wohl das erste Mal in meinem Leben war, dass ich dich als Pater Anselm und nicht als Onkel Willi erlebte.

Ich beobachtete auch dich: wie präsent du warst, wie natürlich es für dich schien, jetzt für diese Gruppe von Menschen einen Vortrag zu halten, aus dieser fremden Kultur und mit dieser anderen Sprache. Und ich dachte an den Satz, den du einmal zu mir sagtest, als wir über unsere Familie und unsere Lebensaufgaben geredet haben: Wir seien dazu da, Brücken zu bauen – du auf deine Weise und ich auf meine.

Paulo Coelho schreibt in seinem Buch »Der Alchimist«: »Wenn man einen Entschluss gefasst hat, dann taucht man damit in eine gewaltige

Strömung, die einen mit sich reißt, zu einem Ort, den man sich bei dem Entschluss niemals hätte träumen lassen.«

Wer hätte gedacht, als du deine allererste Buchseite geschrieben hattest, dass Menschen auf der ganzen Welt aus deinen Büchern Kraft und Weisheit schöpfen würden? Wer hätte gedacht, dass die Wellen deiner Ideen bis hierher schwappen würden, dass du auch hier die Menschen mit deinem Wesen begeistern könntest?

Die Wurzel dieses Entschlusses, die den Willi aus Lochham zum Pater Anselm aus Münsterschwarzach gemacht hat, kennst nur du. Ich bin allerdings froh, dass dich »die gewaltige Strömung« zumindest für einen sonnigen Fronleichnamstag zu mir getragen hat – an meinen Gartentisch, mit meiner Tochter und unserer Katze auf der Bank und gekühltem Rosé-Wein im Kelch.

Deine Nichte Andrea

WUNIBALD MÜLLER

Die Menschenfreundlichkeit und Güte Gottes verkörpern

Der Herr ist gütig zu allen,
sein Erbarmen waltet über all seinen Werken.
Psalm 145, 9

Zwischen Demut und Berühmtheit

Januar 1991. Ich bringe meine Sachen, verpackt in vielen Umzugskisten, ins Recollectio-Haus. Dort beginne ich mit meiner Arbeit. Anselm schleppt mit mir die Umzugskisten von meinem Auto in mein Arbeitszimmer. Über der einfachen Cordhose trägt er einen dicken Pullover. Damals war er noch nicht so berühmt wie heute. Doch der Anselm von damals, der sich nicht zu schade ist, meine Umzugskisten zu schleppen, der eine unscheinbare Kleidung trägt und für den die Vorstellung, einen schicken Anzug, gar noch mit einer Krawatte tragen zu müssen, sicher ein Gräuel ist, ist auch der Anselm von heute. Er ist sich sehr wohl seiner Berühmtheit bewusst, tut nicht so, als träfe das nicht zu, er bildet sich aber nichts darauf ein, hebt nicht ab, ist nicht betrunken von seinem Ruhm.

Dabei weiß er sehr wohl, davon bin ich überzeugt, um die Versuchung, irgendwann vielleicht doch zu denken, etwas Besonderes zu sein und damit einhergehend ein Anspruchsdenken und Anspruchsverhalten an den Tag zu legen. Er versucht dem unter anderem dadurch zu begegnen, dass er, wenn andere ihn in den Himmel loben, dagegensteuert, sich nicht darauf einlässt, sich, so würde ich auch sagen, nicht davon versuchen lässt. Als ich ihn einmal auf eine Äußerung des ehemaligen Ratsvorsitzenden der Evangelischen Kirche, Bischof Wolfgang Huber, aufmerksam machte, der ihn mit dem Dalai Lama verglich, blockt er ab. Einem Buch, auf dessen Cover viele berühmte Köpfe prangen, darunter auch der seine, schenkt er lediglich einen flüchtigen Blick. Es gibt inzwischen ein kaum mehr überschaubares Bild- und Tonmaterial über ihn, ganz zu schweigen von all den Zeitungs- und Zeitschriftenartikeln. Wer sich das – von wenigen Ausnahmen abgesehen – nicht angeschaut, nicht angehört hat, ist Anselm. Zum einen hat er keine Zeit dafür, zum anderen – so vermute ich – interessiert es ihn nicht wirklich.

Anselm als Actionfigur

Ich erinnere mich an eine kleine Feier anlässlich eines Jubiläums der im Vier-Türme-Verlag erscheinenden Kleinschriften, die auf Anregung von Pater Anselm Grün und Pater Fidelis Ruppert auf den Weg gebracht worden sind und die sich als großer Renner und Erfolg erwiesen haben. Bei dieser kleinen Feier hielt Pater Fidelis, damals noch Abt, eine Rede, in der er augenzwinkernd darauf hinwies, dass die erste Kleinschrift von Pater Anselm unter dem Titel »Demut« erschien – und auf dem Cover war ein Bild von Pater Anselm abgebildet. Ich finde es wichtig, dazu zu stehen, berühmt zu sein. Ich glaube, Pater Anselm kann das. Ich glaube, er ist auch insofern mit sich in Berührung, dass er dazu stehen kann, dass es bei ihm auch eine narzisstische Seite gibt, die immer auch Gefahren in sich birgt. Inzwischen kann Pater Anselm sich nicht mehr, so mein Eindruck, dagegen wehren, dass auf vielen Büchern sein Portrait abgebildet ist, uns in vielen Bücherkatalogen und Buchhandlungen immer wieder ein Bild von ihm entgegenkommt. Es würde mich nicht wundern, wenn eines Tages Kerzen mit dem Konterfei von Pater Anselm auftauchten – vielleicht gibt es das ja schon – oder Anselm als Actionfigur auf den Markt kommt. Ich glaube, er würde es gar nicht so richtig merken, würde dem anderenfalls aber auch nichts entgegensetzen. So manches hat sich, so mein Eindruck, inzwischen verselbständigt. Inwieweit der Anselm-Markt dann auch noch mit dem wirklichen Anselm Grün etwas zu tun hat, mag dahingestellt sein.

Stolz kommt in seine Stimme, Zufriedenheit vernehme ich bei ihm, wenn er davon erzählt, wie er bei seinen Vorträgen in Taiwan bewirken konnte, dass katholische und evangelische Christen zum ersten Mal etwas miteinander zu tun hatten. Immer wieder erzählt er davon, und ich spüre, dass es ihn wirklich freut, dass er mit dazu beitragen konnte, dass Grenzen überschritten wurden, Grenzen, die Menschen bisher davon abgehalten haben, aufeinander zuzugehen. Anselm will etwas bewirken, er will etwas erreichen. Es war ihm auch wichtig, mit seinen Büchern den chinesischen Markt zu erobern.

Neidisch auf seinen Erfolg?

Ich werde manchmal gefragt, ob ich neidisch bin auf Anselm und seinen Erfolg als Schriftsteller. Ich kann ganz klar sagen, dass ich ihm seinen Erfolg nicht neide. Ich freue mich darüber und weiß zu würdigen, dass sein Erfolg sich auch auf das Recollectio-Haus und meine Arbeit auswirkt. Das ist zumindest heute meine Haltung. Als Anselm jedoch noch nicht so bekannt war wie heute, entdeckte ich bei mir gelegentlich Konkurrenzgefühle, wenn ich mitbekam, dass er schon wieder ein neues Buch veröffentlichte. Damals fragte er mich manchmal, ob ich nicht bei der einen oder anderen Kleinschrift, die er verfasst hatte, mitschreiben wolle. Oder er erzählte mir, über was er gerade schrieb, fragte mich nach Literatur, gab mir einen Text zum kritischen Durchlesen, bevor dieser veröffentlicht wurde. Ich selbst trug insofern auch zu seinem Erfolg bei, als ich meine Kontakte zum Matthias-Grünewald-Verlag nutzte, sodass seine Bücher dort gedruckt wurden und auch im größeren Umfang im Ausland erscheinen konnten. Zu dieser Zeit hatte der Herder Verlag Pater Anselm noch nicht entdeckt. Aber sein kometenhafter Aufstieg stand unmittelbar bevor.

Unkomplizierter Umgang

Mit Anselm ein Buch zu schreiben ist unkompliziert. »Intimität und zölibatäres Leben«, »Was ist die Seele?«, »Wer bist du, Gott?« sind Bücher, die wir zusammen veröffentlicht haben. Für Anselm muss das Thema stimmen. Er muss außerdem, wie er immer sagt, »Lust dazu haben«. Dann aber fließt es, wobei es wichtig ist, dass ich die Regie in der Hand behalte, mich darum kümmere, dass wir irgendwann anfangen, es weitergeht, wenn irgendetwas anderes dazwischenkommt, die entsprechenden Absprachen mit dem Verlag getroffen werden, die notwendigen Korrekturen, Gliederung und so weiter durchgeführt werden. Ich hatte nie Probleme damit, da ich um das Arbeitspensum von Anselm weiß und es zu würdigen weiß, dass er sich überhaupt auf die jeweiligen Projekte eingelassen hat.

Wenn ich sage, dass es unkompliziert ist, mit ihm ein Buch zu schreiben, dann auch, weil er nicht an seinen Formulierungen festklebt, keine Probleme damit hat, wenn seine Texte redigiert werden. Bei einem gemeinsamen Projekt lässt er die Meinung des anderen, wenn sie sich von seiner eigenen unterscheidet, stehen, auch wenn das heißen kann, dass er seine Vorstellungen zurückstellen muss. Anselm hat sehr wohl seine klare Vorstellung und natürlich auch Überzeugung, doch er versucht nicht, sie anderen aufzudrängen oder partout durchzusetzen. Er bringt sie ein, und sie stehen im Raum, doch die anderen Meinungen und Überzeugungen haben dann noch Platz daneben, und es wird gemeinsam entschieden. Was er nicht mag, ja nur schwer aushalten kann, ist Unentschiedenheit. Da beißt er dann entweder die Zähne zusammen oder entscheidet einfach alleine.

Papst Benedikt XVI., Papst Franziskus und Anselm

Vor über zehn Jahren hatte ich das Privileg, für einige Tage im Gästehaus des Vatikans zu logieren, in dem jetzt Papst Franziskus wohnt. Bei dieser Gelegenheit traf ich anlässlich eines Abendessens den damaligen Präfekten der Glaubenskongregation und späteren Papst Benedikt XVI., Joseph Ratzinger. Irgendwann während unseres Gespräches kamen wir auf Anselm zu sprechen. Er wusste natürlich um seine großen Erfolge als Bestsellerautor und gefragter Redner. Was ihm aber besonders imponierte, war sein Geschick in finanziellen Angelegenheiten.

Anselm versteht es, wenn es um Theologie und Spiritualität geht, das Wesentliche in den Blick zu nehmen. Er bewegt sich hier zwischen Henri Nouwen und Thomas Merton. Von Henri Nouwen hat er die Frömmigkeit und die psychologische Fertigkeit – nicht zuletzt dank seiner Beschäftigung mit C. G. Jung –, Dinge tiefer zu sehen. Mit Thomas Merton teilt er die Fähigkeit, sich intellektuell-kritisch mit theologischen Fragestellungen auseinandersetzen zu können. Seine theologischen Positionen kommen nie abstrakt daher, sie sind umfangen von einer Spiritualität, bei der es immer zuerst um Gott und den Menschen geht.

Das macht es natürlich denen, die Probleme mit seiner Theologie haben – und die gibt es –, schwer, ihn anzugreifen, und so mancher in der kirchlichen Hierarchie muss sicher ab und zu tief durchatmen, wenn er liest, was Anselm sagt, und lässt es vielleicht auch nur deswegen »durchgehen«, weil es Anselm ist.

Ein sehr gescheiter Fundamentaltheologe hat einmal augenzwinkernd gemeint, der eigentliche Häretiker sei Pater Anselm und nicht Pater Willigis Jäger, da es sich bei dem, was Pater Willigis sagt, lediglich um Erfahrungen handele, während Pater Anselms theologische Aussagen jetzt nicht das Fundament des Glaubensgebäudes erschütterten, aber es da und dort herausforderten. In Papst Franziskus, der als Kardinal in Argentinien seinen Mitbrüdern zu Weihnachten ein Buch von Anselm schenkte, dürfte er aber einen großen Unterstützer seiner Ansichten finden. Viele Ideen und Gedanken, die Anselm in den letzten Jahren entwickelt und veröffentlicht hat, entsprechen seinem Ansatz und seinen Anliegen.

Moderator und bestimmtes Auftreten

In vielerlei Hinsicht versteht sich Anselm, so meine Wahrnehmung, als Moderator. Als es um die Gestaltung des Klosterfriedhofes ging und er als Cellerar des Klosters im Bauausschuss darüber mitentscheiden musste, war ihm wichtig, dass die Fachleute und die Handwerker zu Wort kamen und ihre Vorstellungen entwickeln konnten. Er schaltete sich ein, wenn es um die finanziellen Belange ging. Dabei fragte er gezielt nach und war daran interessiert, dass preisgünstige Möglichkeiten ausgelotet und berücksichtigt wurden. Ähnlich war es, als vor fast 25 Jahren das Recollectio-Haus renoviert und eingerichtet oder vor einigen Jahren die Kapelle des Hauses neu konzipiert wurde.

Anselm kann klar und bestimmt auftreten. Manchmal hätte ich mir aber gewünscht, er wäre noch entschiedener aufgetreten, auch mehr bereit, sich auf einen Konflikt einzulassen, jemandem gegenüber klar Ja oder Nein zu sagen, statt sich vor einer klaren Entscheidung zu drücken. Ich kann das so sagen, weil ich weiß, dass er das selbst so sieht und er mir wiederholt dafür gedankt hat, dass ich in bestimmten Situationen entschieden habe, wo es ihm selbst schwergefallen ist. Hier kommt wohl noch mit ins Spiel – das könnte zumindest einer der Gründe für diese Zurückhaltung sein –, dass für Anselm der heilige Anselm ein großes Vorbild ist, der vor allem wegen seiner Güte hoch geschätzt wurde. Und das zeichnet Anselm auch in der Tat aus. Ich kann jenem Journalisten nur recht geben, der meinte, Anselm Grün verbreitet die menschenfreundliche Botschaft des Christentums, und in seiner gütigen Ausstrahlung entdecke man den Missionar zur »höheren Ehre Gottes«.

Omnipotenz und Zurückhaltung

Mich hat es gelegentlich geärgert, wenn Anselm, je bekannter er wurde, in den Augen der Medien und der dahinterstehenden Berichterstatter als derjenige dargestellt wurde, der für alles in der Abtei Münsterschwarzach zuständig und verantwortlich ist. Da wurde dann der Eindruck erweckt, er sei Abt, Geschäftsführer, Schuldirektor und Leiter des Recollectio-Hauses in einer Person. Anselm selbst hat das nicht unterstützt und, wo es möglich war, auch richtiggestellt. Manchmal hätte ich mir freilich eine deutlichere Distanzierung von solchen Vereinfachungen gewünscht, wohl wissend, dass das oft nicht einfach ist oder gar unmöglich.

Wichtig war und ist in diesem Zusammenhang, dass Anselm nicht plötzlich von sich selbst glaubte, für alles zuständig zu sein oder zuständig sein zu müssen, und nie vergessen hat, dass er der, der er heute ist, und das, was er – auch nach außen hin – erreicht hat, nicht zuletzt der Abtei und seiner Gemeinschaft verdankt, die hier zusammen mit ihm den Alltag lebt und jeder auf seine Weise, an seiner Stelle, seinen je eigenen Beitrag für die Gemeinschaft leistet. Der Star, der Stern aus Münsterschwarzach speist sich von dem Licht der vielen »kleinen« Sterne der Personen, die als Ordensmitglieder oder als Mitarbeiter und Mitarbeiterinnen der Abtei in den verschiedenen Einrichtungen ihr Bestes zum Wohl der Abtei einbringen. So empfand ich es auch als eine schöne Geste, als Anselm bei der Feier anlässlich des 100. Jahrestages der Wiederbesiedlung der Abtei die Rolle der Angestellten herausstellte und dabei darauf hinwies, dass wichtige Ideen von Mitarbeitern kamen, zum Beispiel von Armin Hackl, der wichtige Impulse für das Egbert-Gymnasium gegeben hat, oder auf mich hinwies, der die Idee hatte, das Recollectio-Haus zu etablieren. Das hat mir sehr gutgetan.

Das Wesentliche sehen

Wenn Anselm krank ist, erweckt er manchmal den Eindruck, als kränke ihn das etwas. Er habe doch gesund gelebt, meint er, und scheint nicht so richtig verstehen zu können, warum es ihn erwischt hat. Dabei hat es ihn schon öfter erwischt – und zum Teil ganz ordentlich. Ich habe ihn dann immer im Krankenhaus besucht und die Begegnung mit ihm als brüderlich und freundschaftlich erlebt. Einmal, als Anselm sich in einem Stuttgarter Krankenhaus aufhielt, besuchten Schwester Julietta und ich ihn dort und brachten ihm eine Schreibmaschine mit, da es ihn drängte, seine Erfahrungen zu Papier zu bringen. Tatsächlich ist dann daraus die Kleinschrift »Leben aus dem Tod« entstanden. Anselm hielt sich damals auf der gleichen Station auf, in der der frühere Bischof von Rottenburg-Stuttgart, Bischof Moser, gestorben war. Dieser hatte, so wurde Anselm berichtet, als letzten Wunsch geäußert, dass man ihm eine Flasche Bier servierte.

Dann sehe ich Anselm vor mir im Krankenhaus im Missionsärztlichen Institut in Würzburg. Er schickt sich drein, klagt nicht, lässt sich während eines Krankenhausaufenthaltes auch nicht von einer Stalkerin aus der Ruhe bringen, die plötzlich in seinem Krankenzimmer auftaucht.

Einmal – und es ist noch gar nicht so lange her – spürte ich seine große Betroffenheit, nachdem er kurz vorher von seinem Arzt erfahren hatte, dass bestimmte Untersuchungsergebnisse eine ernsthafte Krankheit nicht ausschließen, was sich dann Gott sei Dank als unbegründet erwies. Da erlebe ich einen Anselm, der ganz in sich versunken ist, der traurig ist, vor sich hin und dabei zugleich nach innen schaut, zwischendurch mit einer Hand leicht an seinem Bart zupft. Ich bin ihm selten so nahe gewesen wie in diesem Augenblick. Ich habe – wie soll ich es sagen? – das Wesen, das Wesentliche von ihm gesehen, so, als ob es mir für einen Augenblick gestattet war, seine Seele zu sehen. Ich spürte in diesem Moment meine Sorge um und meine Liebe zu ihm wie wohl nie zuvor. Und dann freute es mich, als er mich am nächsten Tag anrief, um mir mitzuteilen, dass alles gut ist, und ich seine Erleichterung und Freude spüren durfte.

Wer in den kleinsten Dingen zuverlässig ist

Der Evangelist Lukas schreibt: »Wer in den kleinsten Dingen zuverlässig ist, der ist es auch in den großen, und wer bei den kleinsten Dingen unrecht tut, der tut es auch bei den großen.« (Lukas 16,10) Manche kirchliche Würdenträger würde ich gerne an dieses Wort aus der Bibel erinnern. Wie oft habe ich schon erlebt, wie wenig feinfühlig kirchliche Funktionäre, unter ihnen auch Bischöfe, mit den Anliegen der einfachen Gläubigen umgehen, wenn sie es beispielsweise nicht für nötig erachten, Briefe zu beantworten, oder mit großer Selbstverständlichkeit zu spät kommen, sich für die große Sache verantwortlich fühlen und dabei in Kauf nehmen, dass sie in kleinen Dingen, die oft nur ein Ausdruck von Höflichkeit wären, hinter all den Idealen zurückbleiben, die sie sich oft selbst auf die Fahnen geschrieben haben.

Für Anselm, der von allen Seiten angefragt wird, von dem vieles erwartet wird, der, wenn er einmal ein paar Tage weg ist, mit einer ellenlangen Liste von Briefen konfrontiert wird, ist es nicht leicht, diesen Worten des Evangelisten gerecht zu werden. Die Erfahrung mit ihm ist, dass er solche Anfragen ernstnimmt, er versucht, wirklich alle Briefe zu beantworten. Aber immer wieder gerät er auch in Situationen, in denen ihn das einfach überfordert und Briefe unbeantwortet bleiben, Leute dann von ihm enttäuscht sind, er die Nähe, das Interesse, das er in seinen Vorträgen zu vermitteln versucht, in den Erwartungen der Leute dann doch nicht einlösen kann. Ich glaube, er hat selbst eine Weile gebraucht, damit leben zu können, deswegen keine Schuldgefühle aufkommen zu lassen und einfach zu sagen: Ich tue das, was ich tun kann. Manchmal hätte ich ihm gewünscht, dass er öfter und klarer Nein sagt, um für das, wofür er sich entschieden hat, zu dem er Ja gesagt hat, dann auch die volle Energie zur Verfügung zu haben und das dann auch entsprechend umzusetzen. Aber das ist leichter gesagt als getan, und ich weiß selbst, wie schwer es manchmal ist, selbst dann, wenn man weiß, dass man eigentlich schon zu viel zugesagt hat, zu jemanden, der einen bittet und der einem etwas bedeutet, Nein zu sagen. Auf der anderen Seite ist er in den letzten Jahren auch sensibler dafür geworden, wenn andere seine Bekanntheit – auch finanziell – ausnutzen.

Was die Zuverlässigkeit in den kleinen Dingen betrifft, so erinnere ich mich an folgende Situation: Jemand hatte Anselm zu einer Zeit, als er noch Verlagsdirektor war, ein Manuskript zugeschickt. Dieses Manuskript war nicht gedruckt worden, und da es sein einziges Exemplar war, wollte es der Betreffende gerne zurückgeschickt bekommen. Er hatte Anselm einige Male vergeblich darum gebeten. Deshalb schaltete er mich ein, und ich trug Anselm die Bitte vor. In der Regel lehne ich solche Vermittlungen zwar ab und halte es für besser, dass jemand sich direkt an Anselm wendet, in diesem Fall hatte ich aber eine Ausnahme gemacht, weil es sich um jemanden handelte, den ich gut kannte. Als ich Anselm die Bitte vortrug, erwähnte ich auch, dass das auch etwas mit Spiritualität zu tun habe, so ein Anliegen ernst zu nehmen. Im Nachhinein finde ich das etwas peinlich und bin sicher, dass mir so etwas nicht zusteht. Doch einige Tage später begegnete ich einem strahlenden Anselm, der mir sagte, er habe viele Stunden damit verbracht, seinen Schreibtisch aufzuräumen, um nach dem Manuskript zu fahnden, und er habe es tatsächlich gefunden und inzwischen zurückgeschickt. Auch das ist Anselm.

Die Menschenfreundlichkeit Gottes verkörpern

Wenn ich auf Begegnungen mit Anselm zurückschaue – und es sind nun schon fast 30 Jahre, dass wir uns kennen –, dann taucht als Gesamteindruck das Bild von einem Menschen auf, der in der Art und Weise, wie er auftritt und einem begegnet, etwas von der Menschenfreundlichkeit Gottes verkörpert. Da ist jemand, der in Gott steht, der aus einer gelebten Beziehung mit Gott heraus lebt, der sich Choräle von Bach anhört und dabei mit seiner Sehnsucht in Berührung kommt, eines Tages ganz bei Gott zu sein. Der authentisch ist, es immer wieder zumindest versucht zu sein, der sich auch einmal ärgern kann – zum Beispiel über Mitbrüder, die, statt mutig etwas anzugehen, im Jammern verharren. Vor allem aber ist Anselm – und ich habe keine Zweifel daran, dass er das bleibt – ein ganz normaler Mensch. Kein Guru, auch kein Heiliger, kein Magier. Er kennt keine Starallüren, glaubt nicht, etwas Besonderes zu sein, mehr als andere zu können. Das aber macht es leicht und schön, mit ihm zu arbeiten. Dass ich das über eine so lange Zeit erfahren durfte und vielleicht auch noch für einige Zeit erfahren darf, betrachte ich als ein Privileg und Geschenk zugleich, für das ich zutiefst dankbar bin.

Kapitel II

Mitten aus dem Leben

Das Werk und die Theologie Pater Anselm Grüns

RUDOLF WALTER

Nah am Magma, mitten im Leben

Ich war gerade im wieder einmal sehr verregneten niederbayerischen Kurort Bad Füssing, um kurz vor dem Katholikentag in heiße Thermalquellen und liegengebliebene Arbeit einzutauchen, als mich die telefonische Einladung von Bruder Linus erreichte. Einen knappen persönlichen Text über die Beziehung von Autor und Lektor wollte er, eine kurze Würdigung. Und zwei Wochen Zeit hätte ich auch! Aber wie kann man jahrzehntelange Zusammenarbeit auf wenigen Seiten abhandeln? Ich fing an zu grübeln ... und ging erst einmal ins warme, sprudelnde Bad.

Am Abend ergab es der Zufall, dass ich an der Präsenzbibliothek im offenen Zwischengeschoß des Hotels vorbeikam und stöberte. Und in der kunterbunten Mischung aus Liebesromanen und Abenteuergeschichten, neben esoterischen und gesundheitsbetonten Publikationen, zwischen Hesse, Handke, Konsalik, Raymond Chandler, der Lebensbeschreibung des schillernden Bäderkönigs Eduard Zwick und einem Buch von Wastl Fanderl über eine Frau, die 50 Jahre nur von Wasser lebte, was strahlte mich da an diesem Abend auf einmal an? Mittendrin, mit verbrauchtem, schmalem Rücken und zerlesenen Seiten: ein himmelblaues Taschenbuch, mit einem Engel von Paul Klee auf dem Cover: Anselm Grün, 50 Engel für das Jahr!

Ich nahm es heraus: 30. Auflage, 2005, stand im Impressum.

Ein besonderes Buch.

Jedes einzelne Buch bewirkt etwas, wenn es gelesen wird. Bücher sind Botenstoffe für den Leser. Aber das war nun wirklich eine Überraschung. Und auch auf der Metaebene: Der Erfolg selbst hat ja eine eigene Botschaft. Er sagt etwas aus: darüber, was Menschen suchen, und darüber, was sie erreicht. »50 Engel für das Jahr« war das erste Buch, das ich als Lektor mit Pater Anselm gemacht hatte. Inzwischen ist es längst in der 40. Auflage und weit über eine Million mal verkauft. Wie es zustande gekommen ist? Die Erinnerung tauchte wieder auf.

Wir saßen damals in einem jungen Team in der Planungsrunde des Lektorats für die junge Taschenbuchreihe »Herder spektrum« zusammen. Alle Lebensprobleme hätten im Grunde eine spirituelle Wurzel, hatte jemand gesagt. Hieß das nicht auch, dass man für das Segment »Lebenshilfe« neue Wege gehen müsse? Was waren neue Formen, neue Formate? Aber wer könnte so etwas? Jenseits verwaschener Esoterik, aber nicht abseits von psychologischen Einsichten und vor allem nicht in der alten, ausgebrauchten Frömmigkeitssprache?

Es war die erste Sitzung im neuen Jahr, kurz nach Silvester. Gute Ideen kommen auf Umwegen und auch bei Abschweifungen. Eine Praktikantin erzählte dann zwischendurch, wie sie im Kreis von Freunden das neue Jahr angefangen hatte. Jemand hatte Engelkarten dabei, wie sie wohl in der Gemeinschaft von Findhorn üblich sind. Jeder durfte sich eine Karte ziehen. Darauf standen die Namen von Engeln. Aber eigentlich waren es in »Engel« verkleidete Wünsche: Engel der Liebe, Engel der Zuversicht, Engel der Zärtlichkeit. Segensengel, sozusagen. Einerseits etwas befremdlich, andererseits eigentlich eine schöne, eine wohltuende Vorstellung, dass einem so etwas zugesprochen, geschenkt wird.

Der Name Anselm Grün fiel. Ich hatte ihn kurz vorher in der Landvolkshochschule St. Ulrich in der Nähe unseres Wohnortes predigen hören, kannte einige seiner erfolgreichen Kleinschriften im klostereigenen Vier-Türme-Verlag und wusste, dass er auch Verleger – also eigentlich auch Konkurrent – war. Ich schrieb also an Pater Dr. Anselm Grün, den ich nicht persönlich kannte, erzählte ihm die Geschichte, sagte etwas zur

Begründung und fragte, ob er damit etwas anfangen könne, ja, ob er sich gar vorstellen könnte, über so etwas nachzudenken.

Es muss eine »Passung« besonderer Art gewesen sein, denn wenige Tage später kam – es war noch vor der Zeit der E-Mails – ein etwas dickeres Kuvert aus Münsterschwarzach. Es enthielt neben der Zusage bereits das Manuskript! Und im Vorwort stand die Geschichte jener jungen Praktikantin. Er hatte sie aufgenommen und sich angeeignet, weil sie ihn offensichtlich davon überzeugt hatte, dass da ein Bedürfnis war, auf das einzugehen ihm wiederum entsprach.

Den Rest hatte ein Engel der Inspiration übernommen, der seither in unserer Beziehung von Lektor und Autor eine Festanstellung erhielt und bei dem es auch keine »Rente mit 70« gibt. Inzwischen sind es sicher über 100 Bücher (in verschiedenen Ausgaben) geworden, die wir miteinander gemacht haben, und mehrere hundert Positionen weist die Liste auf, die im Verlag Herder inzwischen erschienen sind. Sie gehören zu den erfolgreichsten in der Verlagsgeschichte, zumal, wenn man die Übersetzungen weltweit dazurechnet.

»Das kleine Buch vom wahren Glück« geht ebenfalls in den Verkaufszahlen auf die Million zu. Reinhold Beckmann hat einmal auf einer Frankfurter Buchmesse, wo er eine Veranstaltung mit Pater Anselm moderierte, dieses Büchlein herausgezogen und ein paar kurze Texte vorgelesen. Er verglich sie vom Rhythmus, vom Sound her mit Soultexten aus der populären Musik. Und ich erinnere mich genau: Er sprach vom »Groove«. »Groove« ist bei einem Musikstück das beim Zuhörer entstehende Gefühl, das durch Rhythmus, durch die innere Spannung des Musikstücks erzeugt wird. Ursprünglich heißt »Groove« die immer gleichbleibende Ackerfurche, die Spur, die sich einprägt.

Groove? Soul? Pater Anselm? Jedenfalls: Texte mit Seele! Und Texte, die eine Spur ausziehen und Spuren hinterlassen. Vielleicht macht das das Geheimnis der großen Resonanz aus, die Anselm Grüns Texte finden?

Auf »Glückspater« und »Der mit den Engeln« spitzten sich Klischees der Wahrnehmung dann im Verlauf der Zeit auch zu. Dabei muss man, wenn man die Buchregale mit der Überschrift »Christliche Spiritualität« ansieht, sagen: Es gibt derzeit keinen produktiveren, keinen erfolgreicheren und dabei trotz der Vielzahl seiner Themen thematisch so konsistenten Autor in diesem Bereich, der auch weit über die konfessionell begrenzte Wahrnehmung hinausgeht. Sein erfolgreichstes spirituelles Buch, das über die »Engel«, zeigte schon, warum: Das ist ja keine esoterische Flucht ins transreale Nirvana. Es antwortet auf unsere Frage, wie zu leben wäre. Im Alltag. Hier und jetzt. Es ist eigentlich eine Tugendlehre, eine Reflexion über »Haltungen, die guttun«. Das ist die durchgehende Spur: Aus der christlichen Tradition heraus so zu schreiben, dass die Menschen es heute verstehen und es auf ihr Leben beziehen können, das ist Anselm Grüns erklärtes Ziel. Ob er über das Glück schreibt, über die Quellen der Kraft oder über die Lust am Leben, über Träume oder über Umgang mit Tod und Trauer, über Beziehungsprobleme oder über Gebet und Gottesbeziehung – immer ist ihm die Perspektive wichtig: Was tut den Menschen gut? Wie finden sie in sich selbst den Weg? Was ist lebensförderlich, was macht wirklich glücklich, was führt zum Sinn? »Was uns wirklich trägt« heißt sein neues Buch, das er zusammen mit Walter Kohl geschrieben hat. Darin gibt er auch Auskunft über die Beziehung zu seinen Lesern: »Ich möchte, dass die Menschen beim Lesen meiner Bücher mit der Weisheit ihrer eigenen Seele in Berührung kommen ... Und ich möchte, dass jeder die Einzigartigkeit seiner Person entdeckt und dass er erkennt: Mein Leben ist wichtig.«

Das ist meines Erachtens der Kern seines Erfolgs: Eine aus seiner eigenen Glaubenserfahrung gespeiste grundsätzliche Freundlichkeit und Wertschätzung, sein Verzicht auf Verurteilung und sein Zutrauen, die positive Annahme des anderen, die Bereitschaft, auch Hilfe, Ermutigung und Trost zu geben. »Ein weites Herz« heißt für ihn: die Menschen »mit dem Herzen sehen«, Offenheit für ihre Not, die Fähigkeit, ihnen zuzuhören, sie in dem wahrzunehmen, was sie bewegt, worunter sie leiden, zu spüren, was ihre Sehnsucht ist. Und darauf auch eine Antwort zu finden.

Denn da ist noch etwas, was man sehen muss, will man den Erfolg dieses Autors verstehen: Man merkt, dass in ihm etwas »brennt«, dass er etwas weitergeben will – und dass ihm das auch gelingt.

Der Religionssoziologe Franz Xaver Kaufmann fragt in seinem neuen Buch »Zwischen Wissenschaft und Glauben« nach den Bedingungen, unter denen heute religiöse Tradition überhaupt noch eine Chance hat, weitergegeben zu werden. Er spricht vom »Magma« des Christentums. Nur wo Menschen in der Begegnung mit überzeugenden anderen Menschen etwas von diesem Kern, dieser ursprünglichen Glut, der befreienden und Leben weckenden Kraft des Evangeliums erfahren, kann Glauben weitergegeben werden. Anselm Grüns Anliegen ist theologisch von diesem Ursprung her fundiert, aber immer auf den Menschen ausgerichtet: Erlösung ist nichts Abstraktes, sondern etwas, was unser Leben zum Guten wendet. Die Bibel ist eine Frohbotschaft, ein Weg zum Leben in Fülle.

Das also waren die Gedanken, die mir in Bad Füssing durch den Kopf gingen. Als ich dann mit Pater Anselm am nächsten Tag beim Regensburger Katholikentag am Stand der Zeitschrift von »einfach leben« stand und dann nachher mit ihm durch die Straßen ging, kamen immer wieder Menschen auf ihn zu, mit Zutrauen, aber mit viel Respekt, Kinder, Jugendliche ebenso wie ältere Menschen. Meist haben sie nicht viel gesagt, sich eine Unterschrift in einem Buch gewünscht, die Bitte um ein Gebet, sich mit ihm fotografieren lassen, ihm aber auch gedankt. Ihm zurückgespiegelt, dass sie sich von seiner positiven Ausstrahlung selbst gestärkt sehen. Ob jemand »echt« ist, das spüren die Menschen: Die Leute dankten ihm für das, was er ist, und für das, was er ausstrahlt: Optimismus, Freude, Herzlichkeit. »Ich möchte auch ein wenig so sein wie Sie«, sagte eine Frau. Er bestätigt die Richtung einer Sehnsucht.

Anselm Grün ist für einen Lektor ein Geschenk. Er schreibt, wie er ist. Natürlich erfindet er nicht mit jedem Buch einen neuen Zugang zur Welt oder zu einem immer anderen Thema. Aber es ist für die Leser immer wieder eine neue Begegnung. Auch in der Begegnung mit Menschen, die man mag, ist nicht der Effekt des immer Neuen, ganz anderen, das wir lieben. Sondern die Vertiefung bei aller Vertrautheit, die Verdichtung einer Erfahrung der Nähe.

Natürlich bleibt bei so viel Erfolg und bei so viel Produktivität Bewunderung, aber auch Verwunderung oder gar Neid nicht aus. Einmal sagte mir ein Theologe, selbst prominenter Autor, als er hörte, dass Anselm Grün wieder ein neues Buch publiziert hatte, ein erfolgreiches dazu: »Unfassbar. Ein Fass ohne Boden.« Das war nicht nur eine schiefe Metapher, weil sie im landläufigen Sinn Vergeblichkeit meint, so wie in der griechischen Mythologie die Danaidentöchter, die im Tartaros Wasser in ein durchlöchertes Fass schöpfen, ohne dass etwas bleibt.

Bei Anselm Grün ist das Gegenteil der Fall. Ich habe ihn bei Vorträgen erlebt: Die Fragerunden danach sind die eigentliche Inspiration vieler seiner Bücher. Was da hochkommt, scheint allerdings tatsächlich manchmal ein Fass ohne Boden, ein unendlicher Strom von Unsicherheit, Ratlosigkeit, Konflikten, ungelösten Lebensfragen. Im Strom der Auseinandersetzung damit ist auch der Strom des Lebens. Dieser Strom fließt in die Bücher ein, findet hier seine Fassung, durchströmt Anselm Grüns immer neues Nachdenken darüber, wie die Frohe Botschaft verständlich übersetzt werden, wie sie geerdet, konkret werden kann.

Wie kann man das »Anselm-Grün-Phänomen« fassen? Vielleicht doch mit einem anderen Naturphänomen: Anselm Grün wird auch in Zukunft unerschöpflich sein, weil er aus Quellen schöpft, die nah am »Magma« des Christentums entspringen und auch bei ihm nicht aufhören zu sprudeln: die Inspiration aus der Schrift, die Kraft einer großen Tradition, die Weisheit der Mönche, die Begegnung mit den Menschen und der Tiefe seiner eigenen Erfahrung, die Offenheit für die Zeit. Hier in Füssing, in der unprätentiösen bayerischen Bäderlandschaft, leuchtet mir das Bild auch auf einer anderen Ebene ein: Der Reichtum dieser Landschaft sind die warmen Quellen, nah vom Magma der Erde sprudelnd, gesättigt mit gesundheitsfördernden Mineralien, therapeutisch wirksam und energetisch kraftvoll. Unerschöpflich. Und wohltuend. Lebenselixiere.

Dass ich Anselm Grüns Buch in der Präsenzbibliothek des Bad Füssinger Hotels gefunden hatte, das konnte kein Zufall sein.

Anselm Grün – ein Fass ohne Boden? Nein. Mir fallen eher die Weinbehälter auf der Hochzeit von Kana ein, wo Wasser in Wein verwandelt wurde und die Krüge nicht leer wurden. Und der Wein immer besser wurde.

Mit dem Engel fing es an. Beim Rest hat, wie gesagt, ein Engel der Inspiration immer mitgewirkt. Bücher sind Briefe an den Leser. Konsequent, dass wir gemeinsam »einfach leben« konzipiert haben, einen periodischen Brief von Anselm Grün, einen wirklichen »Brief« zu Themen der Spiritualität und Lebenskunst, der jeden Monat von Tausenden erwartet wird und aus dem wieder zahlreiche Buchprojekte hervorgingen. Einiges kann ein Lektor anregen, anderes kommt von außen. Einiges ging schnell. Anderes über Umwege. Anderes braucht erst einen rechten »Aufhänger«. Und bei manchen gibt's der Herr auch im Traum. Einmal war er in Amerika gewesen und hatte geträumt, er solle ein Buch über spirituellen Umgang mit Depression schreiben. Es ist inzwischen in mehreren Auflagen erschienen. Demnächst steht ein Nachdruck an. Wohl dem Autor (und dem Lektor), der solche Helfer hat.

HSIN-JU WU

Ökumenische Berufung und gesunde Spiritualität:

Pater Anselm und das chinesischsprachige Asien

Mit dem Wort fängt alles an. So sagt die Bibel. Aber bei der ersten zufälligen Begegnung mit den Büchern von Pater Anselm war das Wort nicht besonders bewegend. 2004 arbeitete ich in einem weltlichen Verlag, und damals gab ein Agent mir ein Buch von Pater Anselm zum Prüfen. Das war »Das Buch der Lebenskunst«. Doch das gefiel mir gar nicht. Das waren nur zusammengesetzte Texte ohne klare Linie. Damals kannten in Taiwan sehr wenige Menschen Pater Anselm. Im Buch über die Lebenskunst konnte ich die Gedanken und die Theologie von Pater Anselm gar nicht systematisch kennenlernen. So löste das Buch in mir keine Bewunderung für ihn aus.

Zwei Jahre später sollte ich für den gleichen Verlag ein Buch über Führung im Sinne Benedikts herausgeben. Ich suchte bei Amazon und entdeckte, dass zu diesem Thema das Buch eines Mönches ein Bestseller war. Auf dem Cover war sein Foto abgebildet. Ich konnte kaum glauben, dass es der gleiche Autor war. Aus Neugier habe ich mir dann die Website des Vier-Türme-Verlags angeschaut und dort einige theologische Bücher von Pater Anselm gefunden. Darin ging es um die Grundlagen des Glaubens. Daraufhin bestellte ich vier seiner Bücher zur Prüfung. Die ersten beiden, die ich gelesen habe, waren »Bilder von Jesus« und die »Zehn Gebote«. Sie haben mich durch ihre lebens- und menschennahe Auslegung tief berührt. Ich spürte, dass diese Gedanken für unsere presbyterianische Kirche, die gerade nach einer gesunden Spiritualität suchte, hilfreich sein könnten. In Asien suchen die Menschen heute vor allem in den Pfingstkirchen nach einer neuen Spiritualität. Sie wollen Gott mitten im Leben erfahren. Und sie wollen auch lernen, wie man in der Spiritualität mit den eigenen Gefühlen umgehen kann. Der Grund liegt darin, dass viele Asiaten die eigenen Gefühle unterdrücken, besonders in der Kirche. Die Kirchen haben wenig davon gesprochen, und ihre Mitglieder werden sehr unter Druck gesetzt, »fröhliche Christen« zu sein. Deswegen leiden auch viele Leute in der Kirche an Depressionen.

Nun überlegte ich, ob ich die Bücher übersetzen und einem christlichen Verlag anbieten oder einen eigenen Verlag gründen sollte. Im eigenen Verlag könnte ich sie besser in die Gemeinden bringen und so die Spiritualität der Kirche mitprägen. Ich bin zu einem befreundeten Pastor gegangen, der große Bibelkreise leitet, und habe ihm die Bücher vorgestellt. Er war davon sehr berührt und hat in der folgenden Zeit für uns bei vier Unternehmern ein kleines Startkapital gesammelt.

Ich habe eine Freundin eingeladen, mit mir einen Verlag zu gründen, um deutsche christliche Bücher in Taiwan zu veröffentlichen. Sie sagte zu. Ich spürte: Wenn Gott mich auf die Bücher von Pater Anselm gestoßen hat, die ich anfangs abgelehnt habe, dann wird es Gottes Wille sein, einen Verlag zu gründen. Das Fehlen der Bewunderung ersetzte Gott durch ein Wunder. Ich gründete mit meiner Freundin also einen Verlag für die Übersetzung deutscher christlicher Bücher. Beide hatten wir in Deutschland studiert. Und wir waren unzufrieden darüber, dass in Taiwan ausschließlich amerikanische Literatur übersetzt wurde. Das erste Buch, das wir herausbrachten, war »Die Osterfreude entdecken«. Der befreundete Pastor meinte, wir sollten höchstens 1.000 Exemplare davon drucken lassen. Doch diese waren nach einer Woche schon verkauft. So haben wir gleich 2.000 Bücher nachgedruckt, die aber innerhalb der nächsten beiden Wochen auch ausverkauft waren. Unser Ziel war, die Bücher unter die Menschen zu bringen, und so haben wir der Kirche sehr hohe Rabatte gewährt. Wir haben am Anfang nichts verdient. Aber die schnelle Verbreitung der ersten beiden Bücher – in vier Wochen je 6.000 Exemplare – hat uns Mut gemacht, weitere Bücher von Pater Anselm zu übersetzen. Das Motiv für mich und meine Freundin, zwei Frauen von der PCT (Presbyterian Church Taiwan), die Bücher von Pater Anselm zu veröffentlichen, war, dass wir nach einer gesunden Spiritualität für unsere Kirche suchten. Von den vier Grundlagen des christlichen Glaubens – Erfahrung, Tradition, Bibel und Vernunft – hat uns als reformierter Kirche die Erfahrung gefehlt. Das ist für mich die Spiritualität. In Taiwan gehen viele Christen, die sich nach Gotteserfahrung sehnen, zu den Pfingstkirchen. Das ist für die reformierte Kirche eine Belastung. Wir spürten, dass uns die Dimension der Erfahrung und einer erfahrungsbezogenen Spiritualität fehlte. Die Bücher von Pater Anselm füllten diese Lücke aus. Durch sie hat die PCT sich auf den Weg gemacht, über Spiritualität nicht nur theoretisch nachzudenken, sondern sie auch zu leben.

Ich selbst bin als evangelische Christin neun Jahre in eine katholische Schule gegangen. So war ich immer offen für die Ökumene. Die Bücher von Pater Anselm haben mir die Gelegenheit gegeben, meine Offenheit für das Katholische zum Ausdruck zu bringen. Ich habe beim Lesen seiner Bücher gespürt, dass da eine wichtige spirituelle Sehnsucht in mir angesprochen wird. Das wollte ich auch den anderen Christen vermitteln.

Die besondere Situation des Christentums im chinesischsprachigen Asien

Das Christentum ist in Asien eine Minderheit. In Taiwan sind 5 % der Bevölkerung Christen, in Hongkong 10 %, in Japan 2 % und in Korea 25 %. Das Christentum steht in Konkurrenz zu anderen Religionen, vor allem dem Buddhismus und der Volksfrömmigkeit, die sich mehr auf Laotse beruft. Die Kultur ist vom Buddhismus und Konfuzianismus geprägt, nicht vom Christentum. Daher gibt es auch nur einen kleinen Markt für christliche Bücher. In Malaysia herrscht der Islam. Da ist das Christentum nur geduldet. Die Christen dort sind entweder Chinesen oder Inder. In Ostmalaysia sind 40 % der Bevölkerung christlich. Dort herrscht ein gutes Klima zwischen den Religionen. In Singapur versucht der Staat, ein religiöses Gleichgewicht zu finden: Keine Religion darf dominieren. Auf dem Festland in China ist die Situation schwierig. Dort werden die Veröffentlichungen kontrolliert und zensiert. China hat zudem das klassische chinesische Zeichen, das in Taiwan, Hongkong, Singapur und Malaysia geschrieben wird, durch eine Zeichenreform stark verändert. Man spricht von Simplex-Chinesisch gegenüber dem Komplex-Chinesisch. Es gibt zwar viele Christen in China, aber sie können nur im Untergrund wirken. Die katholische Kirche tut sich schwer, weil die Chinesen den Einfluss von Rom ablehnen.

Der Markt für christliche Bücher ist also sehr klein. Der weltliche Markt nimmt die christlichen Bücher nicht zur Kenntnis. Auf dem christlichen Markt hingegen dominieren die amerikanischen Bücher. Die deutschen Bücher galten immer als zu theologisch. Pater Anselm ist da eine Ausnahme. Er schreibt theologische Bücher, aber so, dass sie auch Laien verstehen können. Inhaltlich sind seine Bücher längst nicht so plakativ und reißerisch wie die amerikanischen.

Unser kleiner Verlag hat mit den Büchern von Pater Anselm angefangen, aber er durfte sich auch nicht auf einen einzigen Autor konzentrieren. Daher versuchen wir, andere theologische Bücher zum Beispiel von Jörg Zink, Friedrich Schorlemmer und Gerd Theissen zu publizieren. Dennoch ist Pater Anselm eine Ausnahme. Etwa 50 % unserer Bücher sind von ihm und werden auch am besten verkauft.

Da es so wenig Christen in Asien gibt, stehen sie in Konkurrenz zueinander. Das ökumenische Klima war bisher nicht sehr gut. Daher haben wir uns überlegt, ob es sinnvoll ist, auf die Bücher als Autor Pater Anselm Grün zu schreiben oder nur Anselm Grün. Wir haben uns schließlich entschieden, den Pater stehen zu lassen. Damit ist klar, dass es sich um einen katholischen Mönch handelt. Wir wollten bewusst die katholische spirituelle Quelle aufzeigen. Sonst wäre das Profil unklar.

Ein Problem im chinesischsprachigen Asien ist, dass katholische und evangelische Christen den Gottesnamen jeweils anders übersetzen und insgesamt eine unterschiedliche theologische Sprache sprechen. Daher lasen die evangelischen Leser die katholischen Bücher nicht so gerne. Aber Gott hat durch Pater Anselm eine ökumenische Brücke gebaut. Als evangelischer Verlag haben wir die katholische Spiritualität in eine evangelische Sprache übersetzt. So wurde eine sprachliche Mauer abgebrochen. Die evangelischen wie die katholischen Christen lesen seine Bücher sehr gerne. Und auf einmal ist für die Katholiken die evangelische Ausdrucksweise kein Problem mehr. So hat Gott bei den Büchern von Pater Anselm dieses Hindernis in eine ökumenische Chance verwandelt. Viele Katholiken sind sehr enttäuscht, dass die Bestseller von einem katholischen Priester in einem evangelischen Verlag veröffentlicht werden. Doch wenn das nicht so wäre, könnte die katholische Spiritualität ausschließlich im katholischen Bereich bleiben. Dann könnten die Evangelischen nur um sich kreisen. Diese große Wirkung haben wir am Anfang jedoch ganz und gar nicht geplant: »Wir wissen, dass Gott bei denen, die ihn lieben, alles zum Guten führt, bei denen, die nach seinem ewigen Plan berufen sind.« (Römer 8,28)

Ein weiteres Problem sind die verschiedenen Formen von Spiritualität und Theologie innerhalb des Christentums. Da gibt es – vor allem in der PCT, aber auch bei den Katholiken – die Befreiungstheologie, aber auch fundamentalistische Strömungen. Die Evangelikalen und die Pfingstkirchen breiten sich aus. In dieser Situation brauchen die großen Kirchen wie die PCT, Katholiken, Anglikaner, Lutheraner und Methodisten eine gesunde Spiritualität, um die menschliche Sehnsucht nach einem emotionalen Ausdruck des Glaubens und nach persönlicher Gotteserfahrung zu erfüllen. Sonst suchen viele Gläubige die Erfüllung ihrer Sehnsucht in charismatischer Richtung oder in der Pfingstbewegung. Dort werden viele angesprochen von Heilungsgottesdiensten, Wundergottesdiensten und Zungenreden. Das ist eine Herausforderung für die großen Kirchen.

Die ökumenische Wirkung von Pater Anselm in Asien

Das erste Buch, das von Pater Anselm auf Chinesisch veröffentlicht wurde, wurde von einem katholischen Verlag, dem Pauliner-Verlag, herausgegeben. Doch das fand wegen der katholisch geprägten Sprache keine große Verbreitung. Die eigentliche Verbreitung der Bücher von Pater Anselm begann, als unser kleiner Verlag – South & North, weil wir beiden Gründerinnen im Süden und Norden von Taiwan wohnen – die Werke von Pater Anselm übersetzte und veröffentlichte. Das Ziel unseres Verlages ist, die christlichen Werte in der Gesellschaft zu verbreiten, um den Menschen eine Orientierungshilfe zu geben mitten in der pluralistischen Welt. Aber weil die christlichen Werte in Asien keine besonders große Verbreitung haben, sollten unsere Publikationen sich an Lebensthemen orientieren.

Als privater Verlag, der von keiner Kirche bestimmt wird, arbeiten wir mit allen Kirchen zusammen. Mit den Katholiken haben wir gute Beziehungen. Der Erzbischof von Taipeh verwendet die Bücher von Pater Anselm gerne für seine Predigten und schenkt sie seinen Priestern. Wir arbeiten aber auch mit den verschiedenen evangelischen Kirchen zusammen. In Hongkong ist unsere Vertriebsgesellschaft anglikanisch, in Ostmalaysia arbeiten wir mit der methodistischen Kirche zusammen. In Taiwan kaufen auch die Freikirchen die Bücher von Pater Anselm.

So ist durch die Bücher von Pater Anselm die katholische Spiritualität in den evangelischen Kirchen bekannt und auch akzeptiert worden. Dabei gab es einige Hindernisse zu überwinden. Denn ursprünglich hatten die evangelischen Christen viele Vorurteile gegenüber den Katholiken. Nur die Mitglieder der evangelischen Kirchen wurden Christen genannt, die anderen waren nur »die Katholiken«. Es gab zwar schon einige ökumenische Kooperation zwischen beiden Kirchen, aber nur bei öffentlichen Veranstaltungen und Feierlichkeiten. Durch Pater Anselm ist da eine neue ökumenische Brücke entstanden. Die beiden Kirche haben nun engeren spirituellen Austausch, und nicht nur auf offizieller Ebene, sondern auch zwischen den Laien. Viele Missverständnisse konnten so geklärt werden, zum Beispiel über die Marienverehrung. Die verlorengegangenen spirituellen Traditionen werden nun auch neu belebt, man entdeckt zum Beispiel die heilende Kraft des Kirchenjahres, die Spiritualität der Bilder, Symbole und Rituale.

Mein Verständnis von Ökumene möchte ich so ausdrücken: Martin Luther hat in der Reformation von der katholischen Kirche nur die Bibel übernommen, aber die Spiritualität im »Elternhaus« gelassen. Wir evangelischen Christen holen nun gerne diesen Schatz aus der katholischen Kirche in die unsere und bauen dadurch wieder Brücken zwischen beiden Kirchen auf. Es ist uns gelungen, die feindselige Haltung und viele Missverständnisse zwischen den Kirchen abzubauen. Am Anfang haben zum Beispiel die Freikirchen Pater Anselm abgelehnt. Seine Bücher seien zu liberal, meinten sie. Doch seit zwei Jahren kaufen auch sie gerne bei uns ein. Sie haben manche Bücher sogar als Lehrbücher für ihre Theologiestudenten verwendet.

Auch die Vortragstätigkeit von Pater Anselm in Asien dient der Ökumene. Er hat in den verschiedenen Kirchen Veranstaltungen, aber ganz gleich, wo er auftritt, die Zuhörer stammen immer aus allen christlichen Kirchen. Das ist sehr selten in Asien. Die PCT hat durch Pater Anselm wieder zu einer gesunden Spiritualität gefunden. Bei einer Vortragsreise haben über die Hälfte aller Pastoren aus der PCT an seinen Vorträgen und Seminaren teilgenommen. Dabei hat Pater Anselm nie nur Vorträge gehalten, sondern immer auch Rituale mit uns eingeübt. Das hat die Pastoren sehr angesprochen. Sie haben jetzt mehr Vertrauen in ihre eigene Spiritualität gewonnen. Das Minderwertigkeitsgefühl gegenüber den Pfingstkirchen ist verschwunden.

In Singapur waren die Vorträge von Pater Anselm ein ökumenisches Ereignis. Zum ersten Mal war er dort von beiden Kirchen eingeladen. Zu den Vorträgen in den evangelischen Kirchen kamen auch viele Katholiken. Sie wurden vom evangelischen Pastor eigens begrüßt, und alle haben sie mit Beifall willkommen geheißen. Genauso war es in den katholischen Kirchen. Dort wurden die evangelischen Christen extra begrüßt und beklatscht. Seitdem ist das ökumenische Klima in Singapur wie verwandelt.

In Ostmalaysia gab es zum ersten Mal seit 113 Jahren eine gemeinsame Veranstaltung von Katholiken und Methodisten. Die Methodisten sind die größte Kirche in Ostmalaysia, gefolgt von den Katholiken. An zwei Tagen haben fast alle methodistischen Pastoren und katholischen Priester gemeinsam mit ihrem Bischof die spirituelle Fortbildung besucht. Am ersten Tag wurde schon die Hälfte aller Bücher verkauft, die der Verlag nach Ostmalaysia geliefert hatte (insgesamt 2.000). Viele Zuhörer haben nach den Vorträgen Pater Anselm sehr für die Spiritualität gedankt, die er vermittelt, weil sie nun besser mit eigenen Gefühlen und Depression umgehen können. Die Christen in Asien sind bisher der amerikanischen »Erfolgstheologie« gefolgt, das heißt, man muss sowohl wirtschaftlich erfolgreich sein als auch seine Gefühle im Griff haben, nur dann glaubt man »richtig«. Doch das hat viele emotional unter Druck gesetzt. Sie erleben die »therapeutische Spiritualität« von Pater Anselm als eine befreiende Theologie: Jetzt dürfen sie ihre Gefühle zugeben. Die Theologie in Asien war bisher deutlich von Männern dominiert, die sich damit schwertaten, Gefühle zu zeigen. Daher ist die Spiritualität von Pater Anselm, die männliche und weibliche Züge in sich vereint, für uns heilsam. Und wir spüren auch, dass Frauen die Vorträge von Pater Anselm besser übersetzen können. Zu Beginn, als beinahe ausschließlich Pastoren die Vorträge übersetzten, verfielen viele gleich in ihren typisch männlichen Predigerton.

Ein neues Thema, das Pater Anselm in die Kirchen Asiens gebracht hat, ist auch das der geistlichen Begleitung. Die Kirchen haben sich dort bisher noch nicht aktiv in geistlicher Begleitung engagiert. Die Besuche von Pater Anselm setzen da einen neuen Anfang, den die Pastoren gerne aufgreifen.

Interreligiöse Brücke für Nichtchristen

Da die Christen in der Minderheit sind, ist die Offenheit gegenüber anderen Religionen nicht sehr groß. Und doch gibt es auch hier eine große spirituelle Sehnsucht und ein Bedürfnis, religiöse Werte oder überhaupt menschliche Werte in die Gesellschaft hineinzutragen. Das Ziel unseres evangelischen Verlages ist, die Welt mit christlichen Werten zu gestalten. Anderen Religionen sind die christlichen Werte jedoch eher fremd. Sie interessieren sich nicht besonders für den christlichen Glauben. Die Mehrheit sind Nichtchristen mit buddhistischem und taoistischem Hintergrund. Viele Christen haben Bücher von Pater Anselm an Nichtchristen verschenkt und haben sehr positive Rückmeldungen dazu bekommen. Wir sind kein missionarischer Verlag. Aber mit den Büchern von Pater Anselm haben wir christliche Werte und christliche Wege der Lebenshilfe in die nichtchristliche Gesellschaft hineingetragen. Und weil die Asiaten eher zurückhaltend im Umgang mit eigenen Emotionen und Gefühlen sind und die schnelle wirtschaftliche Entwicklung die Menschen hier sehr unter Druck gesetzt hat, brauchen sie ganz besonders die Zusage, die in den Werken von Pater Anselm steckt und in denen Gefühle auf spirituelle Weise betrachtet werden.

Pater Anselm hat eine Brücke zu den anderen Religionen gebaut. Wir haben mit nichtchristlichen Unternehmen und Organisationen zusammengearbeitet. Bei einem Besuch von Pater Anselm und Jochen Zeitz kamen zum ersten Mal in der Geschichte Taiwans christliche und nichtchristliche Unternehmer mit katholischen und evangelischen Theologen und einer buddhistischen Zen-Meisterin zusammen, um über Werte in der Wirtschaft zu diskutieren. Wir haben gemeinsam mit einem buddhistischen Beerdigungsinstitut Kurse und Vorträge zur Trauerbegleitung angeboten. Die buddhistischen Zuhörer waren sehr berührt. Ein Buddhist, der die Aufgabe hatte, Leichen zu waschen, kam nach dem Vortrag zu Pater Anselm und wollte von ihm gesegnet werden. Außerdem hat Pater Anselm vor den Angestellten von christlichen Krankenhäusern, die aber zu 90 % nichtchristlich sind, Vorträge und Übungen gehalten. Alle waren sehr offen und ließen sich von den Worten und Ritualen berühren. Auch für Sozialarbeiter, Mitarbeiter in der Krankenbegleitung und im Hospiz hat Pater Anselm Vorträge gehalten, außerdem Führungsseminare für Manager und Studenten angeboten. So ist durch Pater Anselm in der nichtchristlichen Gesellschaft eine neue Offenheit für das Christentum entstanden. Das zeigte sich auch darin, dass ein buddhistisches Symposium von Zen-Meistern und Nonnen Pater Anselm zu einem Vortrag eingeladen hat. Sie waren sehr dankbar, dass er als Christ zu ihnen sprach, und waren offen für den christlichen Weg.

Analyse von Bestsellern in Asien

Die Bedürfnisse des Buchmarktes in Asien sind anders als die in Europa. Da hier christliche Bücher normalerweise nur von Christen gekauft werden, ist es wichtig, dass die Bücher ihre eigene christliche Identität widerspiegeln. Daher werden vor allem die Bücher gerne gekauft, die zentrale christliche Themen behandeln. Unser Bestseller ist zum Beispiel »Bilder von Jesus«. Es gibt bei uns keine »Grauzone« von Veröffentlichungen, die sowohl Christen wie Nichtchristen, kirchliche und kirchenferne Menschen kaufen würden, wie dies in Deutschland der Fall ist. Daher ist es uns wichtig, zentrale Themen der Theologie und Spiritualität zu behandeln. Wenn wir uns in der Titelformulierung zu sehr dem heutigen Zeitgeist angepasst haben, haben wir die Erfahrung gemacht, dass die Bücher sich weniger gut verkauften. Denn die christlichen Leser können solche Bücher dann nicht mehr von den übrigen Publikationen unterscheiden. Dazu kommt, dass Leser weltlicher Literatur keine Bücher mit christlichem Inhalt kaufen, mit welchem neutralen Titel wir auch immer sie versehen. Nur wenn ein klares christliches Profil erkennbar war, haben wir die Bücher gut verkauft. Wir können jedoch darauf vertrauen, dass die Christen die geeigneten Bücher auch an Nichtchristen verschenken werden. Davon ausgenommen sind natürlich Geschenkbücher, die auch für einen breiteren, nichtchristlichen Markt gedacht sind und sich dort inzwischen großer Beliebtheit erfreuen.

Uns ist es als Verlag wichtig, dass wir unser christliches Profil auch nach außen zeigen. Ein Beispiel: Wir haben zwei Bücher absichtlich mit einem eher neutralen Titel versehen. »Acht Wege zu glücklichem Leben« statt den »Acht Seligpreisungen« sowie »Gotteserfahrung und Weltgestaltung« statt des »Vaterunsers«. Beide haben sich am Anfang nur sehr schleppend verkauft. Als wir jedoch am Büchertisch bei einer Veranstaltung den Lesern die Originaltitel der Bücher nannten, wurden sie sogleich verkauft. Als Konsequenz daraus haben wir die Titel nun geändert, und der Absatz hat sich deutlich verbessert. Unsere Bestseller sind neben den »Bildern von Jesus« auch »Die Osterfreude auskosten«, »Die hohe Kunst des Älterwerdens« und »Menschen führen – Leben wecken«. Das Buch »Die hohe Kunst des Älterwerdens« wurde sogar vom Ministerium für Gesundheit als hilfreiches Buch für das Älterwerden empfohlen. Es ist wirklich eine Ausnahme, dass ein christliches Buch in einer ansonsten nichtchristlichen Gesellschaft empfohlen wird.

Ein anderer Aspekt der Bücher von Pater Anselm ist, dass sie auch Nichtchristen ansprechen, was wohl vor allem auf seine Vortragstägigkeit zurückzuführen ist. Inzwischen kaufen, wenn auch nur vereinzelt, auch Nichtchristen die Bücher von Pater Anselm. So erfüllen die Bücher eine missionarische Aufgabe. Und sie machen den Christen Mut, ihren Glauben in einer nichtchristlichen Gesellschaft zu leben und zu bekennen.

Um die Gedanken von Pater Anselm in Asien verständlich werden zu lassen, haben wir gemeinsam mit ihm viele neue Projekte entwickelt, zum Beispiel Segenskarten gestaltet. Sie werden von Krankenhausseelsorgern verwendet und nicht nur an christliche Patienten verschenkt. Zudem haben wir Segenskarten für Firmen und ihre ganz speziellen Themen entwickelt. Eine Managerin erzählte mir, dass sie einer buddhistischen Angestellten eine Segenskarte für schwierige Situationen geschenkt habe. Sie habe geweint, weil sie so berührt war. Solche Erfahrungen dürfen wir immer wieder machen.

Wir haben das spirituelle Klima in den Kirchen verwandelt, zum Beispiel durch ein Buch zur Fastenzeit, das es ermöglicht hat, dieses Ritual auch in die evangelische Spiritualität mit hineinzunehmen. Wir haben das Thema der geistlichen Begleitung und der spirituellen Selbstfürsorge für Pastoren in die evangelischen Kirchen gebracht und neues Interesse für die Themen der Trauerbegleitung und des spirituellen Umgangs mit Krankheit geweckt. Wir haben Rituale für Familien entwickelt, wie sie die Zeiten des Kirchenjahres gemeinsam intensiver erleben können, und eine ganz neue Art von Büchern möglich gemacht, wie das über den Dialog mit der Zen-Meisterin oder das Traumbuch. Manche dieser Projekte hat dann der Vier-Türme-Verlag oder der Herder Verlag übernommen.

So entstand auch ein interkultureller Austausch. Wir sind stolz, dass unser kleiner Verlag, in dem nur Frauen arbeiten, auch deutsche Verlage befruchtet hat.

Glückwunsch für Pater Anselm mit Lukas 1,1–4: Berufung und Aufgabe für einen christlichen Autor

So möchte ich schließen mit einem Glückwunsch an Pater Anselm. Dazu beziehe ich mich auf Lukas 1,1–4. Lukas ist der Lieblingsevangelist von Pater Anselm. Er schrieb in seiner Zeit sozusagen einen Bestseller über Jesus, damit auch die Griechen die Frohbotschaft Jesu verstehen könnten. Er beginnt sein Evangelium mit den Worten: »Schon viele haben es unternommen, einen Bericht über all das abzufassen, was sich unter uns ereignet und erfüllt hat. Dabei hielten sie sich an die Überlieferung derer, die von Anfang an Augenzeugen und Diener des Wortes waren. Nun habe auch ich mich entschlossen, allem von Grund auf sorgfältig nachzugehen, um es für dich, hochverehrter Theophilus, der Reihe nach aufzuschreiben. So kannst du dich von der Zuverlässigkeit der Lehre überzeugen, in der du unterwiesen wurdest.«

Lukas hat einen Schreibstil, der sowohl Juden wie Griechen, Christen wie Heiden anspricht. Seine einfache und bildhafte Sprache berührt die Menschen. Pater Anselm schreibt für Kirchenferne in einer einfachen Sprache, die auch theologisch ungebildete Menschen verstehen. Lukas war ein guter Erzähler. Seine Theologie ist offen, ökumenisch, lebensnah und authentisch. Das ist auch das Ziel der Bücher von Pater Anselm. Viele lesen diese Bücher, weil sie sich selbst darin wiederfinden.

Lukas gilt der Legende nach als Arzt. Er verbindet die griechische Lehre vom gesunden Leben mit der Botschaft Jesu. Diese interdisziplinäre Theologie verfolgt auch Pater Anselm, indem er die Theologie und Psychologie miteinander verbindet. Ich sehe im Text des Lukasevangeliums vier Aspekte, die auch für das Schreiben von Pater Anselm charakteristisch sind:

• *Der Grund für das christliche Schreiben*: »Schon viele haben es unternommen, einen Bericht über all das abzufassen, was sich unter uns ereignet und erfüllt hat.« Lukas teilt hier den Grund für sein Schreiben mit: Obwohl es schon viele Bücher über Jesus gab, schreibt Lukas sein eigenes. Er wollte Jesus auf seine persönliche Weise den Menschen nahebringen. Pater Anselm versucht, dieser Aufgabe gerecht zu werden, indem er über Jesus, über die Bibel, über die christliche Tradition so schreibt, dass die Menschen die Beziehung zu ihrem realen Leben spüren, dass sie darin wirklich Lebenshilfe aus dem Glauben erhalten. Die Teilung von Glaube und Leben hat das Christentum geschwächt. Pater Anselm verbindet beides wieder. Viele Menschen sehnen sich nach einer gesunden Spiritualität mitten in ihrem Alltag. Pater Anselm hat diese Sehnsucht mit christlichen Gedanken und Bildern angesprochen. Das ist die »Lücke«, die eine moderne christliche Publikation füllen sollte. Lukas hat oft neben das Gleichnis, das von einem Mann erzählt, auch eines gesetzt, das von einer Frau erzählt. Er wollte Gott aus männlicher und weiblicher Sicht betrachten. Pater Anselm verbindet als Mönch männliche und weibliche Seiten. Daher verstehen ihn nicht nur Frauen besonders gut. Das könnte auch eine Chance sein, den Männern in Asien zu helfen, mit ihren Gefühlen besser umzugehen. Wenn ein Mann vom Umgang mit Gefühlen schreibt, können die Männer es besser annehmen.

• *Inhalt und Verantwortung*: »Dabei hielten sie sich an die Überlieferung derer, die von Anfang an Augenzeugen und Diener des Wortes waren.« Pater Anselm vermittelt nur die Botschaft von Jesus. Er will sich nicht selbst darstellen. Mittelpunkt seiner Bücher ist die Botschaft Jesu. Er will nicht die Menschen zufriedenstellen und sich auch nicht bewundern lassen. Vielmehr geht es ihm darum, die Botschaft Jesu so zu bezeugen, dass die Menschen in Jesus wirklich den Anführer zum Leben, den Anleiter zu gelingendem Leben (archegos tes zoes) erkennen. Lukas will Jesus so beschreiben, dass die Griechen ihn verstehen. Aber er will dem Wesen Jesu, seiner historischen Gestalt und seiner Sendung von Gott gerecht werden. Das versucht auch Pater Anselm in seinen Büchern.

Wie Lukas besonders die therapeutische Dimension Jesu darstellt, so ist es auch ein Anliegen von Pater Anselm, die heilende Wirkung der Botschaft Jesu zu beschreiben. Rein psychologische Bücher sind für asiatische Christen nicht so überzeugend. Aber wenn in der Bibelauslegung die psychologische Dimension und die heilende Wirkung des Glaubens zur Sprache kommen, können es die Christen, vor allem die Laien, besser annehmen. Sie fühlen sich dann nicht von den Pastoren belehrt, sondern trauen sich, ihr eigenes Bibelverständnis zu entwickeln.

- *Ethik des Schreibens*: »Nun habe auch ich mich entschlossen, allem von Grund auf sorgfältig nachzugehen, um es für dich, hochverehrter Theophilus, der Reihe nach aufzuschreiben.« Lukas geht es um ein authentisches Schreiben. Pater Anselm schreibt nur von dem, was er selbst erlebt hat. Er verzichtet auf übertriebene Geschichten, auf die Erzählung großartiger Wunder, die durch den Glauben geschehen, oder auf besondere Emotionalität. Die amerikanischen spirituellen Bücher erzählen dagegen meist außergewöhnliche Geschichten, um Eindruck zu machen. Das Erzählen ist hier oft wichtiger als die Botschaft. Und sie versprechen viele »Wunder« und »Erfolge«, indem sie Glaube als Strategie und Mittel zum Erfolg benutzen. Wenn man nicht erfolgreich ist, ist man kein guter Christ. Das ist sehr moralisierend und gegen die Ethik einer christlichen Publikation.

Lukas war auch ein guter Erzähler. Aber er erzählt so, dass die Herzen berührt werden. Nur eine solche Erzählung, die authentisch ist, die Jesus durch das eigene Herz betrachtet, könnte die Menschen mit sich selbst in Berührung bringen, mit ihrer Seele und mit ihrer Sehnsucht. Nur wer zu sich selbst gefunden hat, wird dann auch wahrhaft Gott begegnen. Lukas liebt die Begegnungsgeschichten. Die Verwandlung des Menschen geschieht immer in der Begegnung. Aber um Gott zu begegnen, muss der Mensch auch sich selbst begegnen. Lukas hat alles sorgfältig geprüft. Er beobachtet die Menschen genau, die er beschreibt. Das versucht auch Pater Anselm. Er prüft sorgfältig, ob seine Gedanken wirklich lebbar sind, von ihm selbst und von den Lesern.

- *Ziel des Schreibens:* »So kannst du dich von der Zuverlässigkeit der Lehre überzeugen, in der du unterwiesen wurdest.« Pater Anselm will durch sein Schreiben christliche Werte so darstellen, dass die Menschen ihr Leben aus dem Glauben meistern und dass sie ihren Glauben als Halt erfahren mitten in den Turbulenzen dieser Zeit. Für ihn ist die Zuverlässigkeit der Tradition wichtig. Das ist gerade für den Dialog mit anderen Religionen wichtig. Man kann nur dann einen guten Dialog führen, wenn man im eigenen Glauben feststeht. Gerade die Christen in Asien brauchen das Gefühl, dass die Bücher, die von der Botschaft Jesu erzählen, zuverlässig sind, dass man sich darauf verlassen kann, weil sie dem Wesen Jesu gerecht werden. Nur wenn die Botschaft Jesu zuverlässig weitergesagt wird, kann sie ihre heilende und befreiende Wirkung entfalten.

Das heißt aber nicht, dass man sich über die anderen Religionen stellt, sondern ihnen mit Wertschätzung begegnet und sich miteinander für die Welt einsetzt. Der Schreibstil von Pater Anselm ist nicht aggressiv. Er spricht auf sanfte Weise von den Themen unseres Lebens, sodass die Zuverlässigkeit der Botschaft Jesu bestätigt werden kann. Viele Nichtchristen fühlen sich beim Lesen nicht missioniert, sondern verstanden und geborgen in der Frohen Botschaft Jesu. Manche Christen haben in Asien einen Minderwertigkeitskomplex, weil sie eben in der Minderheit sind. Durch die Bücher von Pater Anselm jedoch bekommen sie den Mut, um mit anderen über christliche Werte zu sprechen.

So wünsche ich Pater Anselm, dass er weiterhin mit diesen Prinzipien des Evangelisten Lukas schreiben und die Botschaft Jesu vermitteln kann. Auch wir möchten als Verleger diese Prinzipien einhalten und seine Bücher authentisch und fruchtbar weiter verbreiten. Es soll uns nicht um den geschäftlichen Nutzen gehen, sondern um die Vermittlung der Botschaft. Die Leser spüren, ob es uns um die Botschaft Jesu und um die Sehnsucht der Menschen oder aber um den eigenen Profit geht. So ist Lukas für uns alle eine Herausforderung, wie wir in Zukunft Bücher schreiben und verlegen sollten.

PIERRE STUTZ

Bestärkt zum ureigenen Weg

Mit einem Brief bin ich 1997 in direkten Kontakt mit Anselm Grün getreten. Ich bat ihn, mir ein Vorwort zu meinem Buch »Alltagsrituale. Wege zur inneren Quelle« zu schreiben. Zu meinem großen Erstaunen erhielt ich nach kurzer Zeit eine bestärkende Hinführung zu meinem Buch. Darin schreibt er: »Pierre Stutz übernimmt nicht einfach, was er anderswo gelesen hat. Er probiert es aus, testet es auf seine Tragfähigkeit und gibt ihm eine persönliche Note. Wie er mit manchen Texten der Heiligen Schrift umgeht, das hat mir alte Texte neu erschlossen … Dabei ist mir seine Verbindung des persönlichen inneren Weges mit der Verantwortung für diese Welt, für die Armen und Entrechteten, für die in unserer Welt Übersehenen und an den Rand Gedrängten besonders wichtig geworden. Ein spiritueller Weg, der diese Welt nicht verändert, ist nutzlos.« (S. 13f) Es tat mir unendlich gut, gesehen und gehört zu werden, anerkannt in meinem spirituellen Schreiben. Seither begegne ich ab und zu Anselm persönlich in Münsterschwarzach, bei Katholikentagen und Evangelischen Kirchentagen. Diese herzlichen Begegnungen erfahre ich als Segensgeste, als Bestärkung, meinem ureigenen Weg zu trauen und ihn zu gehen, auch wenn es wehtun kann, Vertrautes zu verlassen, um bei sich selbst ankommen zu können. Mich angesprochen und verstanden zu fühlen, erlebe ich auch im Lesen und Meditieren einiger Bücher von Anselm Grün, die mir zu Wegbegleitern geworden sind. Drei Werke möchte ich besonders hervorheben:

»Lebensmitte als geistliche Aufgabe« (1980)

In meiner zweijährigen Burn-out-Zeit in den Jahren 1991 bis 1993 hat mich seine Kleinschrift »Lebensmitte als geistliche Aufgabe« im Durchschreiten vieler dunkler Stunden der Verlorenheit wesentlich begleitet, genährt und bestärkt. Immer wieder hatte ich das Gefühl, das viele Worte nur für mich persönlich geschrieben worden sind. Eine Erfahrung, die uns eine tiefere Verbundenheit mit allem aufzeigt, was beglückend ist und wovon viele mystische Frauen und Männer erzählen. Wir können eine »Gleichzeitigkeit« erfahren, wie es Sören Kierkegaard (1813–1855) nennt, Momente, in denen Raum und Zeit wie aufgehoben erscheinen und wir in unserem Innersten ganz tief angerührt sind. So erging es mir bei der Bestärkung, die Krise als Wachstumschance zu sehen, wie es Johannes Tauler (1300–1361), ein Weggefährte von Meister Eckhart, authentisch aufzeigt. Anselm Grün inspiriert sich von Tauler und bringt ihn in Verbindung mit dem Schweizer Psychologen Carl Gustav Jung (1875–1961). Damit hebt er die verheerende Trennung von Psychologie und Spiritualität auf. Der Dreiklang der Gottes-, Nächsten- und Selbstliebe kann endlich voll zum Klingen gebracht werden: »Die Krise der Lebensmitte stellt uns vor die Forderung der Selbsterkenntnis, die zugleich eine Hilfe wäre, die Krise zu bewältigen. Wenn Gottes Gnade uns anrührt und unser bisheriges Denk- und Lebensgebäude auf den Kopf gestellt hat, so bietet sich uns die Chance, uns selbst zu erkennen, nicht nur äußerlich, sondern in unserem Seelengrund, dort, wo unser Wesen verborgen liegt. Der Weg zur Selbsterkenntnis ist für Tauler die Kehre nach innen, die Zuwendung zum eigenen Seelengrund. Doch da die Selbsterkenntnis zunächst schmerzlich ist, weil man schonungslos entdeckt, was im Innern auch an Dunkelheit, Bosheit, an Feigheit und Falschheit verborgen liegt, weicht man ihr gerne aus« (S. 22), heißen jene Worte von Anselm Grün, die mir eine neue Perspektive geschenkt haben. Sie ließen mich damals behutsam-bestimmt mit der Unterstützung einer Atemtherapeutin und einem geistlichen Begleiter hineinwachsen in eine Spiritualität der Unvollkommenheit. Eine Fortschrittsgläubigkeit, die auch eine große Falle auf einem spirituellen Weg sein kann, wird entlarvt, weil wir ganz Mensch, Abbild Gottes werden, wenn wir ein Leben lang Gelingen und Scheitern, Lachen und Weinen, Zweifeln und Hoffen, Auf und Ab in unseren Reifeprozess integrieren. Dann können sogar Rückschritte der Impuls zu einem neuen Anfang sein, wie es der Kirchenvater Hieronymus (347–420) mit Humor ausdrückt: »Lach nicht über jemanden, der zwei Schritte zurückgeht. Bedenke, er könnte Anlauf nehmen!« Diese befreiende »Spiritualität von unten«, die von dem ausgeht, was jetzt ist, ohne es immer schon bewerten zu müssen, bestärkt uns, unser enges Ich loszulassen, um erahnen zu können, dass wir mehr sind als all die Gedanken und Gefühle, all die Erfolge und all die Kränkungen. Ganz werden wir, wenn wir bruchstückhaft sein dürfen und unser Angewiesensein auf ein größeres Ganzes als Lebensaufgabe sehen: »Wer die Übergabe an Gott verweigert, findet nie zu seiner Ganzheit und damit letztlich nicht zu seiner seelischen Gesundheit. So ist für viele Menschen der zweiten Lebenshälfte das eigentliche Problem ein religiöses. Jung sagt: Unter allen Patienten jenseits der Lebensmitte, das heißt jenseits der 35, ist nicht ein Einziger, dessen endgültiges Problem nicht das der religiösen Einstellung wäre. Ja, jeder krankt in letzter Linie daran, dass er das verloren hat, was lebendige Religionen ihren Gläubigen zu allen Zeiten gegeben haben, und keiner ist wirklich geheilt, der seine religiöse Einstellung nicht wieder erreicht, was mit Konfessionen oder Zugehörigkeit zu einer Kirche natürlich nichts zu tun hat« (S. 52f), schreibt Anselm Grün treffend in seiner Kleinschrift zur Chance der Lebensmitte. In meiner zwanzigjährigen Begleitung von sehr unterschiedlichen Menschen auf ihrem spirituellen Weg kann ich diese Erkenntnis bestätigen. Ich bringe sie in Verbindung mit einem berührenden Satz aus dem jüdischen Talmud: »Nur ein zerbrochener Leib ist ein ganzer Leib.« Ganz werden wir, wenn wir auch dünnhäutig sein dürfen. Solidarisch mit Notleidenden werden wir, wenn wir selbst zerbrechlich sein dürfen. Glücklich werden wir, wenn wir jeden Tag auch unglücklich sein dürfen.

»Mystik und Eros« (1993)

In meiner großen Lebenskrise ist meine Schreibquelle aufgebrochen, und zugleich habe ich meine mystischen Wurzeln entdeckt. Bis zu meinem Zusammenbruch habe ich einen großen Bogen um mystische Menschen gemacht, weil ich irrtümlicherweise meinte, sie seien immer kurz vor dem Abflug! In meiner Verlorenheit bin ich geradezu über Bücher von Meister Eckhart, Teresa von Ávila, Juan de la Cruz, Simone Weil, Dag Hammarskjöld, Madeleine Delbrêl gestolpert. Diese Stolpersteine schenken mir bis heute ein inneres Aufgerichtetsein, weil mystische Menschen zu ihrer Größe stehen, sich zurücknehmen, um über sich selbst hinauswachsen zu können. Sie wagen eine selbstbewusste Selbstvergessenheit, indem sie uns alle erinnern, dass wir nicht von Gott getrennt sind und jede und jeder die Möglichkeit hat, das Göttliche unmittelbar zu erfahren, auch in den vielen Herausforderungen des Alltags. Dieser geerdeten Spur folge ich nun seit über 20 Jahren, weil dadurch auch das Religiöse und das Geschlechtliche nicht mehr gegeneinander ausgespielt, sondern als unsere beiden tiefsten Lebenskräfte gesehen werden, die uns zu unseren spirituellen Quellen führen. Diese verbindende Lebenssicht beschreibt Anselm Grün als Mönch zusammen mit Gerhard Riedl, dem Psychotherapeuten, Ehepartner und Vater von vier Kindern vortrefflich. Dieses hochaktuelle Buch müsste Pflichtlektüre sein für alle, die seelsorglich-therapeutisch begleiten. Alle Amtsträger und Amtsträgerinnen, auch in der evangelischen Kirche, müssten sich diese wegweisenden Worte regelmäßig zu Herzen nehmen, um ein klerikales Gehabe verwandeln zu lassen in ein Miteinander auf Augenhöhe mit allen suchenden Menschen: »Der mystische Weg geht nicht von Moralprinzipien aus, sondern von der Erfahrung Gottes, die den Menschen in seinem Innersten verwandelt und auch sein Verhalten erneuert. Während die Moral den Menschen zu verbessern und zu verändern sucht, indem sie ihm von außen Gebote und Normen vorschreibt, wandelt die Mystik den Menschen von innen her um. Wer sich ganz und gar Gott überlässt und mit ihm eins wird, der wird von seinem Geist durchdrungen …

Seit jeher haben Mystiker ihre Erfahrungen in einer erotischen Sprache ausgedrückt. Daher ist es für uns ein besonderes Anliegen, die Beziehung von Mystik und Eros, von Spiritualität und Sexualität anzuschauen. Offensichtlich haben die Mystiker Sexualität als Quelle ihrer Sehnsucht nach dem Einswerden mit Gott erlebt und eine Verwandtschaft zwischen Eros und Mystik gesehen. Die Kirche hat lange Zeit die Sexualität eher defensiv gesehen, als einen Trieb, der in Zaun gehalten werden muss. Doch innerhalb der Kirche gab es eben auch andere Erfahrungen. Von diesen zu lernen und in der Sexualität eine spirituelle Quelle und Kraft zu entdecken wäre eine lohnende Aufgabe« (S. 10f), schreiben die beiden Autoren. Dieses Plädoyer für eine erotische Spiritualität brauchen wir, die zu einer Kultur der Zärtlichkeit führt, wie wir sie schon beim Liebhaber des Lebens aus Nazaret erfahren können. Eros muss als göttliche Kraft rehabilitiert werden, mehr denn je in einer Welt, die übersexualisiert ist. Jeder und jedem – in welcher Lebensform auch immer jemand unterwegs ist – ist es aufgetragen, Eros und Religion zu verbinden, damit eine dualistisch-trennende Lebensgestaltung, wie sie Friedrich Nietzsche (1844–1900) in großer Klarheit beschrieben hat, aufgehoben werden kann. Nietzsche schreibt: »Das Christentum gab dem Eros Gift zu trinken – er starb zwar nicht daran, aber entartete zum Laster.« Diese Analyse betrifft auch andere Religionen, in denen sich leibfeindliche Tendenzen finden. Darum kann das Buch »Eros und Mystik« auch in einem interreligiösen Dialog eine Wegweisung sein, die Menschen zur eigenen Lebendigkeit führt, was immer Selbstwerdung und Solidarität beinhaltet. Anselm Grün beschreibt diese befreiende Spiritualität mit persönlichen Worten bescheiden und klar: »Ich kann nicht genau sagen, wie das geht, Mystik und Eros miteinander zu verbinden. Ich spüre nur, dass in meine Beziehung zu Gott eine andere Qualität kommt, wenn ich für meine Sexualität dankbar bin, wenn ich auch dann für sie dankbar bin, wenn sie sich gegen meinen Willen regt, der sie immer noch beherrschen möchte. Dann verliert sich in mir die Angst vor der Sexualität. Dann sehe ich gerade in meiner Sexualität die Unruhe, die Gott mir ins Herz gelegt hat, damit ich nicht eher Ruhe gebe, bis ich Ruhe finde in ihm. In der Dankbarkeit für meine Sexualität blüht auch der Eros als eine heilige und heilende Kraft auf, da gibt er meinem Leben einen neuen Geschmack, da bringt er in meine Beziehung zu Gott den Geschmack des Weines, da verwandelt er das abgestandene Wasser meiner moralischen Reinheitsideale zum Wein des göttlichen Lebens.« (S. 96)

Die Sexualität als Geschenk des Himmels zu feiern, damit sie wie alle unsere Talente verantwortungs-lustvoll gestaltet werden kann, bleibt unsere große Herausforderung. Gerade weil sexuelle Gewalt in unseren Zeitungen einen erschreckend hohen Platz einnimmt, gerade weil frauenfeindliche und homophobe Diskriminierungen die einmalige Würde eines jeden Menschen verraten, braucht es mutige Menschen, die mitgestalten an einer Welt, die anders werden kann, zärtlicher und gerechter.

»Schönheit. Eine neue Spiritualität der Lebensfreude« (2014)

Während einiger Jahre habe ich keine Bücher von Anselm Grün mehr gelesen. Seine Worte erreichten mich oft nicht mehr, weil ich den Eindruck hatte, dass er sich wiederholt und zu schnell zu vielen Themen etwas schreibt. Damit verlor seine originelle Botschaft an Kraft. Als spirituellem Schreiberling gilt diese kritische Anmerkung natürlich auch mir! Mit großer Freude habe ich im Frühjahr 2014 sein neuestes Buch »Schönheit« gelesen. Ich begegne darin einem weisen jugendlich-spirituellen Autor, der bereit ist, seine Spiritualität zu erweitern, in dem er Lernender bleibt. Pater Anselm meditiert langsam-kompetent-inspirierend einige wenige Worte des russischen Dichters Fjodor Michailowitsch Dostojewski (1821–1881): »Schönheit wird die Welt retten.«

Er entwickelt eine Spiritualität der Schönheit, die mir aus dem Herzen spricht. Anselm Grün fasst sein Herzensanliegen zusammen: »Meine Spiritualität war immer eine therapeutische Spiritualität. Ich habe mich immer gefragt, wie wir den Heilungsauftrag, den Jesus seinen Jüngern gegeben hat, heute konkret verwirklichen können, wie wir Dämonen austreiben, die Menschen von trüben Geistern, von falschen Selbstbildern und Gottesbildern, von Illusionen über sich und ihr Leben befreien können und wie wir die heilende Kraft Jesu heute erfahren können ... Die Beschäftigung mit dem Schönen hat diese Spiritualität nicht entkräftet. Aber sie hat mir neue Aspekte christlicher Spiritualität erschlossen, die ich bisher noch nicht so bewusst wahrgenommen habe. Ich habe die heilende Kraft des Schönen für mich entdeckt ... Gott ist die Urschönheit, die fasziniert. Diese Urschönheit strahlt in allem Schönen auf, das wir in dieser Welt wahrnehmen. Und sie leuchtet in unserer schönen Seele auf.« (S. 171f) Ich danke Anselm Grün für die große Sammlung, die er in diesem neuen Buch den Lesenden schenkt: Dichter, Musiker, Philosophen, Theologen, biblische und mystische Worte finde ich, die mich ermutigen, auch einfach sein zu dürfen, um zu staunen über all das, was schon da ist an Schönheit. So kann ich Kraft schöpfen, um mit anderen die Härte und das Schwierige im Leben auszuhalten.

Besonders schätze ich, dass Anselm in diesem Buch immer wieder aufzeigen kann, dass es ihm nicht um eine Flucht vor der Widerwärtigkeit des Lebens geht: »Die Spiritualität der Schönheit ist also keine Flucht in eine ästhetische Welt, sondern die Suche nach einer Zuflucht mitten in dieser Welt. Das Schöne lässt uns ausruhen in unserer Seele, damit wir uns neu dann immer wieder neu den Problemen dieser Welt zuwenden.« (S. 133) Er lässt sich von den beiden kämpferischen Mystikerinnen Simone Weil (1909–1943) und Dorothee Sölle (1929–2003) inspirieren, die Garanten dafür sind, dass Mystik und Politik unzertrennbar sind. Spirituelle Menschen tauchen immer wieder ein in den Ursegen, in die Schönheit Gottes, um kraftvoller mitten in der Not der Welt auftauchen zu können. Es bedeutet für mich, leidenschaftlich-gelassen unterwegs zu sein, indem ich jeden Tag neu für das Geschenk der Liebe danke.

JOCHEN SAUTERMEISTER

Begegnungen und Resonanzen

I.

Der Schlüssel aller Begegnung ist Resonanz. Über Begegnungen mit Pater Dr. Anselm Grün zu schreiben heißt daher für mich mehr, als lediglich von jenen Gelegenheiten zu erzählen, bei denen ich in Kontakt mit ihm und – vor allem – mit seinen Schriften gekommen bin. Vielmehr ist es auch eine zurückschauende Reflexion, welche Bedeutung diese Begegnungen für mich aus heutiger Sicht haben. Denn die Resonanz dieser Begegnungen lebt ja nicht nur aus dem, der einem entgegentritt, und dem, was einen anspricht, sondern sie lebt auch aus der eigenen Identität, die jenen Raum subjektiver Bedeutsamkeit umschreibt, der für bestimmte Begegnungen offen macht, aber auch verschließen kann, der bestimmte Qualitäten und Inhalte besonders beleuchtet und hervorhebt, sie in ein eigenes Licht stellt oder sie – im Gegenteil – verkennt oder gar nicht zur erkennen vermag. Die Fragen nach dem eigenen Selbsterleben, nach Selbstwahrnehmung und Selbsterfahrung, nach Selbstbewertung und Selbstkonzept sind unausweichlich eingewoben in diesen Raum der Begegnung und gestalten diesen mit.

Über meine Begegnungen mit Anselm Grün zu schreiben ist daher zugleich ein Prozess der Selbstbegegnung beziehungsweise ein Nachdenken darüber, welche Resonanzen diese Begegnungen bei mir erzeugt haben – in der Hoffnung, durch dieses »Zwischen« der Begegnung ein zentrales Anliegen nachzuvollziehen, wie er es einmal in seinen autobiografischen Aufzeichnung erwähnte: »Es ist für mich eine Suchbewegung, immer neu den Schlüssel zu den Fragen zu finden, die die Menschen bewegen, um eine Antwort zu formulieren, die das Herz des Fragenden berührt. Dabei versuche ich, die Menschen mit dem eigenen Wissen in Berührung zu bringen, das auf dem Grund ihrer Seele bereitliegt. Dort, in der Tiefe der Seele, liegen die Antworten auf unsere eigentlichen Fragen schon bereit. Wir brauchen nur einen Anstoß von außen, um das, was unsere Seele längst weiß, auch in Worte zu fassen.« (Stationen meines Lebens, Freiburg 2009, S. 9)

In seinen Äußerung hat Anselm Grün konkrete Fragen von Menschen, mit denen er zu tun hat, im Blick, Fragen, auf die er um zufriedenstellende Antworten ringt und die ihn zum Teil selbst bedrängen: »Wenn ich ein Buch schreibe, versuche ich immer, auf meine eigenen Fragen und Probleme zu antworten. Und zugleich habe ich Menschen vor Augen, mit denen ich gesprochen habe und denen ich im Gespräch nicht die Antwort gegeben habe, die ihnen wirklich weitergeholfen hat. So ringe ich beim Schreiben um Worte, die diese suchenden Menschen auf ihrem Weg stärken und ihnen die Augen öffnen für das, was ihnen wirklich hilft.« (Der Himmel beginnt in dir, Freiburg 1994, S. 7f) Resonanz gelingt nur, wenn es Berührungsmöglichkeiten gibt. Hierin liegt auch mein gewachsener Zugang zur Theologie Anselm Grüns: Mit dem Prozess der Individuation als Mensch in theologischen und psychologischen Tätigkeitsfeldern ging auch ein verständigeres, entidealisierendes wie auch vorbehaltsfreieres Verstehen einher. Diesen existenziell-hermeneutischen Zugang ignorieren zu wollen, scheint mir eine wesentliche Lebensader von Grüns Theologie und Sprache zu kappen.

Die gemeinsame menschliche Verwundbarkeit und die darin aufscheinende Sehnsucht nach letztem Sinn, nach bedingungsloser Annahme und Liebe, nach Heilung und Heil ist es, die meines Erachtens Anselm Grün so populär und gefragt sein lässt und auch in meiner Lebensgeschichte Widerhall findet. Diese endliche und fragile Sehnsucht stellt Grün in den Horizont Gottes: »Auch heute erfüllt viele Menschen eine unstillbare Sehnsucht. Sehnen kommt von ›liebend verlangen, sich härmen‹. Es hat mit Schmerz zu tun. Aber es ist ein süßer Schmerz. [...] Gerade die Sehnsuchtsspannung macht die Liebe wertvoll und erfüllt sie mit einer unergründlichen Tiefe. Größtes Liebesglück und unsägliches Sehnsuchtsleid liegen eng nebeneinander. Die Liebe weist immer schon über sich hinaus. In ihr sehnen wir uns nach absoluter und bedingungsloser, letztlich nach göttlicher Liebe.« (Kleine Schule der Emotionen. Wie Gefühle uns bestimmen und was unser Leben lebendig macht, Freiburg, Basel, Wien 2013, S. 134ff).

»Das Herz des Fragenden zu berühren« zielt auf Selbstbegegnung ab. Die lebensgeschichtlichen Resonanzen auf solche konkreten Bemühungen fallen dann aber beinahe zwangsläufig unterschiedlich aus. Und so sind Begegnungen mit Pater Anselm Grün und seinen Schriften auf ganz unterschiedliche Weise und im Wortsinn frag-würdig. Es ist die Konkretion seiner Sprache, die anschauliche Erzählung von Erfahrungen und die letzte, tragende Zuversicht seiner Ermutigung, die nicht gleichgültig oder kalt lässt: sei es affirmativ, fragend-irritierend, vielleicht aber auch Widerstand weckend oder gar ablehnend.

Über meine Begegnungen mit Anselm Grün zu schreiben impliziert, mich selbst zur Sprache zu bringen. Und auf der Suche nach einem roten Faden meiner Begegnungen mit Anselm Grün in unterschiedlichen Modi der Begegnungsmöglichkeiten ist für mich das Verbindende: die Suche nach der Wahrheit des Lebens, die sich gerade darin nicht in der Selbstbegegnung erschöpft, sondern sich hineingestellt weiß in das menschliche Bemühen um eine humane und sinnvolle Existenz – eine Motivation, die mein theologisches und psychologisches Arbeiten durchzieht.

II.

Heute, während ich diese Zeilen schreibe, meine ich, darin das Verbindende zu finden. Tatsächlich ist meine mir heute gegenwärtige erste Begegnung mit Anselm Grün über die Münsterschwarzacher Kleinschriften geschehen. Zu Beginn meines Theologiestudiums bekam ich von meinem geistlichen Begleiter das Bändchen »Tiefenpsychologische Schriftauslegung« geschenkt. Vor allem in Verbindung mit anderen seiner Schriften (»Exerzitien für den Alltag«; »Glauben als Umdeuten«; »Gebet als Begegnung«) kam ich in Berührung mit dem geistlichen Schriftsteller Anselm Grün. Sein Anliegen und seine Botschaft des Ineinanders von Selbstbegegnung und Gottesbegegnung, das Wechselverhältnis von Selbstbeziehung und Gottesbeziehung, die eigene, persönliche Realität, der Umgang mit sich selbst, das spirituelle Selbst als den »sündenfreien inneren Raum«, in dem Gott als das Geheimnis schon immer da ist, wirklich ist und sich finden lässt, und dessen lebenspraktische und heilende Bedeutung übten eine eigene Faszination aus, vor allem weil dieses Zueinander nicht ausschließlich selbstbezüglich, geschlossen oder fixiert verstanden wird, sondern ein innerlich bejahtes, freies, verantwortliches Leben der Mitmenschlichkeit und des ökologischen Bewusstseins eröffnen kann.

Diese integrierend-transzendierende Theologie erreichte mich und bot eine Möglichkeit des Sprechens an, das in der Phase der Postadoleszenz psychosoziale Entwicklungsprozesse zu benennen und spirituell zu deuten vermochte. Die um Begreifen ringende Ratio wurde in ihrem existenziellen, gläubigen und leibseelischen Beziehungsraum verortet. Als ein zentraler Verstehenshorizont für die existenziell-spirituelle Erschließung von Texten aus der biblisch-christlichen Tradition, vornehmlich den Evangelien und den Überlieferungen des frühen Mönchtums, und deren Erfahrungshintergrund erlaubte mir Grüns Bezugnahme auf die Jung'sche Tiefenpsychologie, aber auch auf weitere psychologische Theorien und Konzepte neue, vertiefte Einsichten in einen erfahrungsbezogenen Glauben. Seine tiefenpsychologischen Schriftauslegungen wie auch seine Deutungen monastischer Schriften und Sprüche lassen sich als eine psychologisch informierte Reformulierung der religiösen Quellen des christlichen Glaubens verstehen. Ziel dieser experientiellen Auslegungen und Deutungen ist es, die christliche Botschaft von der liebenden Annahme eines jeden Menschen durch Gott und deren alltägliche und existenzielle Durchbuchstabierung und Entfaltung so zur Sprache zu bringen, dass die Substanz des Christlichen und seine Menschenfreundlichkeit Gehör finden und im individuellen Lebensvollzug angeeignet werden können.

In Anlehnung an die Terminologie Jungs geht es darum, einen Individuationsprozess zu beschreiten, also »vom Ich zum Selbst [zu] kommen, in die eigene Mitte, in der ich dann mein wahres Wesen werde« (Stationen meines Lebens, S. 130). Dieses wahre Wesen deutet Grün als das einmalige Bild, das Gott sich von jedem einzelnen Menschen gemacht hat. Um sich dieses Bildes gewahr zu werden, sind zuerst einmal alle Selbst- und Fremdbilder loszulassen: »die Bilder der Erwartungen von Eltern, der Erwartungen der Gesellschaft, die Bilder meines eigenen Ehrgeizes und so weiter. Erst dann kann ich mich fragen, wie dieses ursprüngliche und einmalige Bild, das Gott sich von mir gemacht hat, aussieht« (Stationen meines Lebens, S. 133). Was für das Selbstbild gilt, betrifft aber auch das Gottesbild. Auch Gott ist aus allen identifizierenden und instrumentalisierenden Bildern zu entlassen und als das personal-apersonale Geheimnis je neu zu fassen. Die Einsicht in das Ineinander von Identitätsentwicklung und Wachstum im Glauben hat heute für mein eigenes Leben wie auch für meine Arbeit wichtige Bedeutung. Die Themen Identität und Authentizität stellen wichtige Bezugsgrößen meines theologisch-ethischen Denkens dar.

In der Praxis des Gebets, in alltäglichen und religiösen Ritualen, in der Einübung von Grundhaltungen, vor allem derjenigen der integrierenden Akzeptanz, schlägt Anselm Grün Wege vor, wie Menschen im bewussten Umgang mit sich selbst, auch im Sinn einer Lebenskunst, zur Herzensruhe, zum inneren Frieden und zur Gelassenheit kommen können. Der einübende Weg zum guten und gesunden Umgang mit sich selbst – weder Selbstkasteiung noch Leib- oder Lebensfeindlichkeit – schöpft ebenso aus der christlichen Tradition wie aus der Psychologie. Er setzt Engagement, Entschiedenheit und Einsatz voraus, immer mit dem Ziel des Heils und der Erlösung vor Augen. So wird die Sehnsucht durch Verheißung genährt: »Wir sollen und können an uns arbeiten, wir können unser wahres Selbst finden – und wir werden Gott finden, der im Gebet und in der Kontemplation unsere tiefsten Wunden heilt und uns die Sehnsucht unseres Herzens stillt.« (Der Himmel ist in dir, S. 138)

III.

Solche ganzheitlichen Resonanzphänomene wurden für mich das erste Mal am Gegenüber anschaulich, als ich Mitte der 1990er-Jahre in Speyer eher zufällig einen Vortragsabend von Anselm Grün besuchte. Um welches Thema es damals ging, weiß ich nicht mehr – und erst mit der Zeit kam mir dieser Abend wieder in Erinnerung. Dabei steht mir vor allem das Echo vor Augen, das Anselm Grün bei den Besuchern der Veranstaltung hervorgerufen hat. Bewunderung, Anerkennung, ja auch Spuren der Idealisierung waren unverkennbar. Anselm Grün erlebte ich als Seelsorger, der von manchen auch zum Sehnsuchtsort existenzieller und spiritueller Suche als Seelenführer stilisiert wurde. Aus dieser beobachtenden Distanz heraus begegnete ich Anselm Grün als einem geistlichen Menschen, als einem gefragten spirituellen Ratgeber für andere. Ich fühlte mich an diesem Abend an einen »Star« erinnert, der jedoch rückblickend betrachtet noch heller leuchten sollte. Vielleicht ist es auch die Sehnsucht vieler Menschen, deren *desiderium* (lat. *sidera* = Sterne) »Sterne auf die Erde holt« (Kleine Schule der Emotionen, S. 134). Es war damals vorrangig eine Begegnung mit dem Phänomen Anselm Grün als existenziell-spiritueller Fluchtpunkt und Resonanzraum, ja vielleicht auch als ein psychischer Projektionsraum. Ich sollte ihn für eine Weile aus den Augen verlieren. Es könnte auch eine Reaktion auf die Besonderheit seiner Sprache sein, die sich von der Gedanken- und Begriffsschärfe akademischer Theologie unterscheidet und auch zu fragen veranlasst: Wie lässt sich so »einfach« über die Komplexität menschlicher Wirklichkeit und so »allgemein« über die Individualität von Lebensgeschichten sprechen?

IV.

Nach Ende meines Theologie- und Psychologiestudiums und während meiner Assistentenzeit am Lehrstuhl für Moraltheologie an der Katholisch-Theologischen Fakultät der Ludwig-Maximilians-Universität München absolvierte ich von 2004 bis 2008 eine Weiterbildung zum psychologischen Ehe-, Familien- und Lebensberater. Hier ereignete sich Begegnung auf ganz andere Weise. Mehrere Wochenenden im Jahr fanden Fortbildungsveranstaltungen im direkt neben dem Kloster Münsterschwarzach gelegenen damaligen Bildungshaus Nikolaus von Flüe statt. Bei manchen Gottesdienstbesuchen konnte ich – zuweilen für mich etwas verwunderlich – die Aufregung und Neugierde bei Teilnehmerinnen und Teilnehmern erleben, sobald die Mönche in die Klosterkirche einzogen: Zieht er heute mit den anderen Mönchen ein, ist er da?

Aber auch die Klosterbuchhandlung gab unzweifelhaft zu erkennen, wo man war. In manchen Pausen stöberte ich dort; und das eine oder andere Buch, das ich dort entdeckte habe, steht heute in meinem Regal. Es gab wieder eine Annäherung, die sich auch aus meiner beraterischen Tätigkeit mit ratsuchenden Menschen ergab und zu neuen Einsichten führte. Die Wege der Lebenshilfe sind vielfältig; manche theoretischen Konzepte verlieren an Evidenz, und manche Erfahrungen gewinnen an Bedeutung, wenngleich das konzeptionelle Denken sein Fragen nicht einstellen will. Aus dieser beraterischen »Pragmatik« heraus begann sich eine pluriforme, differenzierende Wertschätzung für das Wirken Anselm Grüns auszubilden. Es war gewiss kein Zufall, dass die Arbeit an sich selbst und an der eigenen Biografie neue Zugänge und Dimensionen eröffnete und den Resonanzraum der Selbstbegegnung und der Begegnung mit anderen erweiterte. Dies führte auch zu einer verständnisvolleren Lektüre seiner Texte – in der Mehrdeutigkeit des Wortes »verständnisvoll«. Das schließt aber auch das Bewusstsein und die Erfahrung der Grenze solcher Sprache und Theologie mit ein, die lebensgeschichtlich immer bedingt sind.

V.

Die letzte, aber erste Begegnung im direkten Gespräch fand 2013 dann im Rahmen eines Kongresses in Fribourg (Schweiz) zur Theologie und Sprache Anselm Grüns statt, an dem ich selbst als Referent teilnehmen durfte. Vor dem Hintergrund der Entwicklung des eigenen theologisch-ethischen Denkens war es mir in einer Relecture ausgewählter Schriften von Anselm Grün möglich, einen Zugang zu seiner Theologie und Sprache zu finden, zu dem – wie es mir heute scheint –, worum es Anselm Grün geht, und eine Hermeneutik zu finden, die es mir ermöglicht hat, den theologischen Gehalt zu formulieren und zu würdigen.

Mir ist durchaus bewusst, dass Grüns theologisch-spirituelles Wirken nicht unumstritten ist. Auch ich kenne solche Spuren der Zurückhaltung in meiner Biografie. Und noch heute bewegen mich manche Fragen, ohne mich jedoch an der »Folie Anselm Grün« abarbeiten zu müssen. Es ist diese erlebte unprätentiöse Weise in offener und bescheidener Selbstrelativierung Anselm Grüns – darin aber durchaus selbstbewusst –, der ich Respekt und Anerkennung zolle. Der existenziell-theologische Grundzug, den christlichen Glauben und die spirituelle Tradition für heute, für die alltäglichen und tiefgreifenden Lebensfragen zu erschließen und somit die Erfahrungen von Menschen mit sich selbst und mit Gott zum hermeneutischen Ausgangspunkt und Zielpunkt seines Wirkens zu machen und so zur persönlichen Wahrheit, zum Eigentlichen der persönlichen Existenz, zum wahren Selbst zu führen, findet bei mir Resonanz. Sein Ansatz einer spirituellen Erfahrungstheologie unter der Formel: »sich selbst finden und Gott in Erfahrung bringen« berührt sich mit meinem Verständnis von einem Kern des christlichen Glaubens, ebenso seine »Spiritualität von unten«. Eine solche Spiritualität ist dadurch charakterisiert, dass sie »auf Gottes Stimme im eigenen Herzen horcht, damit alle Bereiche unseres Leibes und unserer Seele von Gottes Geist verwandelt werden« (Der Himmel beginnt in dir, S. 7).

Ein solcher spiritueller Weg, der das gesunde Leben im Blick hat, basiert auf dem Bemühen um eine ehrliche Selbsterkenntnis, die zu wirklicher Gotteserfahrung führt. Der christliche Glaube wird demnach durchaus als ethisch verstanden, insofern er auf das gelingende und glückende Leben von Menschen im Horizont der liebenden und heilenden Gegenwart Gottes abzielt. Eine wahre christliche Spiritualität bricht aber jegliches Moralisieren auf. Alles, was den Menschen von sich entfremdet, alles, was unerwünschte Emotionen, Leidenschaften und Gedanken grundsätzlich ablehnt und abzuspalten sucht, also alles, was, psychologisch gesprochen, die Integration der persönlichen Schattenseiten erschwert oder verhindert, kann nicht Bestandteil christlicher Spiritualität sein. Denn eine wahre Religiosität zeigt sich wesentlich darin, dass sie gesund und heil macht.

Entsprechend hilfreich vor allem auch für die praktische Arbeit habe ich auch Grüns Deutungen der antiken Dämonen- und Lasterlehre der frühen Mönche erfahren, um diese letztlich unbegreifbaren Phänomene in je realitätsgerechtere Sprache zu kleiden und als das zu deuten, was uns Menschen krank und selbstverschlossen macht, vom wahren Selbst wegführt und uns daran hindert, Heilung in der eigenen Lebensgeschichte zu finden und fähig zu sein, »ganz gegenwärtig zu sein, um uns ganz dem gegenwärtigen Gott zu öffnen« (Der Umgang mit dem Bösen, Münsterschwarzach 1979, S. 75).

Anselm Grüns Anliegen lässt sich daher auch als *therapeutisch* begreifen – nicht im Sinne einer rein immanent menschlichen Heilungspraxis, sondern als eine therapeutische spirituelle Theologie, die bis hinein in seine Schriftauslegung reicht. Ziel ist es, den Menschen aus der inneren und äußeren Zerrissenheit, seiner Zwiespältigkeit und Entfremdung, aus seinen Ängsten, Depressionen und Verletzungen zur Einheit mit sich selbst, zur Übernahme von Verantwortung sowie zur Mitmenschlichkeit und Beziehungsfähigkeit zu führen. Grün möchte dazu verhelfen, lebensgeschichtliche seelische, körperliche und psychosomatische »Wunden zu Perlen zu verwandeln«. Wer könnte hier dagegen sprechen?

Zielgestalt von Grüns theologisch-anthropologischer Soteriologie ist die Person als kreative und lebendige Einheit, die die polaren Spannungen von »Verstand und Gefühl, Liebe und Hass, Disziplin und Disziplinlosigkeit, Angst und Vertrauen, Mann und Frau (*animus* und *anima*), Geist und Trieb« (Zerrissenheit, Münsterschwarzach 1998, S. 67) in sich zu integrieren vermag und daher als Ganzheit zu verstehen ist. In Anlehnung an Irenäus sieht Anselm Grün gerade darin, im *lebendigen Menschen*, die Ehre Gottes verwirklicht. Um sich so verwandeln lassen zu können, bedarf es der Grundhaltung der Demut: »Das Paradox unseres spirituellen Weges besteht darin, dass wir zu Gott aufsteigen, indem wir in unsere eigene Wirklichkeit hinabsteigen. [...] Durch das Hinabsteigen in unsere Erdhaftigkeit (*humus – humilitas*) kommen wir in Berührung mit dem Himmel, mit Gott. Indem wir den Mut finden, in die eigenen Leidenschaften hinabzusteigen, führen sie uns zu Gott hinauf.« (Der Himmel beginnt in dir, S. 24) Mich hat dieser Gedanke lange beschäftigt, und ich hoffe nicht, dass sich das in Zukunft ändern wird.

Anselm Grün weiß nicht zuletzt aufgrund eigener persönlicher Erfahrungen und aufgrund seiner Tätigkeit als Geistlicher Begleiter und Seelsorger, dass ein solcher Weg sehr schwierig ist, zumal er mit dem Prozess der »Versöhnung mit sich selbst« (Vergib dir selbst, Münsterschwarzach 1999, S. 41) einhergehen muss. Und so ist er darum bemüht, in »der Bibel und der spirituellen Tradition durch psychologisch-erschließende Relecturen nach Hoffnungsbildern der Verwandlung und Wegen [zu] suchen, wie wir sanfter und barmherziger mit uns umgehen« (Gut mit sich selbst umgehen, Ostfildern 2011, S. 10) können. Dabei stellt er Jesus als das Vorbild vor, nicht gewalttätig, hartherzig und rigide mit sich selbst umzugehen, sondern der »zum Frieden mit uns selbst, zum barmherzigen Umgang mit uns selbst aufgerufen hat« (Gut mit sich selbst umgehen, S. 10). Ich habe mehrmals erleben dürfen, wie Menschen, die ich selbst begleitet habe, durch die Beschäftigung mit Schriften von Anselm Grün in ihrer Krise und in ihren Suchprozessen wertvolle Unterstützung erfahren haben.

VI.

Aus all dem Gesagten ist es aber auch nicht verwunderlich, wenn sich bei der Lektüre von Grüns Schriften mitunter der Eindruck des bereits Bekannten aufdrängt. Denn sie kreisen in Variationen um die Grundthemen Gotteserfahrung und Gottesbeziehung, Selbstfindung und Umgang mit sich selbst angesichts der vitalen, polar-spannungsreichen Leidenschaften und Emotionen, aber auch angesichts tiefer Verletzungen und Kränkungserfahrungen sowie im Transzendieren all dessen im spirituellen Selbst als dem Ort, wo sich der Mensch als frei, heil und in Gott gegründet erfährt. So hat meine Begegnung mit ihm, genauer mit seinen Schriften, eine bleibende Bedeutung, die den Blick auf das Leben selbst lenkt und gerade in Zeiten stärkerer Veräußerlichung die letzte Sehnsucht wachhalten oder in Erinnerung rufen kann.

So ist und bleibt seine Theologie – auch für mich – in einem existenziell-spirituellen Sinn brisant und provokativ, wird doch der inneren Wahrheit, der Erfahrung von Ganzheit, Lebendigkeit, Gelassenheit und innerem Frieden eine kriterielle Bedeutung zugesprochen, die ein bevormundendes, von außen be- und verurteilendes Sprechen über andere zurückweist und Ernst macht mit dem Grundsatz, dass nur Gott wirklich in das Herz des einzelnen Menschen schauen könne und er es ist, der wahrhaft zur Auferstehung führt. In diesem Sinne möchte ich mit diesen Zeilen Pater Anselm Grün meinen Dank aussprechen – und ihm die letzten Worte überlassen: »Auferstehung ist nicht etwas Fremdes und Unverständliches. Was Auferstehung heißt, das kann jeder in seinem Leben erfahren. [...] Es geht [...] darum, zu glauben, dass der Auferstandene mich heute aufrichten möchte, dass für mich heute Auferstehung Wirklichkeit wird, wenn ich aufstehe aus meiner Angst, wenn ich den Schritt zu einem Gespräch wage, das ich schon lange vor mir hergeschoben habe, wenn ich ausbreche aus der Enge einer Beziehung, die nicht mehr stimmt, wenn ich aufstehe aus dem Grab des Selbstmitleids, wenn ich aufstehe und zu mir selbst stehe, weil Christus als der Auferstandene neben mir steht.« (Exerzitien für den Alltag, S. 107f)

JOSEF RÖMELT

Anselm Grün – Helfer zum Leben

Geistliche Literatur als Lebenshilfe

Wie kaum ein anderer christlicher Autor steht Anselm Grün mit seinen vielfältigen Veröffentlichungen für eine geistliche Literatur, welche die persönlichen Ressourcen des Einzelnen in seiner religiösen und lebenspraktischen Suche zu stützen versucht, um der Lebensfreude und Lebensführung einen Weg zu bahnen. Vielleicht liegt in dieser tiefen Sensibilität seiner Schriften das Geheimnis ihres großen Erfolges, dass er mit seinen Worten und Gedanken so viele Menschen erreicht und bewegt, wie es die zahllosen Auflagen seiner Werke bezeugen.

Als Ordenschrist knüpft Grün damit innerhalb der kirchlichen und theologischen Tradition an eine lange und reiche Geschichte geistlicher Begleitung an, die auf ihre Weise den Glauben in das Leben zu übersetzen versucht und den Alltag durchdringt. Es ist eine Übersetzung, welche sich schon immer – vor der Entfaltung der heute so wichtigen und vielfach ausgestalteten Beratungsformen und Beratungsberufe – um Begleitung und Lebenshilfe bemüht hat, damit Menschen in den vielfältigen Situationen des Lebens ihren je persönlichen und eigenen Weg finden konnten. Es geht um ihre eigenständige Lebensführung unter dem Schutz und der Zusage liebender Nähe Gottes.

Die Theologie Anselm Grüns ist dabei in einer ganz konsequenten Weise den Bedürfnissen der Menschen selbst verpflichtet. Sie sucht keine komplizierten Gedanken. Sie möchte Glaubenserfahrung bieten – eine Erfahrung, welche die ganz schlichten und konkreten Empfindungen des alltäglichen Lebens nachbuchstabiert.

Die Kirche ist mittlerweile in vielfältiger Weise in Sachen der Lebenshilfe engagiert. Professionelle Beratungsarbeit weiß um die Notwendigkeit, im Horizont moderner psychologischer Einsichten die notwendige Offenheit eines Beratungsprozesses und die sensible Ehrlichkeit der Lebensbewältigung ernst zu nehmen – eine Lebensbewältigung, auf die Menschen in den oft schweren Situationen des Alltags jenseits aller einfachen und glatten Lösungen angewiesen sind. Nicht selten bildet genau diese Brüchigkeit des Lebens für den Glauben aber auch den Anlass großer Spannungen.

Wer den stillen Worten Anselm Grüns zuzuhören bereit ist und bei ihm in die Schule geht, der lernt, dass Glaube und Leben, christliche Hoffnung und christlicher Alltag, Lebenshilfe und geistliche Begleitung nicht in Konkurrenz, gegenseitiger Beschränkung, ja misstrauischer Aufhebung zueinander stehen. Vielmehr bilden sie ein Netz der Ermutigung, das sich vielleicht in fünf Gedankenkreisen andeuten lässt, die hier als eine Botschaft aus dem Herzen des Mönchs und Glaubenssucher Anselm Grün angesprochen werden sollen: Freiheit zu achten, Risiken bewusst zu machen, Ziele des Lebens formulieren zu helfen, Scheitern nicht zu verstecken, sondern wahrzunehmen und zu würdigen und sogar (ethische) Träume zu wagen.

Ist Lebenshilfe Verrat an der Herausforderung des Glaubens?

Die Spannung zwischen Lebenshilfe und mutiger Gestaltung des Glaubens ist innerhalb der Kirche immer wieder bedacht worden. Besonders das Verhältnis zwischen Moraltheologie und Lebenshilfe wird dabei häufig auch als problematisch wahrgenommen. Der Konflikt, der zum Beispiel zwischen Moraltheologie und Ehe-, Familien- und Lebensberatung oder etwa Schwangerschaftskonfliktberatung und so weiter vermutet wird, bringt das zum Ausdruck. Und auch die geistliche Begleitung ist in diese Spannung hineingenommen. Geht es ihr zum Beispiel im Fall einer Krise hauptamtlicher Mitarbeiter um die »Wiedereingliederung« in den zugesagten Weg der Gelübde, ehelicher Treue oder priesterlicher Versprechen oder um die Stabilisierung und Mobilisierung der Kräfte für einen Neuanfang außerhalb kirchlicher Berufung und vielleicht sogar kirchlich »geachteter« Lebensformen?[1]

Die Beratungspraxis der Kirche geht oft von der Unabhängigkeit der Beratungsberufe[2] und zusammen mit ihr auch der geistlichen Begleitung aus. Danach geht es um eine Selbständigkeit, welche zusammen mit der professionellen Vorurteilslosigkeit alle Formen der Beratung, Lebenshilfe, (geistlichen) Begleitung heute gegenüber der ethischen Verkündigung der Kirche prägen soll. So wollen die Beratenden die Freiheit und sachgerechte Unterstützung der ihnen anvertrauten Menschen in ihren Notsituationen und ihrer Orienticrungssuche wahren. Das aber würde heißen: Die Praxis der Hilfe zum Leben folgt ihrer eigenen Logik. Ja, die Forderung wird erhoben: »Das Christentum wird mit sich selbst erst in Übereinstimmung kommen, wenn es sich recht bescheiden bei der Tiefenpsychologie in die Schule begibt.«[3] Es geht um eine »Suspension« des Ethischen im Religiösen[4]. Am Anfang der Theologie steht der Heilsindikativ, der dem Menschen bedingungslos Gottes Annahme zusagt. Aus der Tiefe dieser Geborgenheit wachsen die Kräfte, die im Leben nicht mehr das neurotische Geschäft leistungsorientierter Selbstrechtfertigung betreiben, sondern die die existenziell entfaltete Kreativität der Liebe freisetzen: Nur wer sich selbst in seiner Wirklichkeit mit seinen Brüchen und Zwängen ganz angenommen oder zumindest ein wenig integriert hat, kann danach auch aus den Quellen persönlicher Identität Energie zu einer Lebensführung aus dem Glauben schöpfen, die gläubige Hingabe und gelingende Alltagsbewältigung lebensgerecht miteinander verbindet.[5]

Hinter dieser Hochschätzung für psychologische Ansätze, beratende Sensibilität und moralisch zurückhaltende Lebenshilfe kann freilich ein sehr tiefgreifendes Misstrauen gerade gegenüber den moralischen Ansprüchen des Glaubens stecken. Und so kommt es auf der anderen Seite nicht selten zu gegenseitigen Verdächtigungen, Anfragen und Problematisierungen. »Es gibt [in der Kirche] ein Misstrauen gegenüber beratenden Diensten, das damit zusammenhängt, dass der Mensch zu seiner eigenen Freiheit aufgerufen wird. Und was er mit dieser Freiheit tut, ist dann oft unerwartet, erschreckend und gar nicht das, was man [kirchlicherseits] von einer Beratung erwartet.« Hier wird die Offenheit der Lebenshilfe argwöhnisch beobachtet, kritisiert, ja mitunter als ketzerisch gebrandmarkt. Sicher geht es auch um eine wohlwollende Sorge, die sich mit dem Anliegen identifiziert, dem Leben aufzuhelfen, ohne die Ernsthaftigkeit und kirchliche Bindung des Glaubens aus dem Auge zu verlieren. Gibt es nicht auch manchmal »Grenzüberschreitungen ..., wo ›Ratschläge‹ – im landläufigen Sinn des Wortes – gegeben werden, inhaltliche Problemlösungen, die nicht nur der Entscheidung des Klienten, sondern auch dem Wunsch des Beraters entsprechen. So etwas wird vor allen Dingen in Grenzfällen vorkommen. Wäre es aber nicht möglich, dass in solchen Situationen eine Abtreibung als Möglichkeit hingestellt wird, eine außereheliches Verhältnis als zulässig, homosexuelle Verbindungen gebilligt, eine Lebensform wie der Zölibat als unmenschlich und destruktiv hingestellt wird? Wäre es nicht möglich, dass sich in beratenden Diensten eine Art Nebenmoral, eine Umgehungsmoral entwickelt, ein zweiter Weg neben der alten Lebenslehre der Kirche?«[6]

Für eine solche Sichtweise könnte der Eindruck entstehen, dass Lebenshilfe Werte der bloßen Selbstverwirklichung, des Relativismus und der Beliebigkeit vermittelt, in denen der Mut zu christlicher Verkündigung zu fehlen scheint, die den Menschen auch zu kritisieren imstande ist. »Es ist die Meinung zu finden, wenn der Mensch sich nur verstanden fühlt, ergibt sich alles andere von selbst. Ergibt es sich aber von selbst? Müsste es nicht so etwas geben wie Führung, Wegweisung, Lebensregeln, Erziehung, Pädagogik? Man könnte ganz simpel fragen: Wo bleibt das Element ›Verkündigung‹ im beratenden Tun? Müsste nicht dem Menschen, der seines Weges unsicher ist, auch Licht auf den Weg gegeben werden, ein Verständnis für Werte? Das ist etwas anderes als Indoktrination ... Ist dem Menschen mit Verständnis und Empathie schon geholfen?«[7]

Die Suche nach einer Versöhnung zwischen Hilfe zum Leben und Anspruch des Glaubens – Die Spannungen zwischen der »Spiritualität von oben« und der »Spiritualität von unten« aushalten

Anselm Grün möchte den Ausgleich solcher Spannungen nicht auf der inhaltlichen Seite der Entfaltung der Überzeugungen in Theologie und Kirche suchen. Es geht ihm nicht um eine Klärung, ob die oben angesprochenen Beispiele etwa des Schwangerschaftsabbruches, der Homosexualität und so weiter vonseiten der Lebensführung wirklich in der Weise ethisch beurteilt werden müssen, wie es häufig in der Kirche der Fall ist. Ob es nicht eine Würdigung dafür gibt, welche die Kompromisse, die das Leben verlangt, in die Entfaltung des Glaubens integriert, ohne die Anliegen der Verpflichtung auf die theologischen Grundlagen der Heiligen Schrift und der Tradition aufgeben zu müssen?

Zwar ist sicher richtig, dass auf der Ebene einer offenen Klärung der Inhalte christlicher Überzeugungen manche Schärfe des Konfliktes zwischen kirchlicher Moral auf der einen Seite und Beratung und Lebenshilfe auf der anderen gemildert werden kann, manche Spitze der Auseinandersetzung ihre stechende Härte verliert. Und doch bleibt für den Mönch Pater Grün eine tiefere Unruhe, die aus der gegensätzlichen Wirklichkeit der um Eindeutigkeit und Klarheit bemühten Vernunft des Glaubens auf der einen Seite, der um die Vielschichtigkeit menschlicher Lebensschicksale und unverfügbarer Lebensläufe wissenden Lebenshilfe auf der anderen herrührt. Ja, für ihn möchte diese Unruhe zu einer produktiven Dynamik werden, um das christliche Dasein zu einer umfassenden Reife zu führen, das der Fülle menschlichen Lebens vor Gott entspricht.

Jenseits aller anderen Ansätze und Vorschläge, welche die moderne Theologie in dieser Sache erarbeitet hat und bereithält – narrative Ethik, psychologisch konfrontierte Moraltheologie, Krisenethik oder Ansätze konsiliatorischer Pastoral überhaupt –, bemüht sich Anselm Grün darum, eine »Spiritualität von oben« durch eine »Spiritualität von unten« zu ergänzen, welche den Humus für christlich authentisches Leben bilden muss, damit Glaube und Lebensbewältigung zusammen gelingen können.

Die Unterscheidung zwischen der »Spiritualität von oben« und der »Spiritualität von unten«[8] bei Grün rechnet deutlich mit den Reibungen, welche zwischen den eher herausfordernden und mehr bedürfnisorientierten Seiten des Glaubens und seiner Dynamik bestehen können. Und das ist der Grund, warum in seinen vielfältigen Veröffentlichungen eine geistliche Literatur entfaltet wird, welche die persönlichen Ressourcen des Einzelnen in seiner religiösen und lebenspraktischen Suche ganz entschieden zum Ausgangspunkt macht und sie zu stützen versucht. Anselm Grün entwickelt eine Sprache, die in immer neuen Anläufen versucht, der Lebensfreude nachzuspüren und den Quellen einer in Gott geborgenen und gelingenden Lebensführung *mitten in der Abgründigkeit und Kompliziertheit des Lebens* einen Weg zu bahnen.

Ausgangspunkt der Überlegungen ist die Herausforderung und die Sehnsucht, in der Belastetheit und Banalität des alltäglichen Lebens in der Gegenwart Gottes zu leben. Hintergrund für eine solche Sicht ist natürlich seine Spiritualität als Mönch und Benediktiner, der es darum geht, in Arbeit und Anbetung vor Gott da zu sein. Dabei reflektiert Grün die traditionelle Askese, welche dazu neigt, das Ideal dieses »Seins vor Gott« als eine *ethische* Forderung auszuformulieren. Alle Anstrengungen der Lebensgestaltung und Lebensführung werden dann auf eine solch korrekte Durchdringung des Lebens vom Glauben her motiviert.

Die Erfahrung zeigt nach Grün, dass eine solche Konzentration sehr leicht zu einer moralischen Überanstrengung führt, welche den Fortschritt als eigene menschliche Leistung ausgestaltet und antreibt. Und es ist nicht weit zu einem Pharisäismus, welcher das eigene Scheitern verdrängt und die Schwäche des anderen unerbittlich denunziert. »Um das eigene Ideal aufrechtzuerhalten, verdrängt man seinen Schatten und projiziert ihn auf andere, über die man schimpft und sich entrüstet. Die Verdrängung des Bösen im eigenen Herzen führt zur Verteufelung anderer, die man im Namen Gottes oft recht brutal behandelt.«[9]

Demgegenüber formuliert Grün das Konzept einer Spiritualität von unten. Sie sucht den Kontakt zu der eigenen Unzulänglichkeit, welche als das innerste Leben von Triebwünschen, Krankheit, auch persönlichem Ehrgeiz offengelegt wird. Ja, in diesen Kräften werden nicht nur dunkle Gegenmächte gegen das helle Licht des Ideals gesehen, sondern die Quelle einer ganzheitlichen, mit den Schatten des Lebens versöhnten Lebensfreude wiedergefunden. Auf dem Hintergrund der biblischen Texte, in denen die Zuwendung Gottes gerade zu der Niedrigkeit und Schwäche des Menschen deutlich wird, der Regel des heiligen Benedikts, welcher die Haltung der Demut als das aufrichtige Wissen um die Ambivalenz des eigenen Daseins versteht, aus der Reflexion der Psychologie auf die Schichten des Unbewussten im Menschen heraus, dem Schatten und den Verdrängungen, im Gespräch mit der Ehrlichkeit der Kunst kann er diese Ressourcen menschlichen Lebens positiv würdigen. Und in seiner ganzen literarischen Arbeit versucht er in diesem Sinne christliche Glaubenskultur und Spiritualität als eine umfassende ressourcenorientierte Hilfe für das Leben, eben als eine christliche Lebenshilfe zu bedenken.

Die ressourcenbezogene Suche Grüns spricht viele Menschen genau in dieser Herausforderung an: Nicht mehr nur das ethische Ideal der bewussten Konzentration auf Gott, sondern alle moralischen, von der theologischen Ethik oft unerbittlich formulierten Ziele wie die eheliche Treue, konsequente Selbstlosigkeit, berufliche Hingabe aus christlichen Überzeugungen heraus erscheinen in ihrer mitunter gegebenen Brüchigkeit. Und auch hier verspricht offenbar der Kontakt zu den dunklen, widersprüchlichen und nicht einfach in eine christliche Logik aufzulösenden Wünschen, Hoffnungen und Antrieben des Menschen eine größere Authentizität als die verkrampfte Aufrechterhaltung abstrakter Normen. Die Theologie und Spiritualität Anselm Grüns erweist sich so als befreiend und im Sinne des tiefsinnigen Humors seiner Gedanken entkrampfend: »Humor ist zuerst die Selbstentlarvung, indem man sich von der Sucht befreit, sich als Denkmal zu fühlen. Im Humor findet man das rechte Maß für sich selbst, da befreien wir uns von allem Pathos, in dem wir uns selbst so gerne aufblähen.«[10]

Diese spannungsreiche Vermittlung zwischen Glaube und Leben ist für Anselm Grün von großer Bedeutung für die kirchliche Kultur und die christliche Glaubenspraxis. Und er ist in diesem Sinne ein konsequenter Helfer zum Leben und ein Diener des Lebens. Geistliche Begleitung, kirchliche Beratungsformen und Lebenshilfe müssen in seinem Sinn ganz sicher dafür Anwalt sein, dass Menschen in der Kompliziertheit des modernen Lebens eine Verbindung finden zwischen dem, was er als Spiritualität »von unten« und »von oben« bezeichnet.

Der sensible Ansatz Grüns macht dabei aber deutlich, dass in dieser Geste der Integration der Schwäche und Kleinheit des menschlichen Lebens der große Schwung, der tiefe Ernst und die unbedingte Beanspruchung des Glaubens gerade nicht verlorengehen. Menschen lassen sich davon berühren, dass er den Anspruch des Glaubens mitten in den Alltag mit seiner Hektik und Zerstreutheit hineinträgt, dass er sie nicht alleinlässt in der rauen Kompromisslosigkeit des Lebens, dass er das Licht des Glaubens gerade in diese Zerreißproben und Anstrengungen hineintragen möchte.

Vielleicht lässt sich in diesem Sinn das Programm Anselm Grüns schließlich in fünf Worten zusammenfassen und weiterführen – in Worten, die in ihrer Polarität zueinander das »Oben« und »Unten« in der Spiritualität verbinden: Es ginge darum, Freiheit zu wahren, doch gleichzeitig Risiken wahrzunehmen, Ideale und Pläne zu beschreiben und festzuhalten, zugleich aber auch das Scheitern nicht zu verdrängen, um so dem letzten Ziel eines gelingenden und verantworteten, glücklichmachenden und doch hingabefähigen Lebens vor Gott dienen zu können.

Hilfe zum Leben und geistliche Verantwortung

Es ist wohl so, dass die ganzheitliche christliche Spiritualität nur in einer solchen Polarität zu fassen ist und beschrieben werden kann. Es ist eine Polarität, welche auf der einen Seite die bleibende Offenheit, auf der anderen Seite die konkrete Verbindlichkeit und bindende Kraft des christlichen Ethos zum Ausdruck bringt.

»Schon sehr modern sind [in diesem Sinne] die Anweisungen, die Ignatius von Loyola dem Exerzitienmeister gibt« und die darauf abzielen, christliche Lebensführung und Lebensbegleitung zu einem Ort der Freiheit und persönlichen Beziehung zu Gott zu machen. Der Exerzitienmeister »soll den Exerzitanten freilassen, er darf ihn nicht in eine Richtung hin bewegen, er darf ihn zum Beispiel ›nicht ... mehr zu Armut oder einem Versprechen als zu deren Gegenteil bewegen, noch zu einem Stand oder der einen Lebensweise mehr als zu einer anderen‹ (geistliche Übungen Nummer 15)«. Ja, auch »Johann Michael Sailer ... kennt im zweiten Band seiner Pastoraltheologie den sogenannten ›Privatunterricht‹. Es ist ein Gespräch ohne Öffentlichkeit, ›wo das Bedürfnis sucht‹, in einem ›engen verschwiegenen, oft auch in dem verschwiegensten Kreis‹.« »Dringe dich und deine Belehrungen niemandem gewaltsam auf.« (Johann Michael Sailer, Vorlesungen aus der Pastoraltheologie II, Sulzbach 1835, S. 273–279)[11]

Diese Vorstellungen von der Offenheit des authentischen Prozesses in der glaubenden Lebensgestaltung, Verantwortung und in der christlichen Lebensbegleitung müsste man heute wohl noch deutlicher in dem Sinne ausbuchstabieren, dass es auf einem solchen Weg darum geht, Raum für die eigenen Erfahrungen zu lassen. Ein solcher Raum ist notwendig, um tatsächlich persönliche Freiheit entfalten zu können. Auch die Aufnahme der vielfältigen, sich immer weiter entwickelnden Möglichkeiten und Optionen heute müssen darin Platz finden, damit christliche Lebenspraxis und christliche Ethik realistisch und den Chancen und Problemen angemessen entwickelt werden können. Sowohl der Respekt vor dem zentralen Wert der Achtung der Autonomie und Würde des Menschen als auch das Wissen um die Komplexität des modernen Lebens und seiner immer weiter fortführenden Dynamik sind innerer Kern eines solchen Verständnisses.

Wohl beschreibt schon Johann Michael Sailer christliche Beratung als ein komplexes Bündel polarer Kommunikation, um die ganzheitliche Fülle der persönlich und moralisch verantwortbaren Authentizität zu erschließen. So heißt es bei ihm: »Es geht um ›rathen, ermahnen, warnen, belehren, bilden einzelner Personen, nach ihren individuellen Verhältnissen, Umständen, Verbindungen, Bedürfnissen, Fähigkeiten, Angelegenheiten‹.«[12]

Die Begrifflichkeiten »ermahnen, belehren« und so weiter zeigen dabei sicherlich die Zeitbedingtheit einer solchen Perspektive. Und doch kann das Wort »warnen« auch für die gegenwärtig notwendige differenzierte und umfassende Gestaltung christlicher Lebensberatung etwas Sinnvolles zum Ausdruck bringen. Die vorsichtige Thematisierung der ethisch normativen Dimension ist gegebenenfalls über eine solche Form des gemeinsamen Nachdenkens im Beratungsprozess oder in geistlicher Begleitung neben der gebotenen Zurückhaltung moralischer Beanspruchung und Anforderung (welche eben immer auch in Überforderung umschlagen können) vertretbar. Vielleicht ist es besser, statt vom Warnen davon zu sprechen, dass im beratenden oder geistlichen Gespräch die offene Wahrnehmung von Risiken des eigenen Verhaltens Bestandteil der ehrlichen und gemeinsamen Suchbewegungen sowie der aufrichtigen Kommunikation sein muss.

Dann ginge es darum, angesichts der Frage nach Lebensgestaltung, im Kontext von Lebensplanung oder bei einem Bemühen um Rückschau, Übersicht und Orientierung im Blick auf das eigene Leben auch Grenzen zu formulieren, die es zu akzeptieren und zu integrieren gilt – Grenzen, welche Bindungen und Verpflichtungen zum Ausdruck bringen können. Oder es geht darum, das Eigene nicht nur von sich selbst her zu betrachten und zu beurteilen, sondern die Perspektiven zu erweitern, das heißt, andere Menschen, Bedürfnisse und Interessen mit in den Blick zu nehmen. Und aus einem solchen Horizont heraus lassen sich dann die möglichen Einseitigkeiten bewusst machen, welche das eigene Handeln und die eigene Lebensführung prägen können. Der soziale

Kontext vermag zu seinem Recht zu kommen, ohne die eigene Freiheit und Entfaltung einfach nur erdrücken zu müssen.

Ziele entwerfen

So kommt eine tiefe Deutung der Beziehung zwischen der Suche nach Lebensbewältigung und nach christlicher Glaubens- und Lebensverantwortung in den Blick. Es geht nicht nur um die Kontrolle und Beschränkung der möglicherweise bedrängenden und das Leben behindernden Auswirkungen moralischer Forderungen, sondern Ethik beinhaltet auch eine Beheimatung des Menschen, berührt seine tiefen Sehnsüchten nach Zielen und Engagement. Moralische Ideale korrespondieren mit der Hoffnung, dass Leben gelingen kann, dass der Einzelne und die Gesellschaft etwas von der Vollkommenheit verwirklichen können, von der wir träumen, wenn wir sagen: Das ist gut! Das ist gerecht! Dafür möchte ich leben! Moralische Güte entfaltet so nicht nur den beengenden Horizont strenger Ansprüche, sondern auch die Erfahrung der gelingenden Integrität in erarbeiteter Lebensanstrengung, freier Entschiedenheit und tragfähigem Glück.

Das Scheitern nicht verstecken

Eine solche ethische Dynamisierung des eigenen Lebens widerspricht aber eben nicht der Ehrlichkeit, die in den traditionellen Theorien geistlicher Begleitung häufig nur wenig Platz gefunden hat. Hier steckt der kritische Anspruch heutiger Moraltheologie und christlicher Authentizität, der auch in der Suche nach einer neuen, heute gültigen Vermittlung zwischen normativer Ethik und Lebensberatung, geistlicher Begleitung und Lebenshilfe deutlich wird. Ja, die ganz eigene Ganzheitlichkeit und spirituelle sowie ethische Produktivität zeitgemäßer Deutung theologischer Ethik gehen eben von der Integration dieser Dimension des Ethischen aus.

Nur eine Glaubenshaltung, die diese Dimension des Lebens integriert, bewahrt ihre realistische Lebensnähe und hilfreiche Überzeugungskraft im Kontext heutiger Zeit. Anselm Grüns Erinnerung an die »Spiritualität von unten« ist ihr engagierter und weiser Anwalt.

Träume wagen?

So lässt sich am Ende der Überlegungen sagen: Es ist ganz sicher keine Verzerrung der Wahrnehmung, kein Ausdruck von Mutlosigkeit, wenn Anselm Grün immer und immer wieder zum Ausdruck bringt, dass die Fähigkeit, Ideale zu entfalten, ja moralische Begeisterung zu entfachen, gerade auf diesem Hintergrund des Umgangs mit dem Scheitern wachsen kann. Die Rede davon, moralisch Träume zu wagen, meint, dass der tiefe moralische Schwung des Lebens gerade aus dieser Mehrdimensionalität und ganzheitlichen Integrität menschlicher Verantwortung und glaubender Lebensführung wächst und lebt. Das Verständnis moralischer und geistlicher Verantwortung als Weg formuliert diese Mitte christlicher Ethik, Lebensberatung, geistlicher Beratung und Lebenshilfe zugleich. Es ist eine Mitte, in der es möglich wird, den inneren Frieden des Einzelnen zu begleiten, damit sein spirituelles Vertrauen offenzuhalten, um ihn in der ganz konkreten Auseinandersetzung mit den Konflikten und Herausforderungen seines Lebens stark zu machen. Es geht darum, Verantwortung übernehmen zu können und aus dem Glauben an Gott heraus Entscheidungen für sich, sein Leben und – wo es meine Aufgabe ist – für andere zu treffen.

1 Für diese letzte Erfahrung steht zum Beispiel die Frage, welche Aufgaben eine Institution hat, wie sie in Münsterschwarzach Priestern oder Ordensleuten bei der Krise ihrer Berufung zu Klärung und Orientierung verhelfen soll.

2 Eugen Drewermann etwa spricht in seiner pointierten Sprache von der »Amoralität der Psychoanalyse«.

3 Eugen Drewermann, Psychoanalyse und Moraltheologie, Bd. 1: Angst und Schuld, 11. Aufl. Mainz 1992, S. 13.

4 Vgl. ebd., S. 79–104.

5 Vgl. Josef Römelt, Christliche Ethik in moderner Gesellschaft, Bd. 1: Grundlagen (Grundlagen Theologie), Freiburg 2008, S. 118 –120.

6 Franz Georg Friemel, Schwierigkeiten eines Theologen angesichts der Beratungsdienste, in: Theologisches Bulletin 20 (1988), S. 288 –293, hier: S. 291.

7 Ebd.

8 Anselm Grün/Meinrad Dufner, Spiritualität von unten (Münsterschwarzacher Kleinschriften 82), Münsterschwarzach 1994, S. 7.

9 Ebd., S. 15.

10 Ebd., S. 96.

11 Zitiert nach: Franz Georg Friemel, Schwierigkeiten eines Theologen angesichts der Beratungsdienste, S. 291 (s. Anm. 6).

12 Ebd.

GERD RUDOLF

Von der Versöhnlichkeit

Sprache bei Pater Anselm Grün

Eigentlich gehöre ich nicht zu den Lesern oder persönlichen Bekannten des Jubilars. Gelegentlich bin ich seinen Büchern begegnet und habe mich gewundert, dass sie überall und in großer Zahl angeboten werden. Die Vermutung, dass jemand, der als Autor ein so großes Publikum erreicht, wahrscheinlich etwas sehr Populäres vermittelt, hielt mich vom Lesen ab. Eine Tagung, die sich 2013 mit der Sprache Anselm Grüns beschäftigen sollte, stellte mir die Aufgabe, einige Bücher zu lesen und seine Sprache aus psychoanalytischer Sicht zu kommentieren. So kam ich in Berührung mit Vorträgen auf CDs, Buchtexten und schließlich auch mit der Person des Autors. Die CDs erinnerten mich an Predigten, etwas, das mich selten überzeugt hat, weil in der Regel die Absichten zu leicht durchschaubar sind. Die Bücher überraschten mich damit, dass sie recht verschiedene Themen aus ungewohnten Perspektiven beleuchteten, viel Kulturgeschichtliches und Religiöses einbezogen und zu Schlussfolgerungen gelangten, die dem Leser von heute ein wohlwollend freundliches Angebot machen, wie er die Dinge sehen, akzeptieren und meistern könne.

Als meine Aufgabe verstand ich es, zu diskutieren, welche psychotherapeutischen – speziell jungianischen – Gesichtspunkte hier einbezogen werden und wie diese mit dem Theologischen verknüpft sind. Wie es häufig der Fall ist, lieferte die persönliche Begegnung die eigentliche

»Probe aufs Exempel«: In den Diskussionen zu den zahlreichen Vorträgen und in einer speziellen exegetischen Debatte zeigte Anselm Grün sich als freundlicher älterer Herr, der sachbezogen und konzentriert seine eigenen Standpunkte verdeutlichte und die Positionen der anderen interessiert aufgriff und reflektierte. Für mich, der ich auf die Sprache achten sollte, trat mehr und mehr etwas anderes in den Vordergrund, nämlich die seinem seelsorgerisch-psychotherapeutischen Anliegen zugrundliegende »therapeutische Haltung«. Es ist das eine für alle Psychotherapien wichtige, durch theoretische Überlegungen wie durch praktische Erfahrungen gewachsene Grundüberzeugung davon, was der Mensch sei und wie weit seine Möglichkeiten reichen. Freilich ist die Grundüberzeugung bei Grün anders als bei säkularen Therapeuten durch seinen religiösen Hintergrund mitgeprägt. Dieser erlaubt es ihm, auch »Jesus als Therapeut« mit einzubeziehen. Das tut er jedoch auf eine Weise, dass kein störender Bruch entsteht. Vielmehr tritt hier ein Wesenszug zutage, der sich als Versöhnlichkeit beschreiben ließe. Anselm Grüns Haltung und Argumentation zielt darauf ab – was mir als Therapeut besonders wichtig ist –, Menschen zu versöhnen: mit sich selbst, mit dem eigenen Leben und ihrer Geschichte, mit der Welt und, aus seiner religiösen Sicht, auch mit Gott. Insofern ist es stimmig, dass er in der Rolle des treuen Begleiters und wohlwollenden Beraters besonders erfolgreich ist. Er erfüllt diese Aufgabe, indem er auf menschliche Erfahrungen verweist, wie sie von antiken Philosophen, im Neuen Testament, von mittelalterlichen Mönchen oder von Durchschnittsmenschen unserer Tage berichtet werden und aus denen sich die Lebensprobleme von Menschen aller Zeiten ebenso ablesen lassen wie die möglichen Lösungen in dem versöhnlichen Grün'schen Sinn.

Vor einigen Monaten erlebte ich in einer psychotherapeutischen Behandlung, dass ein älter gewordenes Ehepaar an den Punkt kam, eventuell die Bilanz ihrer ehelichen Enttäuschung zu ziehen und das verbleibende Leben getrennt anzugehen. Diese Zielsetzung schwankte von Stunde zu Stunde. In einer vorübergehenden Erkrankung und angesichts der vom Mann beklagten Schwierigkeit der Frau, ihm behilflich zu sein, spitzte sich die Auseinandersetzung zu. In einer folgenden Stunde berichtete der Mann überraschend, es sei nun alles geklärt, sie seien sich einig geworden, ihr Alter gemeinsam anzupacken. Ausschlaggebend sei gewesen, dass sie ein Buch gelesen hätten, das sie beide sehr bewegte und ihnen die Entscheidung erleichterte: Anselm Grüns Schrift über das Älterwerden (»Die hohe Kunst des Älterwerdens«). Hier hat die oben erwähnte Versöhnlichkeit ihre Wirkung getan und gezeigt, was Anselm Grün mit seinen Schriften vermag.

Ihm, der nun selbst älter wird, möchte ich herzlich gratulieren und Dank sagen für seinen Beitrag zu einer menschlicheren Gestaltung der Welt.

Kapitel III

Erinnerungen

Von Beerdigungsgesängen für einen Vogel,
nächtlichen Autofahrten, Bachkantaten,
offenen Händen und einem liebenden Herzen

LINDA JAROSCH

Geschwisterliche Begegnung

Begegnung erlebe ich immer dann, wenn es mir gelingt, den anderen in seinem Wesen tiefer wahrzunehmen, und wenn ich mich auch selbst wahrgenommen fühle. Anselm als Schwester zu begegnen hat mir dazu ganz unterschiedliche Möglichkeiten gegeben. Vom täglichen Zusammensein in der Familie bis zum Finden seines eigenen Weges, von wertvollen Entwicklungsphasen und Distanzzeiten haben sich unsere Begegnungen immer wieder neu gestaltet und sind doch im Grunde gleich geblieben. Unser gegenseitiges tieferes Wahrnehmen hat sich nicht verändert.

Anselm und ich sind zusammen in einer großen Familie mit sieben Kindern aufgewachsen. Er ist zwei Jahre älter als ich, das ist kein großer Altersunterschied, aber doch bezeichnend für einen größeren Bruder, der einem in manchem voraus ist. Dieses Voraussein empfand ich keineswegs negativ, es war für mich Anregung, von ihm zu lernen, und es gab mir Inspiration für eigene Ideen. Und gleichzeitig habe ich mich dabei doch stets in meinem Anderssein als Mädchen wahrgenommen.

Die Altersunterschiede der Kinderzeit spielen als Erwachsene keine bedeutende Rolle mehr, wenn der Wunsch nach Begegnung stärker ist als das Festhalten an früheren Rollen. Das hat sich mit Anselm im Miteinander-Wachsen so ergeben. Der Altersunterschied zwischen uns hebt sich auf, wenn unser Anliegen im Vordergrund steht, Gedanken und Erfahrungen auszutauschen, von persönlichen Lernprozessen zu erzählen und uns gegenseitig in Stärken und Schwächen zu erkennen. Dieses Erkennen berührt die Sehnsucht, die wir an Begegnungen haben. Wir brauchen dieses Erkennen durch andere auch, damit wir uns selbst immer wieder neu entdecken können. Wenn ich von solchen Begegnungen mit Anselm schreibe, dann wird er sich in einigen sicher gleich wiedererkennen, in anderen mag er sich weniger über sich bewusst sein.

Zu Anselm gehört Begeisterung. Das ist seine Quelle, wenn er neue Ideen hat, die er verwirklichen will. Dieser Begeisterung Anselms, aus eigener Kraft etwas Kreatives zu schaffen, bin ich früh begegnet. Sein Ideenreichtum schien mir schon in unserer Kinderzeit unerschöpflich. Bis heute ist mir sein Feuereifer im Gedächtnis, mit dem er die Idee verfolgte, im Keller unseres Hauses aus herumliegenden Brettern und Pappe eine Gartenbank zu basteln. Ich spüre immer noch die Freude und die Leidenschaft, mit der er sich stundenlang in den Keller verzog und unermüdlich hämmerte und sägte, bis er seine Bank nach seinen Vorstellungen geschaffen hatte. Noch heute erinnere ich mich gut an seinen Stolz über sein gelungenes Werk und das Strahlen auf seinem Gesicht. Mithilfe meiner anderen Brüder schleppte er dann die schwere Bank aus dem Keller in den hintersten Teil des großen Gartens. Dort stand ein ausladender Baum, unter dem er sich ein genussvolles Sitzen eingebildet hatte. Es sollte also ein besonderer Moment werden, das erste Mal auf dieser Bank Platz zu nehmen. Das war es auch, allerdings etwas anders als gedacht. Als Anselm sich feierlich auf die Sitzfläche niederließ, verlor die Bank leider das Gleichgewicht. Sie kippte nach vorne in die Wiese. Es zeigte sich, dass die Statik nicht so geglückt war, wie Anselm sich das vorgestellt hatte. Dieses Erkennen ergab bei ihm jedoch nur einen kurzen Moment der Enttäuschung. Es war eben so, darüber machte er sich keine langen Gedanken. Als es in dieser Nacht dann noch zu regnen anfing, wurden die Spanplatten der Bank so aufgeweicht, dass Anselms Werk gänzlich unbenutzbar wurde. Von seiner Freude und Begeisterung, die beim Bauen der Bank von ihm ausstrahlte, ging deswegen aber nichts verloren. Im Gegenteil: Er konnte über sich selbst herzlich lachen. Anselm schaute nach vorn: Dann war eben ein neues Projekt für ihn dran. Sein Umgang mit Missgeschicken hat mir damals aufgezeigt, dass nicht das Ergebnis ausschlaggebend ist, sondern die Freude am Tun und die Begeisterung, zu erleben, dass man eigene Ideen verwirklicht.

Eines dieser Projekte, das aus Anselms Ideenreichtum entstand, war ein Fischteich, den er im Garten bauen wollte. Keiner meiner anderen drei Brüder war vom Fischen so begeistert wie Anselm. Er radelte nachmittags mal schnell zum nahegelegenen Fluss und kam irgendwann zurück mit seinen gefangenen Fischen. Ich könnte auch sagen, es waren Fischlein, denn er zog sie aus seiner hinteren Hosentasche, um sie sogleich in der Pfanne zu braten. So klein die Fische auch waren, seine Freude über seinen Fang und die selbst gebratenen Fische war groß. Anselm konnte uns anstecken mit seiner reinen Freude an dem, was ihm gelungen war. Schon damals gingen von ihm Mut und Risikobereitschaft aus, immer wieder Neues auszuprobieren, ohne zu wissen, was am Ende dabei herauskommt. Dieser Drang, etwas zu wagen, trieb ihn dazu an, statt weiter kleine Fische zu fangen, lieber im Garten einen eigenen Fischteich anzulegen. Es sollte seiner Vorstellung nach nicht ein üblicher Teich werden, sondern ein Gewässer, ähnlich wie ein Flusslauf, mit einer Insel mittendrin. Für diese Idee gewann er auch die anderen Brüder, die ihm dabei halfen, die Erde auszuheben, zu betonieren und den Teich mit Wasser zu füllen. Anselm war voll Stolz über diesen besonderen Fischteich. Bei einem Besuch unseres damaligen Pfarrers zeigte er ihm den Teich. Er wollte seine Freude einfach teilen. Anselm lud ihn ein, doch einmal einen Schritt auf die Insel zu tun, die er so sorgsam gebaut hatte. Kaum hatte unser Pfarrer diesen Schritt getan, verkündete ihm Anselm, dass jedes Betreten der Insel zehn Pfennige kosten würde. Erstaunt über so viel Geschäftstüchtigkeit bekam er lachend seinen geforderten Eintritt.

Anselms kaufmännischer Ader bin ich bei dieser und ähnlichen Begebenheiten begegnet. Es ließ sich damals schon erkennen, dass er eine Ahnung hatte, wie sich Geld vermehren lässt. Das hat sich bekanntlich weiterentwickelt und ihn als Mönch dazu befähigt, die Geldangelegenheiten des Klosters in die Hand zu nehmen.

Als in diesem Jahr der Winter bevorstand, befürchtete Anselm, die Goldfische könnten in dem gefrorenen Wasser nicht überleben. Aus

Fürsorge überredete er unsere Mutter, die Fische kurzzeitig in der Badewanne unterzubringen. Anselm konnte damals schon überzeugen, und er zeigte Durchsetzungsvermögen, wenn ihm etwas wichtig war.

Unsere Mutter hat ihr Eingehen auf Anselms Vorschlag später bereut, denn dieser Winter war lang und eisig. Entsprechend lang war auch unsere Badewanne durch die Fische belegt. Wir Kinder fanden das amüsant, in die Badewanne zu schauen und dort die Fische rege schwimmen zu sehen. Unsere Mutter allerdings nicht. Aber anscheinend fand sie aus Erbarmen für die Fische auch keine bessere Lösung. Im nächsten Winter kündigte sie jedoch an, dass die Badewanne dieses Mal nicht mehr in einen Fischteich umgewandelt werden würde. So schwammen die Fische in jenem Winter in einem alten Waschtrog im Keller. Das ging allerdings nicht lange gut. Unsere Katze hatte entdeckt, dass sie auf dem Trog sitzend reiche Beute machen konnte. Anselms Faszination für Fische verringerte sich nach diesem Winter. Aber die Freude, das Halten von Fischen doch einmal gewagt zu haben, blieb ihm.

Das Fußballspielen mit seinen Brüdern gehörte zu seinen jungenhaften Freuden. Zu siegen war ihm nicht immer vergönnt, und verlieren, das hatte er nicht gern. Er meinte dann, manche Ungerechtigkeiten bei den anderen entdeckt zu haben, dass sie unfair gespielt oder ihm auf die Füße gehauen hätten. Das emotionslose Wegstecken solcher Erlebnisse lag ihm weniger, er reagierte darauf sensibler als die anderen Brüder. Anselm hat sich in diesen Situationen empfindsam und verletzlich gezeigt, und dazu konnte er stehen. Diese Empfindsamkeit ist eine Stärke in ihm geblieben, denn nur so kann er mitfühlen mit sich und mit vielen Menschen, die sich verletzt fühlen. Sein Umgang mit Kränkungen, an denen er nicht festhalten, sondern die er in neue Stärke verwandeln will, ist für andere zum Gewinn geworden.

Anselm liebt Rituale. Sie ergeben für ihn einen tieferen Sinn. Er spürt, dass sich mitten im Alltäglichen durch Rituale auch das Heilige zeigen kann. Wenn ich an unsere Kinderzeit zurückdenke, dann bin ich dieser Liebe zu Ritualen damals schon begegnet. In unserem großen Garten fanden wir immer wieder mal einen toten Vogel, ob durch Altersschwäche gestorben oder durch unsere Katze ins Jenseits befördert. Von Anselm kam sofort die Idee, diesem Vogel einen würdigen Abschied zu bereiten. Mit meinen anderen Brüdern hämmerte er ein riesiges Holzkreuz zusammen. Das sollte für eine Beerdigungsprozession durch den Garten getragen werden. Einer ging mit diesem Kreuz voran, dann folgten die anderen Geschwister und Cousins wie in einer Prozession. Es war Anselm, der meinte, es müsste für diese Beerdigung auch ein Lied gesungen werden. Doch Beerdigungslieder fielen keinem von uns ein – oder der Anlass schien uns dann doch nicht so traurig zu sein. Nach kurzem Überlegen fiel die Entscheidung auf ein Volkslied, das alle gut singen konnten. So zogen wir mit dem Lied »Ein Jäger aus Kurpfalz« feierlich singend durch den Garten, um dem Vogel einen würdigen Abschied zu bereiten. Die Bedeutung von Ritualen im Alltag ist mir damals durch Anselms Initiative auch bei solchen Begebenheiten begegnet.

In unserer Kinderzeit wurden wir erst mit zehn Jahren auf die Erstkommunion vorbereitet. Als Anselm in diesem Alter war, fiel mir auf, dass er in der Vorbereitungszeit ernster und berührter war als andere. Er hat das Vermittelte tief in sich aufgenommen. Wir anderen Kinder genossen es, in den Ferien auszuschlafen und frei zu sein vom frühen Aufstehen zur Schule. Bei Anselm war das anders. Er ging werktags häufig freiwillig in die Morgenmesse, wohin es meine Geschwister und mich weniger zog. Anselm liebte das, er brauchte es für sich, was ich damals noch nicht verstand. In dieser Zeit seiner Erstkommunion spürte ich eine besondere Tiefe in ihm. Es war, als wäre etwas Geheimnisvolles um ihn, was ich nicht benennen, nur ahnen konnte.

Anselm äußerte nach der Erstkommunion den Wunsch, Priester zu werden und dazu in das Internat nach Münsterschwarzach zu gehen. Diese Entscheidung zu treffen und mit zehn Jahren aus der Geborgenheit einer großen Familie auszuziehen hat mir früh gezeigt, was es heißt, den eigenen Weg zu gehen. Es bedeutet, nicht festzuhalten, woraus ich bisher gelebt habe, sondern mich zu lösen und Sicherheiten aufzugeben, um der eigenen Sehnsucht zu folgen. Bei Anselm war diese Sehnsucht größer als die familiäre Geborgenheit. Und er traute ihr. Auch wenn er auf diesem Weg manche Ernüchterung und Heimweh durchleben musste, hielt ihn diese größere Sehnsucht auf seinem Weg. Als ich selbst Kinder in diesem Alter hatte, ist mir erneut bewusst geworden, was diese Schritte aus dem Elternhaus in so jungen Jahren für ihn bedeutet haben. Es muss ihn etwas getragen haben, was stärker war als das Geschenk, das eine Familie zu geben vermag. Durch seinen Weg habe ich verstanden, dass wirkliche Begegnung gerade dann entsteht, wenn ich das Größere in meinem Gegenüber erkennen und achten kann.

Zu Anselms Wesen gehört, dass er andere Menschen gerne unterstützt. Er will ihnen vor allem ein Gefühl für ihre eigene Stärke aufzeigen und ihnen Mut machen, sie zu leben. Er traut ihnen etwas zu. Das habe auch ich immer wieder einmal erfahren. Wahrscheinlich erinnert er sich nicht mehr an folgende Begebenheit, weil sie für ihn selbstverständlich war, für mich aber war sie damals prägend.

Ich sollte als 14-Jährige für die Schule ein Referat über ein wirtschaftliches Thema halten, das mich zu dieser Zeit nicht interessierte. Demnach fand ich auch keinen Zugang dazu. Anselm sah meine verzweifelten Versuche, mir aus der Zeitung die Informationen zu holen, um aus dem Thema ein Referat zusammenzubringen. Er verstand beim Lesen sofort, worum es ging, und erklärte es mir in ganz einfachen Worten. Seine einfache Erklärung war für mich wie eine Offenbarung. Er schrieb nicht das Referat für mich, aber er brachte die Fähigkeit in mir zum Fließen, das Thema nach seiner Erklärung logisch und klar abzuhandeln. Meine gute Note, die ich dann für meine Arbeit erhielt, war für mich eindeutig sein Verdienst.

In seinen Büchern finde ich diese Gabe der einfachen Sprache wieder. Anselm verwendet keine theologischen Fremdwörter, er spricht die Sprache des Herzens. Er berührt damit die Menschen in besonderer Weise.

Der Eintritt ins Kloster nach Anselms Abitur hat noch einmal eine klare Abnabelung zur Familie mit sich gebracht. Jetzt war er bei keinem Familienfest mehr anwesend. Als angehender Mönch sollte er sieben Jahre nicht mehr nach Hause kommen. Diese Regelung wurde später zwar gelockert, aber ich habe dieses radikale Weggehen aus der Familie durchaus als schmerzhafte Trennung erlebt. In aller Deutlichkeit habe ich durch ihn gesehen, was es heißt, sich für das Mönchsein in seiner Konsequenz zu entscheiden. Inmitten meiner Abschiedsgefühle habe ich seinen Mut und seine Klarheit damals sehr bewundert.

In seiner Anfangszeit im Kloster konnten wir uns wenig begegnen. Es war die Zeit, in der jeder sich auf seinen eigenen Weg konzentrierte und sich unabhängig von der Familie entwickeln wollte. Später ging Anselm zum Studium nach Rom, und dort erlebten wir eine ganz neue Art der Begegnung.

Die Stadt und das italienische Leben an sich bringen eine andere Leichtigkeit aus einem selbst hervor. Das wirkte auch bei Anselm so. Das Studium, die geschichtsträchtige Stadt und die italienische Gelassenheit konnte Anselm sehr genießen. Bei einem meiner Besuche mit zwei meiner Geschwister erlebten wir ihn ganz gelöst und heiter. Er zeigte sich uns auch als ein fähiger Stadtführer. Anselm konnte uns die Geschichte und die Schönheiten der Stadt sehr lebendig vermitteln. So viele Kirchen auf einmal habe ich bis dahin noch nie gesehen. Normalerweise hätte ich nach der Erklärung der dritten Kirche innerlich abgeschaltet. Es ist Anselms großem Wissen und seiner Erzählkunst zu verdanken, dass er mein Interesse bis zur letzten wachgehalten hat. Es ging dabei eine Begeisterung von ihm aus, mit der er mich anstecken konnte.

Im nächsten Jahr besuchte ich ihn noch einmal allein in Rom. Durch seine Vermittlung konnte ich in einem Gästehaus eines Nonnenklosters übernachten. Ich traf in diesen Tagen auch kurz einen Studenten, den ich aus Deutschland kannte. Dieser junge Mann klingelte eines Abends am Gästehaus, um mich einzuladen. Ich war jedoch müde vom Herumlaufen in der Stadt und sagte ihm ab. Am nächsten Tag wurde Anselm von den Schwestern sofort darüber informiert, dass ein Mann für mich dagewesen sei und an der Pforte geklingelt hätte, und ob er darüber Bescheid wüsste. Für Anselms freien Geist war diese Enge befremdlich. Ich war froh, dass er nur lachend erwiderte, ich sei doch alt genug, um zu wissen, was ich täte. Als er mir auf der Straße davon erzählte, konnten wir uns beide darüber amüsieren und herzlich lachen.

Aus seiner Zeit in Italien ist Anselm die Liebe zu Cappuccino und Pizza geblieben. Es ist eine Freude, ihm diese kleinen Genüsse in seiner Urlaubszeit zu ermöglichen.

Als Anselm aus Rom zurück war, wurden unsere Begegnungen seltener. Jeder von uns war mit seiner eigenen Entwicklung beschäftigt. Anselm konzentrierte sich weiter auf sein Studium und sein Mönchsein, ich auf meine Ehe und Kinder. Damals konnte keiner so ganz in die Welt des anderen eintauchen, sie waren zu verschieden. Begegnung lässt jedem auch den Raum, sich unabhängig voneinander zu entwickeln. Es ist kein Festhalten, sondern ein Mitschwingen, und es bleibt ein vertrauensvolles Dasein, mal näher und mal weiter. Dieses Dasein füreinander hat unsere Begegnungen über all die Jahre und Entfernungen geprägt. Mal war es Anselm, der mir Persönliches anvertraute, mal war ich es, die seinen weisen Blick auf meine Situation gesucht hat.

Ich erinnere mich auch an eine Begegnung mit Anselm, in der ich ihn anders als bisher erlebt habe. Er war damals Anfang 30 und gerade zu einem kurzen Besuch bei unserer Mutter in unserem Elternhaus. Anselm erzählte mir von seinen Begegnungen mit Graf Dürckheim im Schwarzwald und von dem, was ihn zu dieser Zeit bewegte. Er sprach von einer Phase der Selbstwerdung, die er sehr krisenhaft erlebte. In solchen Wachstumsphasen durchlebt jeder Zeiten der Verunsicherung und der inneren Auseinandersetzung mit dem bisher Gelebten. Diese Verunsicherung habe ich auch an Anselm spüren können. Er hat sie nicht versteckt, sondern er ist darin klar zu sich gestanden. Mir ist damals Anselms Offenheit aufgefallen, mit der er über sich sprechen konnte. Er zeigte Mut, nichts an sich zu beschönigen, sondern sich selbst ehrlich zu begegnen. Ich konnte ihm damals nur zuhören und versuchen, mich einzufühlen. Im Zuhören konnte ich aufnehmen, wie bewusst sich Anselm mit dieser für ihn schwierigen Entwicklung auseinandersetzte. Aber es war nicht nur das Sprechen darüber, ich habe ihn auch anders handelnd erlebt. Unserer Mutter gegenüber trat er in dieser Zeit nicht mehr als Sohn auf, sondern als ein eigenständiger Mann. Er blieb zugewandt, aber er grenzte sich deutlich von ihr ab, wenn er bestimmte Haltungen nicht teilte. Er mutete unserer Mutter ebenfalls einen Wachstumsprozess zu, auf den sie auch einging. In dieser Zeit unserer Begegnung habe ich erkennen können, wie er sich durch seinen Reifeprozess von seinem früheren Ich unterschied.

Anselm trat in den folgenden Jahren mehr und mehr in die Öffentlichkeit. Dabei gab es Zeiten, in denen ich weniger dem Bruder als dem öffentlichen Menschen begegnet bin. Das wurde ein Teil seiner Welt, an der er mich auch heute durch Erzählen teilhaben lässt. Früher habe ich ihm gegenüber aus Fürsorge häufiger mütterliche Besorgnis über die vielen Termine geäußert, die er angenommen hatte. Auf dieser Ebene konnten wir uns aber nicht wirklich begegnen. Meine Fürsorge war von Wohlwollen, aber auch von Angst geprägt, und die hatte er nicht. Ich überließ ihm deswegen die Verantwortung für sein Handeln selbst, und dabei bleibe ich. Seine persönlichen Erfahrungen sind ihm Ratgeber, aus denen er erkennt, wann er weniger für andere und mehr für sich selbst sorgen muss.

Wenn ich die große Anzahl der Bücher sehe, die Anselm geschrieben hat, dann findet für mich auch durch sie Begegnung statt. Anders als im Persönlichen, begegne ich ihm dort als spirituellem Begleiter. In bestimmten Büchern finde ich zur richtigen Zeit die richtigen Worte. Es sind Worte, mit denen er mich dort anspricht, wo ich gerade stehe. Zugleich sind es Worte, die mir Angenommensein vermitteln und mich in meinem Glauben stärken. Dort lasse ich mich von ihm als Mönch und weisem Mann berühren.

Eine Begegnung auf einer anderen Ebene haben wir in einem gemeinsamen Buchprojekt erlebt. Wir haben uns zu dieser Zeit, ohne vom anderen zu wissen, mit den gleichen Themen beschäftigt. Anselm suchte nach inneren Bildern des Mannseins, ich fragte mich, was die Stärken meiner Weiblichkeit ausmachte. Seine Erkenntnisse darüber verfasste er gleich in einem Buch. Angeregt vom Verlag, sollte noch ein weiteres Buch folgen, in dem es um die Stärken des Frauseins ging. Anselm war klar, dass er darüber nicht alleine schreiben konnte. Er wusste inzwischen davon, dass ich meine Erkenntnisse über Weiblichkeit an Frauen in Seminaren weitergab. Deshalb fragte er mich, ob ich von meinen Erfahrungen etwas zu dem Buch über Frauen beitragen könne. So entstand über das Buch ein Dialog, in dem wir uns mehr als Frau und Mann begegnet sind und erst in zweiter Linie als Schwester und Bruder.

Ich werde öfter danach gefragt, wie es mir denn in meinem beruflichen Bereich als Anselms »kleiner« Schwester ginge. Es hat damals sicherlich Mut gebraucht, neben einem berühmten Bruder meinen eigenen Weg zu beschreiten. Im Bild der kleinen Schwester hätte ich diesen Weg nicht gehen können. Es war nur möglich, indem ich mich darauf besonnen habe, was meine Gaben sind und wie ich mit diesen Gaben andere bereichern kann. Ich habe einen anderen Lebensweg gewählt als Anselm. Auf dem Hintergrund meines Frauseins und meiner gewonnenen Erfahrungen vermag ich das Meine zu geben. Unser gemeinsamer Hintergrund aber ist vor allem die Prägung durch unsere Eltern. Sie haben uns durch ihr Leben Glauben und Zuversicht vermittelt, Offenheit und Geborgenheit erfahren lassen und tiefe Lebensfreude vermittelt. Unsere geschwisterlichen Begegnungen sind bis heute davon berührt. Auf diesem Hintergrund bleiben wir in unserer Unterschiedlichkeit miteinander verbunden. Die eigenen Reifeprozesse wirken dabei bereichernd für unsere Begegnungen.

Seit einigen Jahren verbringt Anselm seinen Urlaub gerne im Kreis der Geschwister. Es mag sein Wunsch sein, das Teilen gemeinsamer Erlebnisse beim Bergwandern zu genießen und sich an anderen sinnenfrohen Ritualen zu erfreuen. Es mag auch seine Freude sein, sich wieder einmal frei von Öffentlichkeit zu erleben. Urlaubstage bringen auf jeden Fall unbeschwerte Seiten hervor, die im Alltag oft zu kurz kommen. Zu dieser Unbeschwertheit gehört für Anselm und mich das Schwimmen im See in meiner Wohngegend. Gemeinsam hinauszuschwimmen und sich von der Schönheit der Landschaft berühren zu lassen, das genießen wir, so oft es geht. Und dann am Ufer zu sitzen, die Spätnachmittagssonne zu bestaunen und über Gott und die Welt zu reden, das sind unvergessliche Urlaubsfreuden. Oder zu einer kleinen Kapelle aufzusteigen, die oberhalb des Sees liegt, und dort die einmalige Landschaft auf sich wirken zu lassen, ohne viel zu reden, das sind verbindende Erlebnisse. In der Weite der Landschaft heben sich manche Begrenzungen auf, die sich im Alltag normalerweise auftun. Anselm nimmt die Schönheit der Natur mit all seinen Sinnen auf. Er lässt sich davon tief berühren und nimmt staunend wie ein Kind besondere Kleinigkeiten wahr. So zu sitzen und zu schauen, das erfüllt jeden von uns.

Ich erinnere mich an unseren Bootsausflug im letzten Jahr. Spontan haben wir uns ein Ruderboot gemietet, und Anselm übernahm das Rudern quer über den See zu einer Insel. Es war ein besonderer Sommermorgen, die Luft war klar und frisch, der See lag ganz ruhig vor uns. Allein dieses Bild aufzunehmen war Freude und Glück. Bis Anselm sich an den gleichmäßigen Rhythmus des Ruderns gewöhnt hatte, schlingerten wir erst einmal ein bisschen hin und her. Wir lachten darüber wie ausgelassene Kinder, die sich ein gemeinsames Abenteuer ausgedacht haben. Zu diesem Abenteuer passte es, die Insel zu erkunden, eine Kirche darauf zu entdecken und ein erfrischendes Bad im See zu nehmen. Das sind Begegnungen zwischen uns, die uns im gemeinsamen Genießen der Natur und ihrer Schönheit tief verbinden.

In dieser Urlaubszeit haben natürlich auch unsere Gespräche eine andere Dichte als am Telefon. Die Meinungen müssen dabei nicht gleich sein. Sie sind gerade deswegen befruchtend, weil jeder offen darüber sprechen kann, was ihm wichtig ist. Manchmal ist es ein bedeutender Satz, der mir Anselms tiefe Spiritualität und seine Weisheit offenbaren, die ich dankbar aufnehme. Und manchmal ist es meine weibliche Sicht darauf, die Anselm aufnimmt und sich davon herausfordern lässt.

Geschwisterliche Begegnung ist eine wunderbare Erfahrung, wenn sich keiner auf alte Rollen festlegt, sondern jeder Anteil nimmt an dem, was den anderen bewegt, und dem anderen dabei entgegenkommt. Sie ist lebendig, wenn sich Zeiten der Nähe und der Distanz abwechseln können. Sie ist bereichernd, wo einer dem anderen das schenkt, was an Gedanken und Gefühlen in ihm liegt, und wenn er darin angenommen wird. Dass diese Erfahrung von Begegnung so leicht gelingt, dafür bin ich Anselm sehr dankbar.

PATER FIDELIS RUPPERT
(VON 1982 BIS 2006 ABT VON MÜNSTERSCHWARZACH)

»Ach, Sie sind der Abt von Anselm Grün?!«

Weggefährten

Für mich ist es belustigend, für Gesprächspartner gelegentlich peinlich: Ich stelle mich bei einem Empfang jemandem vor und sage: »Abt Fidelis von Münsterschwarzach.« Dann die überraschte Reaktion: »Ach, Sie sind der Abt von Anselm Grün?!« Darauf ich trocken: »Ja, ich bin nur der Abt.« »O, Entschuldigung, er ist halt so berühmt, ihn kennt man eben besser.« Ich beruhige meine Gesprächspartnerin und sage, dass ich damit kein Problem habe.

Dann kommt aber trotzdem die interessierte Nachfrage: »Und wie geht es denn einem Oberen, wenn er so einen Star in der Gemeinschaft hat?« Darauf kann ich nur sagen: »Wenn ein Star nicht auch noch den Star spielt, kann man ganz gut mit ihm auskommen.« Und das trifft auch das Verhältnis von Pater Anselm und mir. Das Verhältnis war nicht immer problemfrei, aber aufs Ganze gesehen doch friedlich, mit gegenseitiger Wertschätzung und viel Kreativität im Miteinander, und das über viele Jahre hin. Das ist auch in einem Benediktinerkloster nicht selbstverständlich, was nicht nur an den Charakteren liegen muss, sondern auch in der Natur der Sache begründet ist, da Verantwortung für das geistliche Leben einer Gemeinschaft, die dem Abt obliegt, und die Gesetze von Geld und Arbeit, mit denen sich der Cellerar, der Verwalter, herumschlagen muss, nicht so leicht in Einklang zu bringen sind. Ich möchte nun versuchen, die vielschichtige Beziehung zwischen Pater Anselm und mir ein wenig in den Blick zu nehmen, weil sie auch eine wichtige Etappe unserer klösterlichen Geschichte erklärt.

Wie alles anfing

Um unser Verhältnis zu verstehen, müssen wir in eine Zeit zurück, als wir beide noch nichts zu sagen hatten – und doch schon so manches sagten. Anfangs kannten wir uns überhaupt nicht. Als Pater Anselm 1965 ins Kloster eintrat, war ich zum Studium in Rom, und als er zum Studium nach Rom kam, war ich schon zur Promotion in Würzburg. Erst 1972, während er an seiner Doktorarbeit schrieb und ich 1971 bis 1973 als Erzieher in unserem Internat tätig war, lernten wir uns näher kennen. Pater Anselm war für ein halbes Jahr aushilfsweise in unserem Erzieherteam tätig, weil Pater Daniel Klüsche für eine Weiterbildung außer Haus weilte. Es war eine sehr kreative Zeit. Wir waren ein Team von fünf klösterlichen Erziehern. Einige von uns hatten gruppendynamische Kurse besucht, die damals neu aufkamen, und versuchten nun, eine dynamischere Gestaltung von Strukturen und Beziehungen im Internat aufzubauen. Außerdem hatten wir erste Erfahrungen in der noch jungen Meditationsbewegung gemacht. Deshalb versuchten wir mit den Schülern einfache Stilleübungen und innere Einkehr, was in der damaligen Nachachtundsechzigerperiode nicht so einfach, aber doch sehr notwendig und dann auch sehr fruchtbar war.

Gleichzeitig hatten wir die Psychologie von C. G. Jung entdeckt. Ich erinnere mich noch gut, wie Pater Anselm mit Begeisterung die Jung'sche Psychologie studierte und dann auch für die älteren Schüler einige Handzettel zusammenstellte, mit denen er ihnen erklärte, dass das Leben ein Reifungsprozess sein muss und dass es dazu notwendig sei, sich mit dem Schatten, mit den dunklen Seiten der Seele auseinanderzusetzen. Das war in der damaligen Zeit des gesellschaftlichen Umbruchs eine wichtige Einsicht, um den Schülern zu helfen, nicht nur äußerlich Änderungen zu fordern, sondern sich auch den eigenen inneren Themen zu stellen. Ich habe damals schon Pater Anselm bewundert, wie er beispielsweise die komplizierten Sachverhalte der Jung'schen Psychologie in ein einfaches Schema bringen konnte, das auch für Schüler verständlich und weiterführend war.

Für Pater Anselm war das nur eine kurze Episode von einigen Monaten, während denen er in unserem Erzieherteam mitgearbeitet hatte, aber damals haben sich für uns beide schon einige Themen herauskristallisiert, die uns in den kommenden Jahren immer wichtiger wurden. Zunächst musste Pater Anselm seine Promotion abschließen und auch einige Zeit Betriebswirtschaft studieren. Inzwischen hatten Pater Meinrad Dufner und ich vom Herbst 1973 an begonnen, in unserem Gästehaus Meditationskurse abzuhalten. Wir setzten dabei Erfahrungen um, die wir beide bei Karlfried Graf Dürckheim und Maria Hippius in Rütte im Schwarzwald gemacht hatten. Seit 1970 ging ich einige Jahre lang immer wieder mal nach Rütte, Pater Meinrad kam ab 1971 mit auf diesen Weg. Es ging dabei um eine Kombination von Meditation und Psychotherapie, die uns geholfen hat, in den krisenhaften Verwerfungen der nachkonziliaren und der Achtundsechzigerzeit allmählich unseren eigenen Weg wieder zu finden beziehungsweise ihn *in neuer Weise* wieder zu finden. Entscheidend war, dass uns damals nicht nur der Wert asiatischer Meditation und Jung'scher Psychologie hilfreich aufgegangen ist, sondern durch diese Erfahrungen haben wir unsere eigene benediktinische Tradition, die Wüstenväter, die Bibel und die Liturgie in ganz neuer Tiefe für uns entdeckt. Wir beide begannen nun, diese Erfahrungen in Kursen an andere Menschen weiterzugeben.

1974 oder 1975 kamen auch Pater Anselm und Pater Udo Küpper dazu. Mit Letzterem hatte ich zwei Jahre lang im Internat als Erzieher zusammengearbeitet. Die Kurse weiteten sich immer mehr aus. Es war eine sehr kreative Zeit des Suchens und Findens und Weitergebens. Schließlich entschlossen wir uns dazu, das Gefundene einem größeren Publikum vorzustellen und damit auch der Kritik auszusetzen. Im Juni 1976 veranstalteten wir eine Tagung über »Mönchtum und Meditation«, auf der wir unsere Entdeckungen auf dem kontemplativen Weg des Mönchtums vorstellten. Wir luden dazu bekannte Mönche und Nonnen ein, ebenso Leiter von Meditationskursen und Psychologen, die wir persönlich kannten. Pater Meinrad, Pater Anselm und ich waren die Referenten, unterstützt von Schwester Demetrias von Nagel OSB aus der Abtei Engelthal.

Ich möchte hier nur auf *einen* Vortrag hinweisen, weil er zu einem Schlüssel für die weitere Entwicklung geworden ist. Pater Anselm referierte über den Reinigungsweg beim Mönchsvater Evagrius Ponticus und Johannes Cassian. Es geht dabei um die Reinigung des inneren Chaos in der Seele des Menschen, damit er in die Reinheit des Herzens, zum inneren Frieden findet, um dann für die Gottesschau bereitet zu werden. Ich hatte Pater Anselm gebeten, diesen Vortrag zu erarbeiten, weil es dazu eine Artikelserie in einer Zeitschrift gab, die aber auf Englisch erschienen war. Da ich mir damals mit englischer Literatur noch schwertat, bat ich Pater Anselm um die Bearbeitung, weil er in Englisch viel besser war. Nach dem Vortrag sagte Albrecht Ostertag, dessen Fachkenntnisse wir sehr schätzten: »Anselm, das war doch jetzt Carl Gustav Jung, was du uns da erzählt hast!« Aber Pater Anselm bestand darauf, dass jedes Zitat von den Wüstenvätern des vierten und fünften Jahrhunderts stammte.

Das war für uns ein Durchbruch. Die Wüstenväter konnten es mit ihrer Lebensweisheit sogar mit modernen Psychologen und Meditationsmeistern aufnehmen! Wir waren offensichtlich auf einem Weg, der tatsächlich unsere jahrtausendealte Tradition für die heutige Zeit fruchtbar machen konnte. Für unseren eigenen Weg war uns das schon klar, aber auf dieser Tagung zeigte sich, dass dieser Weg wirklich auch für andere Menschen Zukunft haben würde.

Die Teilnehmerinnen und Teilnehmer dieser Tagung, die meistens auch schon Erfahrungen mit asiatischen Meditationsformen gemacht hatten, waren erstaunt, dass sich Ebenbürtiges auch in unserer eigenen Tradition findet. Pater Anselm hat diesen Vortrag anschließend in der Beuroner Zeitschrift »Erbe und Auftrag« veröffentlicht und dann in erweiterter Form auch noch als Kleinschrift bei Kaffke in Frankfurt. Das war die Keimzelle unserer Kleinschriften, auf die ich gleich noch zurückkommen möchte.

1978 hielten wir eine weitere Tagung über »Beten im Mönchtum«, bei der wir weitere Themen und neue Entdeckungen einem größeren Publikum zur Aussprache und kritischer Rückmeldung vorstellten. Bei der ersten Tagung hatte ich die meisten Vorträge gehalten, weil ich am besten Zugang zur Literatur des frühen Mönchtums hatte, denn ich hatte zwei Jahre am Monastischen Institut der Benediktinerhochschule in Rom studiert und anschließend in Würzburg über den Mönchsvater Pachomius promoviert. Bei dieser zweiten Tagung nun hatten Pater Anselm und Pater Meinrad mehrere Vorträge übernommen, was zeigte, dass auch sie sich mehr und mehr in die Literatur des frühen Mönchtums eingearbeitet hatten. Das stellte unser Hintergrundwissen auf eine breitere Grundlage. Diese zweite Tagung haben nur wir drei als Referenten gestaltet und zu einzelnen Themen auch direkt konkrete Einübungen eingebaut.

Wir hatten immer wieder versucht, mit Brüdern und Schwestern aus anderen Klöstern zusammenzuarbeiten und unsere Erfahrungen mit ihnen auszutauschen, aber daraus entwickelte sich nichts Tragfähiges. Alle versuchten, ihren eigenen Weg mit ihren eigenen Erfahrungen zu gehen und zu gestalten. So blieb uns nichts anderes übrig, als einfach auf die Kraft der eigenen Intuition zu vertrauen und auf die Kraft unserer brüderlichen Zusammenarbeit. Und das ging auch ganz gut.

Unter uns gab es keine Rivalitäten. Wir freuten uns immer, wenn einer wieder etwas Neues entdeckt hatte: einen Text, eine konkrete Praxis aus der Tradition oder eine tiefere Einsicht in eine Bibelstelle oder in ein Element der Liturgie, beispielsweise auf dem reichen Feld liturgischer Gebärden und Zeremonien. Ein typisches Zeichen der ersten Jahre war es auch, dass nie einer allein einen Kurs hielt. Mindestens zwei von uns waren zusammen, oft waren wir auch zu dritt. Teilweise war das dadurch bedingt, dass wir uns in vielem noch nicht sehr sicher waren und die Ergänzung brauchten, teilweise wurde uns auch immer mehr bewusst, dass die Verschiedenheit unserer Charaktere auch ein großes Potenzial ist, an dem sich jeder von uns ständig bereichern konnte. Wer Pater Meinrad, Pater Anselm, Pater Udo und mich etwas näher kennt, weiß, dass jeder von uns eine Welt für sich ist. Aber wenn das Zusammenspiel gelingt, entsteht dadurch eine starke Dynamik und Kreativität.

Das hat uns auch geholfen, trotz mancher Krisen und Probleme, durch die jeder von uns sich noch ganz persönlich durcharbeiten musste, unseren Klosterweg weitergehen zu können, während viele Brüder und Schwestern aus anderen Gemeinschaften, die solche neuen Wege versuchten, schließlich einen Weg außerhalb des Kloster wählten. Unser gemeinsamer Weg hatte so auch eine starke integrierende und stabilisierende Wirkung für uns selbst. Es war eine gnädige Fügung, dass der Geist Gottes uns so zielgerichtet durch diese turbulente Zeit geführt hat.

Wie die eigene Gemeinschaft reagierte

Obwohl unsere Kurse von Anfang an ein gutes Echo fanden und wir bald auch Einladungen zu Kursen in anderen Gemeinschaften und Tagungshäusern erhielten, war die Akzeptanz in der eigenen Gemeinschaft recht gering. In der jüngeren Generation gab es zwar ein gewisses Interesse für diese neuen Erfahrungswege, aber wenige hatten sich wirklich ernsthaft darauf eingelassen. Die ältere Generation war größtenteils sehr skeptisch bis ablehnend oder sogar feindselig. Als »Buddhisten« wurden wir gelegentlich apostrophiert, oder es wurde uns vorgeworfen, dass wir mehr auf Psychologie und Gruppendynamik vertrauten als auf die Gnade und das geistliche Leben. Viele konnten und wollten nicht zur Kenntnis nehmen, dass Psychologie und Zen-Meditation eigentlich nur Schlüssel waren, die uns die eigene Tradition neu erschlossen haben, und dass bei uns mehr in den alten und ältesten Quellen des Mönchtums studiert wurde als in den meisten anderen Klöstern.

Das hat mich und uns alle gelegentlich bedrückt, auch manchmal geärgert, aber wir gingen unseren Weg weiter. Rückschauend konnte ich die Widerstände in der Gemeinschaft aber immer besser verstehen, denn unser hier beschriebener Weg war ja nur ein Teil der Konfrontationen und Verwerfungen der nachkonziliaren Zeit in der Kirche und in den Klöstern, die auch viele andere Missverständnisse und Verletzungen mit

Beim 25. Professjubiläum von Anselm Grün 1994, *Aufnahme aus seinem Privatarchiv*

sich gebracht haben. Außerdem steht das Neue oft in Gefahr, nur als Kritik am Bisherigen verstanden zu werden statt als Ergänzung und Vertiefung. Trotzdem gelang es uns, loyal zur Gemeinschaft zu stehen und ganz langsam Vertrauen und Akzeptanz zu gewinnen.

Dabei spielte Pater Anselm eine wichtige Rolle, ohne dass das ausgesprochen wurde oder uns wirklich bewusst war. Er war – wie auch Pater Udo – Schüler aus unserem Seminar. Er war geschätzt als ausgezeichneter Schüler, angenehm im Umgang und bei vielen beliebt, zumal er auch noch ein guter Fußballer war. Außerdem wurde sein inzwischen verstorbener Onkel, Pater Sturmius Grün, von vielen der älteren und einflussreicheren Mitbrüder hoch geehrt, was auch ein wenig auf Pater Anselm abfärbte. Da nun Pater Anselm mit diesem positiven Image auch zu unserer Gruppe gehörte, war manches an Kritik vonseiten der Älteren doch etwas zurückhaltender. Oder man fragte sich zumindest, ob nicht doch mehr an diesen »neuen Dingen« sei, als man uns bisher zugestanden hatte.

Diese Akzeptanz von Pater Anselm war auch insofern von Bedeutung, als Pater Meinrad und ich nicht aus dem eigenen Seminar kamen, sondern sozusagen aus der »freien Wildbahn« ins Kloster hereingeschneit waren. Es gab da immer die unterschwellige oder gelegentlich auch direkt ausgesprochene Vermutung, dass wir doch nicht so recht klösterlich geformt sind wie jene, die von früher Jugend an hier im Internat klösterlich vorgeprägt wurden. Manchmal hieß es dann: »Denen fehlt halt manches, weil sie nicht im Seminar waren.« Sosehr das in einigen Dingen auch stimmen mochte und wir in mancher Hinsicht tatsächlich etwas unbeleckt waren, empfand ich es doch als unfair und abwertend, weil wir beide doch in unseren Familien gut katholisch sozialisiert und durch langjährige Jugendarbeit als Gruppenführer religiös sehr geprägt wurden, aber das war eben nicht die übliche vorklösterliche Erziehung. Heute kann ich über solche Querelen und Nadelstiche schmunzeln, aber in den damaligen Auseinandersetzungen konnten solche »Kleinigkeiten« durchaus die Spannungen erhöhen. Jedenfalls war es für uns gut und hilfreich, dass Pater Anselm mit von der Partie war.

Die Situation verbesserte sich dann ziemlich schnell, als er 1976 in die Verwaltung kam und bereits 1977 dort die Leitung übernahm. Zunächst war ich darüber nicht sehr glücklich, weil ich fürchtete, dass er dann so beschäftigt sein würde, dass er nicht mehr genug Spielraum hat, um den eingeschlagenen Weg mit uns weiterzugehen. Bald zeigte sich jedoch, dass er von dieser neuen Position aus unseren Weg und unsere Kursarbeit noch stärker stützen konnte und dass er aufgrund seiner Vielseitigkeit und seiner schnellen Arbeitsweise auch neben der Verwaltungsarbeit eine wichtige Rolle bei unseren Kursen und beim weiteren Forschen spielen konnte.

... und er schreibt

Nach den bereits erwähnten ersten Veröffentlichungen im Anschluss an unsere erste Tagung über »Mönchtum und Meditation« entwickelt Pater Anselm immer mehr sein schriftstellerisches Talent. In der »Schriftenreihe zur Meditation« bei Kaffke in Frankfurt hatte er nach dem Vortrag über »Reinheit des Herzens« auch noch 1978 eine Kleinschrift über »Demut und Gotteserfahrung« veröffentlicht, ebenso einige weitere Artikel in »Erbe und Auftrag«. Der langjährige Leiter unseres klösterlichen Vier-Türme-Verlages, Pater Wolfgang Zöller, witterte zu Recht eine Chance und drängte Pater Anselm, künftig im eigenen Verlag zu publizieren. Es war damals keineswegs klar, ob unser noch kaum bekannter Verlag für eine gute Verbreitung sorgen könnte. Aber die erste »Münsterschwarzacher Kleinschrift« erschien dann doch schon 1979 unter dem Titel »Gebet und Selbsterkenntnis«, was der Einführungsvortrag bei unserer Tagung »Beten im Mönchtum« von 1978 gewesen war. Diese Kleinschrift hatte noch keine Nummer, weil beim Druck noch nicht klar war, ob weitere folgen würden, erst später wurde sie dann zur Nr. 1. Sehr bald zeigte sich, dass diese Reihe ein Erfolg werden würde. Und »Gebet und Selbsterkenntnis« wird bis heute immer wieder nachgedruckt.

Pater Anselm und ich schrieben auch gemeinsam zwei Kleinschriften: »Christus im Bruder« und »Bete und arbeite«. Wir gingen so vor, dass ich einen ersten Entwurf machte, weil ich die Idee zu diesen Themen hatte, Pater Anselm überarbeitete und ergänzte dann von seinem Wissen her. Dann korrigierte und ergänzte wiederum ich den Text, und Pater Anselm ging nochmals korrigierend und ergänzend darüber. Das war ein spannender Vorgang, wie wir uns so gegenseitig ergänzten und korrigierten. Die beiden Kleinschriften werden auch bis heute immer wieder nachgedruckt, Zeugnisse unserer frühen Gemeinsamkeit.

Allerdings war diese Methode des gemeinsamen Schreibens auch etwas aufwändig. Die Kreativität von Pater Anselm kam immer mehr in Fahrt, und da ich mit dem Schreiben recht langsam und bedächtig bin, kam es zu keiner weiteren gemeinsamen Veröffentlichung, zumal mich auch meine Leitungsaufgaben als Prior und Abt immer mehr in Beschlag genommen haben und ich das Schreiben weithin einstellen musste.

Die Kleinschrift »Lebensmitte als geistliche Aufgabe« ist nochmals eine Art gemeinsamer Veröffentlichung. Sie dokumentiert zwei Vorträge, die Pater Anselm und ich bei einem theologischen Arbeitstag hier in der Gemeinschaft gehalten haben. Pater Anselm hat die Vorträge sprachlich überarbeitet und unter seinem Namen veröffentlicht, worauf er in der Einleitung hinweist. Ähnlich ging es mit »Chorgebet und Kontemplation«, worin er Vorträge von Pater Rhabanus, Pater Meinrad, von mir und von sich verarbeitet hat. Es gab also immer wieder kreative Zusammenarbeit und gemeinsames Suchen zu einem bestimmten Thema, aber die Dynamik von Pater Anselm bewirkte auch, dass er immer mehr eine selbständige »Institution« wurde, die sehr produktiv in eine immer breitere Öffentlichkeit hinaus ihre Wirkung entfaltete.

Als ich Abt geworden war, legte er mir anfangs seine Manuskripte vor. Eigentlich war ich als Oberer ja auch in gewissem Maß mitverantwortlich für das, was ein Mitbruder publiziert. Aber die Manuskripte von Pater Anselm wuchsen mir bald über den Kopf. Er hat manchmal schneller geschrieben, als ich lesen konnte. Wir sprachen gelegentlich über neue Titel oder bestimmte Inhalte miteinander, aber aufs Ganze gesehen musste ich mich darauf beschränken, ihm zu vertrauen, dass sein Schreiben weiterhin in eine gute Richtung lief. Gelegentlich gab es auch eine Kreativsitzung mit einigen Mitbrüdern und einigen Mitarbeiterinnen und Mitarbeitern aus dem Verlag, bei der wir neue Themen oder inhaltliche Ideen zu einem neuen Titel suchten. So war ich immer wieder mit dabei, wenn es um die Themen und die schriftstellerische Arbeit von Pater Anselm ging.

Ich erinnere mich auch an eine etwas kritische Situation. Pater Anselm hatte begonnen, sich bei der innerkirchlichen Diskussion um einige »heiße Themen« etwas weit aus dem Fenster zu lehnen. Ich weiß gar nicht mehr genau, worum es sich damals handelte, denn es ist sehr lange her. Es bestand die Gefahr, dass er – und damit auch wir als Gemeinschaft – immer stärker in diese Konfrontationen verwickelt wurde. Meine Meinung war, dass es schon genug Autoren gibt, die in regelmäßigem Schlagabtausch für entsprechende Schlagzeilen und unfruchtbare Konfrontationen sorgen. Mir war es ein Anliegen, dass wir das, was wir für uns entdeckt haben und wenigstens anfangshaft zu leben versuchen, auf friedliche Weise darstellen und anderen suchenden Menschen anbieten. Es würde dann schon indirekt klar, was wir wollen und was nicht, aber daraus bräuchte man keine Konfrontation mit Andersdenkenden zu machen. Wichtiger ist es meiner Ansicht nach, für Andersdenkende offen zu bleiben und friedlichen Austausch zu pflegen. Das entspricht auch mehr unserer monastischen Tradition, und außerdem spart es Energie und Nerven. Es war dann nicht schwierig, sich mit Pater Anselm – auch unter Einbeziehung der Meinung anderer Mitbrüder – auf diese Linie zu einigen. Rückschauend bin ich froh und dankbar, dass uns dieser Weg so gelungen ist: Austausch und Gespräch statt Konfrontation.

Es gab noch eine andere kritische Situation um den Schriftsteller Anselm Grün. Er begann immer häufiger in anderen Verlagen zu publizieren. Ging da nicht dem eigenen Vier-Türme-Verlag etwas verloren? Müsste denn nicht er selbst als Cellerar des Klosters daran interessiert sein, vor allem im eigenen Verlag zu publizieren? So dachten viele bei uns, ich anfangs auch. Aber Pater Anselm hatte da wieder einmal den mutigen und auch weiteren Blick. Weitere Bekanntheit erlangte er ja gerade durch die anderen Verlage, die ein viel größeres Publikum erreichten. Schließlich profitierte dann auch der eigene Verlag davon.

Ich wurde immer wieder einmal gefragt, ob ich die riesige Produktion von Schriften nicht stoppen könnte oder sollte. »Ist weniger nicht mehr?«, fragte man mich dann. Ich hatte manchmal auch selbst diese Frage. Gelegentlich sprach ich auch mit Pater Anselm darüber. Aber kann man, soll man jemanden, der eine solche Kreativität besitzt, einfach bremsen, von außen bremsen? Und warum eigentlich? Natürlich geht es mehr um Qualität als um Quantität. Man muss auch nicht alles gut finden, was er schreibt, man kann sich manches differenzierter oder tiefgründiger wünschen, man kann sich wünschen, dass er sich nicht so oft wiederholt. Aber wenn Bücher sowohl bei vielen Kirchentreuen wie auch bei Kirchenfernen, bei Menschen in China und in Südamerika ebenso gut ankommen wie in vielen europäischen Ländern, dann ist diese quantitative Aussage wohl auch eine qualitative. Wohin ich auch komme und wen ich auch bei meinen Kursteilnehmern frage, meistens höre ich Antworten wie: »Durch ein Buch von Pater Anselm begann ich wieder, mich für Glauben und Kirche zu interessieren, seither bin ich immer mehr auf der Suche.«

So geht es unzähligen Menschen in vielen Teilen dieser Welt. Hat dann diese Menge der Bücher, diese Quantität nicht auch sehr viel mit Qualität zu tun, eine Qualität, die bei vielen Menschen unversehens die eigentlichen Fragen ihres Lebens aufbrechen lässt? Ich finde das, was ich selbst publiziere, auch gut. Aber ich kann auch neidlos zur Kenntnis nehmen, dass die Bücher von Pater Anselm unvergleichlich mehr Resonanz finden. Insofern bin ich auch für die Quantität dankbar.

… und er schaltet und waltet

Pater Anselm hat eigentlich nie den Auftrag bekommen, Bücher zu schreiben oder Vorträge zu halten, weder einen Auftrag von mir noch von meinem Vorgänger, Abt Bonifaz Vogel. Die schriftstellerische Arbeit lief gleichsam »so nebenbei«. Seine eigentliche Aufgabe war die des Cellerars. Sein Zuständigkeitsbereich erstreckt sich über alle wirtschaftlichen und finanziellen Belange des Klosters, und er ist für die Organisation der vielfältigen Arbeitsbereiche zuständig. Diese riesige Aufgabe kann er natürlich nicht alleine bewältigen. Er hatte ausgezeichnete Mitarbeiter aus den Reihen der Mitbrüder und unter den Angestellten. Auf deren Kompetenz in Sachfragen und auf ihre Loyalität konnte er immer zählen. Das hat ihm für seine Aktivitäten außerhalb des Klosters stets den Rücken freigehalten. Es lag aber sicher auch an seiner Person und seiner ruhigen Art, mit Menschen umzugehen, dass sich solch ein kleines Netzwerk von Kompetenz und Loyalität entwickeln konnte.

Zunächst möchte ich aber von den Anfängen erzählen. Nach der Promotion in Theologie und nach einigen Studiensemestern Betriebswirtschaft begann Pater Anselm 1976 in der Verwaltung mitzuarbeiten. Im Sommer 1977 wurde er von Abt Bonifaz in das Amt des Cellerars eingesetzt und war damit für den ganzen Bereich der Verwaltung zuständig. Ich habe schon erwähnt, dass ich selbst damals nicht sehr glücklich über diese Entscheidung war, aber es stellte sich schnell heraus, dass seine neue Position auch für unsere Kursarbeit und unser Suchen nach neuen Wegen von Vorteil war. Wenn wir Material für unsere Kurse brauchten, etwa Decken, Sitzkissen, Malstifte und so weiter, dann hat er großzügig Geld genehmigt. Es ging ja nicht um große Beträge, aber vorher war das immer eine etwas komplizierte Angelegenheit. Wenn der Cellerar ein Herz für etwas hat und eine Sache schätzt, dann kann er viel leichter Geld für etwas bereitstellen, als wenn er einer Sache kritisch oder gar ablehnend gegenübersteht. Es wurde jetzt so manches einfacher.

Außerdem konnte er von seiner neuen Position her auch durchsetzen, dass der Osterkurs für junge Leute in den Räumen von Schule und Internat durchgeführt werden konnte, was bei der früheren »innenpolitischen« Situation nicht denkbar gewesen wäre. Aus diesem Osterkurs entwickelten sich dann auch zusätzlich der Silvester- und der Pfingstkurs. Am Osterkurs nahmen manchmal bis zu 250 Jugendliche und junge Erwachsene teil. Pater Anselm leitete sie selbst über viele Jahre hin, und mancher Mitbruder führt seine Klosterberufung auf Erfahrungen beim Oster- oder Silvesterkurs zurück.

Als ich 1982 zum Abt gewählt wurde, war Pater Anselm schon fünf Jahre Cellerar. Da ich vorher Brüderinstruktor und seit 1979 Prior war, hatten wir schon manches miteinander bewirken können, aber die alten Strukturen und Mechanismen in der Gemeinschaft hatten noch vieles blockiert. Nun konnten wir versuchen, ein neues Verständnis von Führung und von brüderlicher Gemeinschaft zu verwirklichen. Eine wichtige Grundlage unserer guten Beziehung resultierte aus den vielen gemeinsamen Erfahrungen seit den frühen 70er-Jahren. Dazu kam jetzt auch, dass wir ähnliche Vorstellungen von Führung und Gemeinschaftsleben hatten.

Schon 1977, also zu Beginn seiner Aufgabe in der Verwaltung, hatte Pater Anselm in »Erbe und Auftrag« einen Beitrag veröffentlicht über »Benedikts Grundsätze für eine Führungsaufgabe. Das 31. Kapitel der Regel: Vom Cellerar des Klosters«. Dieses Kapitel der Benediktsregel ist eine Fundgrube, was Führungsverhalten angeht. Pater Anselm wies zu Beginn dieses Artikels darauf hin, dass Benedikt nicht viel davon spricht, was der Cellerar so alles tun soll, sondern was für ein Mensch er sein und wie er mit den Brüdern umgehen soll. Und wenn er nicht so ist, wie Benedikt es sich wünscht, dann muss er eben daran arbeiten, dass er ein gütiger und weiser Mensch wird, der von Gottesfurcht durchdrungen ist, das heißt von einer tiefen Erfahrung Gottes, die ihn innerlich umwandelt und ihm hilft, aus dieser inneren Erfahrung heraus auch gut mit Menschen umzugehen.

Im selben Jahr veröffentlichte er einen weiteren Artikel in »Erbe und Auftrag« über »Benediktinische Erziehung«. Hierin findet sich ein ähnlicher Tenor. Der erste Abschnitt handelt von der »Erziehung des Erziehers«, und erst der zweite Abschnitt erläutert »Die Erziehungsaufgabe«. Führung sieht er also zunächst als eine geistliche Herausforderung für den Führenden selbst, nicht primär als eine Frage von Organisation und Management.

Ähnlich habe ich meine Aufgabe gesehen. Das Kapitel über den Abt trägt in der Benediktsregel die Überschrift: »*Wie* der Abt sein soll«. Es wird auch dort nicht beschrieben, was der Abt so alles tun soll, sondern wie er selbst sein und in welchem Stil er mit den Brüdern umgehen soll. Man kann auch sagen, dass Benedikt den Abt und den Cellerar in ähnlicher Weise sieht und beschreibt, und es war für uns beide ein Glücksfall, dass wir gerne auf diese Vorgabe eingingen. Das war auch eine Fortsetzung unseres bisherigen Weges der Selbsterkenntnis und der Arbeit am inneren Weg, jetzt aber mit der großen Herausforderung, dass dieser innere Weg auch für die Führung einer großen Gemeinschaft taugen und fruchtbar werden musste.

Dazu kam, dass uns beiden das gemeinschaftliche Leben wichtig war. Wir wussten, dass wir vor schwierigen Zukunftsaufgaben standen. Diese konnten nur gemeinsam bewältigt werden. Und so war es ein Grundanliegen von Pater Anselm in den Arbeitsbereichen und von mir im Innern der klösterlichen Gemeinschaft, die Kommunikation und das Miteinander zu verbessern und vor allem auch die Zusammenarbeit und die Mitverantwortung aller zu stärken. Einzelheiten dieser Entwicklung sind für unseren Zusammenhang hier nicht wichtig.

Bei aller Gemeinsamkeit war es doch nicht selbstverständlich, dass wir beide auch immer gut miteinander auskamen. Gelegentlich gab es auch Spannungen oder Missverständnisse, aber das über Jahre hin gewachsene Vertrauen half uns, dranzubleiben und die Gemeinsamkeit wiederzufinden. Dabei hat uns auch die Einsicht geholfen, dass wir beide – bei aller Gemeinsamkeit – doch auch sehr verschieden sind und dass diese Verschiedenheit unsere Chance ist. Jeder weiß, dass der andere Fähigkeiten hat, die er selbst nicht besitzt, dass diese Fähigkeiten aber dringend gebraucht werden, um das Leben der Gemeinschaft und ihre Aufgaben gut weiterzuentwickeln. Deshalb sahen wir uns nicht als Konkurrenten, sondern ergänzten uns gegenseitig.

Einige Zeit nach meiner Wahl zum Abt sagte Pater Anselm zu mir: »Es ist gut, dass sie dich zum Abt gewählt haben; du bist näher an der Gemeinschaft dran und kümmerst dich mehr ums Detail.« So hatte ich das bisher nicht gesehen, aber da war etwas Wahres dran. Pater Anselm hat großflächiger gedacht. Durch seine weitschauenden Ideen hat er vieles entdeckt und gestaltet, was mit meinen Kräften und meiner Intuition nicht möglich gewesen wäre. Größere Projekte haben ihn nicht erschreckt, sondern eher aufleben lassen und seine Kreativität beflügelt. Ich denke da vor allem an die Finanzierung unserer vielen Umbauten, unserer pädagogischen und pastoralen Aufgaben, an die weitschauende Finanzierung unserer ökologischen Projekte und dann natürlich auch an die enorme Ausweitung seines eigenen schriftstellerischen Schaffens und die Vortragstätigkeit in vielen Ländern. Natürlich blieb dann manche »Kleinigkeit« liegen, und seine Mitarbeiter oder auch ich selbst mussten sich um notwendige »Details« kümmern oder aufräumen. Aber so ist das eben, wenn man sehr verschieden ist, und doch gut zusammenarbeiten will.

Geholfen hat uns in all diesen vielen Jahre, dass ich ihm viel Freiheit in der Gestaltung seiner Aufgaben gegeben habe. Ich hatte kein Bedürfnis, mich in finanziellen Fragen zu profilieren – das liegt mir auch gar nicht – oder als Bauherr aufzutreten, der souverän mit technischen und ästhetischen Details umgehen kann – das liegt mir auch nicht. Andererseits hat er problemlos akzeptiert, dass ich der Obere bin und gelegentlich auch das letzte Wort hatte. Vor allem hatte ich von Anfang an dafür gesorgt, dass die Verwaltung in das Ganze integriert bleibt und wir regelmäßig über die wirtschaftlichen Dinge sprechen. Jeden Montagnachmittag trafen sich Pater Anselm und seine beiden wichtigsten klösterlichen Mitarbeiter mit Abt, Prior und Subprior zur sogenannten Verwaltungssitzung. Diese dauerte normalerweise anderthalb bis zwei Stunden, und es wurden alle Fragen angesprochen, die sowohl in der Gemeinschaft wie auch im wirtschaftlichen Bereich von Belang waren. Das war die entscheidende Nahtstelle zwischen Klosterleitung und Verwaltung. Sie sorgte dafür, dass die wichtigen Fragen von einer größeren Gruppe kompetenter Mitbrüder mitbedacht und notfalls auch kontrolliert wurden. Anfangs brauchte es einen gewissen Druck von meiner Seite, dass diese Sitzung regelmäßig stattfinden konnte. Aber Pater Anselm hat schließlich seine vielen auswärtigen Termine so organisiert, dass er am Montagnachmittag immer hier war und ebenso am Dienstagnachmittag für die Sitzung des Seniorates – eine Art gewählter Gemeinderat des Klosters –, die etwa jede zweite Woche stattfand.

Pater Anselm wusste immer, dass die Gemeinschaft sein eigentliches Arbeitsfeld ist. Er hat die Gemeinschaft und ihr Zusammenleben sehr geschätzt und sich so gut wie möglich integriert. Es wird immer wieder jenes Detail seines Lebensstils erzählt, das er einem Interviewer anvertraut hatte: dass er sich nämlich nachts auf dem Heimweg von einem Vortrag nichts anderes gönne als einen Cappuccino. Mich wundert das nicht. Aber etwas ganz anderes ist mir in diesem Zusammenhang wichtig, dass er nämlich, auch wenn es abends spät geworden war, morgens um 5.05 Uhr mit uns zusammen beim Gebet in der Kirche war. Er hat nicht den Star gespielt und keinen Sonderstatus gepflegt. Sein persönlicher Lebensstil war viel anspruchsloser als der von manchem Mitbruder. Auch insofern hatte ich es als Oberer nicht schwer mit ihm.

.... und die vielen anderen

Abschließend möchte noch darauf hinweisen, dass die obigen Ausführungen so klingen könnten, als ob wir beide die entscheidenden Figuren in Münsterschwarzach waren. Das wäre ein fataler Irrtum. In diesem Artikel war mir eben die Aufgabe gestellt, über unser beider Verhältnis zu reflektieren. In Wirklichkeit konnten auch wir nur so gut zusammenarbeiten, weil viele Mitbrüder und viele Angestellte unsere Vorstellungen teilten und unterstützten. Viele sahen in dem, was wir beide an führender Stelle einbrachten, auch ihren eigenen Wunsch und ihre eigenen Anliegen. Sie haben gleichsam im Dauereinsatz diese Linie unterstützt und konnten gleichzeitig auch ihre eigenen Ideen und Fähigkeiten einbringen. Ohne diese kreative Loyalität vieler hätten wir beide gar nichts erreichen können. In diesem Sinn möchte ich abschließend noch einige Sätze aus den »Fragen eines lesenden Arbeiters« von Bert Brecht zitieren:

> »Wer baute das siebentorige Theben?
> In den Büchern stehen die Namen von Königen.
> Haben die Könige die Felsbrocken herbeigeschleppt? ...
> Der junge Alexander eroberte Indien.
> Er allein?
> Cäsar schlug die Gallier.
> Hatte er nicht wenigstens einen Koch bei sich? ...
> Friedrich der Zweite siegte im Siebenjährigen Krieg.
> Wer siegte außer ihm?«

MEINRAD DUFNER

»Ein ängstlicher Mensch ist im Himmel nicht sicher«

Die Überschrift ist kein Zitat aus dem reichen Schrifttum von Pater Anselm. Es ist ein Ausspruch meiner Tante Berta, einer Frau, die viel vom Leben wusste. Ihren spontanen Ausspruch wähle ich aber, um einen Wesenszug der Person und des Werkes Anselm Grüns zu beschreiben.

Heutzutage werden Leute gelobt, die große Arbeitsleistung vollbringen. Das kann aber auch die Vorzeigeseite der versteckten Rückseite an Getriebenheit sein. Erfolg zu haben gilt als besonders erstrebenswert. Aber wir wissen, dass Erfolg keine innere Lebensqualität ist. Er ist eher Fassadenbau.

Mir scheint, das Grundwasser und der Biotop, aus dem Pater Anselm lebt und wirkt, ist die Angstlosigkeit. Diese gedeiht im Milieu von Vertrauen und Zutrauen, von Gelassenheit und Hoffnung. Viele seiner Aktionen haben etwas Leichtes, fast Spielerisches an sich. »Machen wir mal«, »Probieren wir mal.«

Beim Reden über Leichtigkeit kramt meine Erinnerung Fotos von Anselm, dem flinken Fußballer, hervor. Und mir kommt seine kleine, hurtige Handschrift in den Sinn; natürlich auch das schnelle Wort, das ich mir manchmal langsamer wünschte.

Ich finde die Qualität des angstlosen Vertrauens, des Zutrauens auch im Elternhaus Grün. Dort herrschte vor allem von der Mutter her diese verwurzelte Lebenskraft und Heiterkeit, vom Vater her uralter Glaubensboden.

Als der junge Pater Anselm von Abt Bonifaz Vogel das Amt des Cellerars, des Verwalters, übertragen bekam, trat ein hagerer, zierlicher Mann mit Bart der 68er-Generation an die Stelle eines Standbildes von Gewicht und Autorität. Anselm hat damals nicht ahnen können, dass er noch länger als sein Vorgänger dieses Amt tragen und prägen sollte. Vor einem Jahr hat er, selbst zum Standbild geworden, das Amt übergeben, das aber trotz seiner Gewichtigkeit nichts an Angstfreiheit, Leichtigkeit und Zutrauen eingebüßt hat. Von diesen Gaben will ich erzählen.

Als wir in den 1970er-Jahren uns der außerschulischen Jugendarbeit annahmen, haben wir damals jungen Patres nichts Neues für Münsterschwarzach erfunden. Schon vor und unmittelbar nach dem Krieg versammelte die Abtei große Zahlen junger Menschen zu Gottesdiensten, Zeltlagern, Wallfahrten. Wir haben diese Tradition neu aufgegriffen. Dabei war Pater Anselm kraft seiner Befugnis als Cellerar das Rückgrat dieses Unternehmens. Es bedurfte ja einer Logistik für Unterbringung und Verpflegung und manch anderer Materialbeschaffung.

Er hatte für die Betriebe und Bereiche die Weisungsgewalt, sodass im Einvernehmen mit Abt Bonifaz alles auf kurzem Weg entstehen konnte. Wir begannen spontan und ohne Bürokratieaufwand. Es war keine Voranmeldung nötig. Die Gäste waren da, und sie kamen immer zahlreicher. Wie viele Teilnehmer ein Osterkurs oder das Silvestertreffen hatte, wussten wir erst hinterher, und das wurde vor allem an den Essensplätzen abgezählt. Es galt die alte Wahrheit: An einem runden Tisch ist immer noch Platz.

Wie die Logistik, so entwarfen wir spielerisch das inhaltliche Programm. Jeder dieser Kurse hatte die Frische von Uraufführung an sich. Auch unsere Beiträge waren neu und im Gehen entstanden. Es war alles wie Proben bei geöffnetem Vorhang und vollem Haus.

Pater Anselm übernahm die Koordination der verschiedensten Beiträge und Programme, die aus dem Team erwuchsen. Bei dieser Zusammenstellung galt große Freiheit, es durfte erprobt werden und Eigenes ins Spiel kommen. Wir konnten einander locker vertrauen.

Diese Stimmung ging aber wesentlich von seiner Leitung aus. Pater Anselm hatte sich nie als »Führungskraft« präsentiert. Unter seiner Hand entwickelten sich bei jedem ureigene Initiativen, die begrüßt wurden, die wachsen durften. Das Rezept der »Führung« bestand im Zutrauen zu den Teammitgliedern und auch zu den jugendlichen Gästen. Wir waren nie ängstlich und brauchten keine Kontrollen und umständlichen Reglements. Ganz sicher hat uns die eigene Naivität auch vor größeren Fehlern geschützt.

Komme ich zum Entstehen der Veröffentlichungen, herrscht dabei eine ähnlich mutige Brise. Wir, das heißt eine Gruppe junger Benediktiner, Pater Fidelis, Pater Udo, Pater Anselm und auch ich, hatten bei Graf Dürckheim viel Neues und Wertvolles gelernt. Eines Tages sagte der Alte: »Es kann doch nicht sein, dass euer Orden so alt ist, ohne dass etwas von dem, wovon ich rede, in eurer Tradition zu finden ist.« Das war die Initialzündung. Wir gingen nach Hause und begannen zu suchen. Vorarbeit auf diesem Gelände hatte Pater Fidelis schon geleistet, da seine Promotion sich mit den Anfängen des Mönchtums befasste.

Die Fundgrube war gewaltig. Anfänglich schrieben wir zusammen an einem Thema. Später hat Pater Anselm Elemente und Bausteine aus Kursen und Symposien zusammengefasst und veröffentlicht. Die Weisheit der Wüstenväter, die Erzählungen aus den Anfängen wurden zur sprudelnden Quelle auch für das eigene geistliche Leben.

»Beim Schopfe packen« blieb weiterhin die Methode. Mir scheint, die Themenfelder der Biografie Anselm Grüns sind nicht in sinnierendem Brüten gewachsen. Sie sind Antwortversuche auf Fragen, die die Menschen beschäftigen. Pater Anselm ist ein Meister darin, sich von Themen anspringen zu lassen, sie zu den eigenen zu machen und sie so weiterzureichen. Von daher entspringt das reichhaltige Schrifttum seiner seelsorglichen Grundeinstellung, seiner Offenheit für die Menschen.

Auch dabei finde ich wieder jene Angstlosigkeit, von welcher ich sprechen will. Auch Angstlosigkeit vor den Herausforderungen. So lässt er sich selbst führen durch die Anfragen, Anliegen und Sorgen, die er in seiner Umgebung wahrnimmt.

Ich will meinem Ordensbruder nicht am Zeug flicken, aber ich bin sicher, dass hinter allem nicht viel Konzept steht, wohl aber der Anruf des Jetztzeitigen. Damit atmen die Titel der Bücher etwas von der Freiheit und Menschennähe des Evangeliums. Diese seelsorgliche Berührbarkeit erzeugt die Impulse, auf die das Schrifttum antwortend, fragend, nachdenklich eingehen will. Die Bücher haben den ehrlichen Geschmack von Lebensberatung und Glaubensbegleitung.

»Frisch gewagt ist halb gewonnen« war vielleicht auch die Gestimmtheit, als Pater Anselm mit Wunibald Müller zusammen das Recollectio-Haus ins Leben rief. Ein leer gewordener Neubau des ehemaligen Internats verlangte eine sinnvolle Umwidmung. Dieses Problem und die Noterfahrungen aus seelsorglicher Praxis ließen das Konzept und seine Realisierung entstehen. Wir begannen Trägerdiözesen zu finden und ließen uns selbst mutig auf das Werk ein, dem wir uns seit 25 Jahren widmen. Dabei ist der schönste Lohn, dass die Lebendigkeit, die mit der Einrichtung begann, in den Gästen immer wieder neu aufsteht und hinauswirkt in die kirchliche Landschaft.

Wenn ich ein wenig innerklösterlich erzählen darf, dann ist es wieder das offene Zutrauen, das Pater Anselm in seinen Amtsjahren als Cellerar vermittelte. Etwas zu erbitten oder ein Vorhaben einzubringen war nie ein Kanossagang. Er hat sehr anschaulich dargestellt, was der heilige Benedikt dem Verwalter ins Stammbuch schreibt: »Die Brüder soll er nicht betrüben. Äußert vielleicht ein Bruder unvernünftige Wünsche, soll er ihn nicht kränken, indem er ihn mit Verachtung abweist, sondern in Demut und unter Angabe der Gründe die ungehörige Bitte ablehnen.« (RB 31,7) »Er sei weder geizig noch verschwenderisch.« (RB 12)

»Vor allem sei ihm die Demut eigen. Wenn er nichts hat, was er geben kann, schenke er ihm wenigstens ein freundliches Wort, wie geschrieben steht: ›Ein freundliches Wort geht über die beste Gabe.‹« (RB 31,13.14) »Er gebe den Brüdern, ohne sie von oben herab zu behandeln oder sie warten zu lassen, denn er soll sie nicht verärgern.« (RB 31,16)

Wenn ich mich frage, was eine wesentliche Eigenschaft oder gar die Mitte der Gestalt Anselm Grüns ist, dann führt es mich zum Vorgang der Intuition. Hier ist ein Mensch, der seiner Intuition zu trauen wagt. Das heißt nicht, dass alles richtig lief oder läuft. Es heißt aber, da ist einer, der ganz in Seinem und hinter Seinem zu stehen wagt.

Mit großer Angstlosigkeit, mit einer geradezu greifbaren Selbigkeit tritt Anselm auf, sagt schriftlich und mündlich, was ihm selbst zu den Themen aufging. Die Themen sind aber Themen der Menschen, sie haben mit Alltag und Glauben im Alltag zu tun. Es sind Themen, die nicht ausweichen vor den Abgründen und Dunkelheiten der menschlichen Seele. Vielleicht ist hier die tiefste Tiefe der Angstlosigkeit und des Zutrauens zum Menschen zu finden. Es ist die Tiefe, in die Gott selbst hineinstieg, da er Mensch werden wollte in Jesus. Eine Tiefe, die im Gottzutrauen wurzelt: Also »ein ängstlicher Mensch ist im Himmel nicht sicher«.

MONIKA GUNKEL

Überraschend neu, überraschend nah

Begegnungen mit Anselm

Theologie nur für Priester

Es war vor den Sommerferien 1986. In Erfurt war für eine Gruppe junger Leute ein Traum geplatzt. Ein Jahr lang hatten sie für eine Theologische Fachschule gekämpft, die allen Interessierten eine theologische Bildung ermöglichten sollte. Dazu muss man wissen, dass in der damaligen DDR ein theologisches Studium nur zum Zweck der Priesterausbildung geduldet wurde. Für einzelne Frauen, meistens Nonnen oder Mitarbeiterinnen aus dem kirchlichen Dienst, wurde schon mal eine Ausnahme gemacht. Auch sind nicht alle Absolventen des Priesterseminars geweiht worden. Aber ein Studium zu beginnen, ohne die Absicht, Priester zu werden, war schlicht unmöglich. Ein Jahr lang hatten wir Hoffnung geschöpft, dass unsere Fachschulidee auf fruchtbaren Boden fallen würde. Der Bischof sagte damals zu mir: »Bringen Sie mir 20 Leute, die das wirklich wollen. Ich glaube das nämlich nicht.« Die 20 jungen Leute waren schneller gefunden, als es ihm lieb war. Der Ehrlichkeit halber muss man sagen, dass er uns dann in unserem Anliegen unterstützt hat, aber Mühe allein genügt eben nicht. Das endgültige Nein der Bischofskonferenz traf uns tief: Man wolle die Priesterausbildung in der DDR nicht gefährden, so hieß es in der Begründung. Mir fiel dazu ein Zitat von Don Bosco ein: »Aus Angst vor den Spatzen darf man nicht das Säen unterlassen.« Vielleicht wäre ja gar nichts passiert. Aber ein Nein ist ein Nein, und 20 junge Leute waren enttäuscht und frustriert. Da hatte mein Mann eine wahnwitzige Idee. Er sagte: »Macht doch selbst etwas. Gründet ein ›Theologisches Wochenendseminar‹, das kann euch doch keiner verbieten.«

Recht hatte er, aber wie sollte das gehen? Wir hatten kein Haus, kein Lehrmaterial, keine Dozenten, kein Geld und vor allem kein Konzept. Vom Geist Gottes geführt, landeten wir bei Dr. Wolfgang Trilling, langjähriger Dozent am philologisch-theologischen Studium in Erfurt im Fach »Exegese Neues Testament«, der in dieser Zeit an der Universität Leipzig dozierte. Er machte uns nicht nur Mut, sondern holte auch mit einem hintergründigen Lächeln ein Konzept aus der Schublade: »Damit wollte ich schon immer das Studium reformieren, aber keiner wollte es wissen. Nun werde ich es für euch aufarbeiten!« Zum Abschied gab er mir einen Umschlag mit 1.000 Mark. Bevor ich in meiner Überraschung ein Wort herausbringen konnte, sagte er wie nebenbei: »Ihr werdet Geld brauchen. Ich habe eine Spende bekommen für einen guten Zweck. Ich glaube, ihr seid ein guter Zweck.«

Und so hat alles angefangen

Jeder von uns hatte nun seine Aufgabe zu erfüllen, sei es, Material zu vervielfältigen, für Essen zu sorgen oder eine Unterkunft zu finden. Ich war für die Referenten zuständig und hatte nie Mühe, namhafte Referenten für uns ausfindig zu machen. Der Bischof, dem diese Sache schon etwas suspekt war, schaute uns dennoch gerne über die Schulter. Mit einem Blick auf die Referenten sagte er immer: »Gute Leute, die Sie da haben, gute Leute.« Manchmal waren die Damen und Herren noch etwas skeptisch, weil sie sich nicht vorstellen konnten, wer wir sind. Aber sie sind immer wieder beindruckt abgezogen.

Inzwischen hatte die DDR-Regierung die Reiseerlaubnis in den Westen etwas gelockert. Unsere Verwandtschaft im Westen hatte nun die Möglichkeit, meinen Mann und mich zu bestimmten Festen einzuladen. Natürlich immer nur einen von uns. Bei einer solchen Reise besuchte ich auch eine liebe Freundin in Münster. Sie war Studienrätin und begleitete unser Experiment schon längere Zeit. Bücher und Zeitungsartikel als Weihnachtsgeschenke verpackt oder in Waschmittelpackungen versteckt, fanden so den Weg über die Grenze. Es war verboten, egal welches Stück bedrucktes Papier einzuführen. Theologisches Schrifttum war staatszersetzende Literatur.

Im Sommer 1989 kam eben diese Studienrätin gerade total begeistert aus Münsterschwarzach zurück und sagte: »Tiefenpsychologische Schriftauslegung von Anselm Grün müsst ihr hören! Setz dich hin und schreib dem Mann!« Ich schüttelte den Kopf: »Äh, ich?« »Na, wer sonst!« »Wann, jetzt?« »Natürlich jetzt«, sagte sie, »oder wie willst du Anselm Grün dein Theologisches Wochenendseminar erklären, wenn der Brief per Post über die Grenze gehen muss?« Da hatte sie recht, und ich begann zu schreiben:

Sehr geehrter Herr Pater Grün!
(...)
Freundliche Grüße
M. Gunkel

Als ich von der Reise nach Hause kam, lag schon ein Brief da.
Anselm schrieb:

Liebe Frau Gunkel, gerne komme ich in Ihre Gruppe!
(...)
Herzliche Grüße
Pater Anselm

Darauf antwortete ich:

Lieber Pater Anselm!
(...)
In Dankbarkeit
Ihre Monika Gunkel

Im nächsten Brief stand:

Liebe Monika,
(...)
Dein Anselm

In diesen ersten kurzen Briefen schlug mir so eine warmherzige Freundlichkeit entgegen, die mich wirklich überwältigte. Zu einem Mann, den ich überhaupt nicht kenne, komme ich mit einem ziemlich ungeheuerlichen Anliegen, und er sagt einfach: Ja, gerne. Ganz abgesehen von dem wahnsinnigen bürokratischen Aufwand, den man für eine solche Wochenendreise leisten musste, hatten wir natürlich überhaupt keine Möglichkeit, ihm ein Honorar zu bezahlen. Aber das war für ihn überhaupt kein Thema. So wurden Formulare hin und her geschickt und eine weitläufige Verwandtschaft erfunden. Denn das Ganze musste ja als Privatbesuch getarnt sein. Im letzten Brief vor unserem Termin schrieb ich:

»Es wäre gut, wenn Sie Freitag bis 15.00 Uhr da sein könnten, damit wir noch zur Polizei zum Anmelden gehen können. Am Samstag hat nur die Dienststelle in der Kreisstadt geöffnet. Dort wird es dann sehr voll sein. Sonst rennt uns die Zeit weg.«

Inzwischen waren wir in ein kleines Dorf am Südharz gezogen und arbeiteten dort in drei kleineren Gemeinden, von denen eine nicht mehr mit einem Pfarrer besetzt werden konnte. Dort wohnten wir auch. Zu einer dieser Gemeinden gehörte ein kleines Gemeindehaus mit einer Kapelle, wo unsere Gruppe schon häufiger getagt hatte. Doch genau an diesem Wochenende geschah etwas, was uns noch nie passiert war: Das Haus wurde irrtümlich doppelt belegt, und wir merkten es erst drei Tage vorher. Das Hausmeisterehepaar, das das Haus mit eigenen Händen mit erbaut hatte und sich das ganze Jahr darum kümmerte, hatte Silberhochzeit. Es war klar: Wir mussten weichen. Außerdem war uns klar, dass wir so kurzfristig weder ein anderes Haus finden noch alle Teilnehmer irgendwie umdirigieren konnten. Die Aufenthaltsgenehmigung lief ja auf unsere Adresse. Also hieß es improvisieren! Mein Mann war ohnehin auf einer Reise, die großen Mädchen wohnten in Erfurt, die kleinen

Buben durften bei Freunden schlafen, und so war unser Pfarrhaus fast leer. Nur unsere Tochter Claudia, 13 Jahre alt, war da. Wir hatten noch unseren kleinen Gemeinderaum, die restlichen Teilnehmer musste ich bei Leuten aus dem Dorf unterbringen.

An dem besagten Freitag wartete ich nun und war ziemlich aufgeregt. Fünf Minuten vor 15.00 Uhr sprang die Hintertür unseres Hauses auf, die eigentlich nur Insider kannten, ein überaus schlanker Mann in einer schwarzen Cordhose und einem viel zu großen Pullover stand im Flur. Haare und Bart waren etwas wirr, ebenso sein Gesichtsausdruck. Er stellte sich nicht vor, er sagte nicht »Guten Tag«, er fragte nur: »Schaffen wir es noch zur Polizei?« Ich kam etwas amüsiert die Treppe herunter und sagte: »Guten Tag! Sie müssen Pater Anselm sein. Ich rufe auf der Polizei an, aber ich glaube nicht, dass die auf uns warten werden.« So war es auch. Eine Stimme schnarrte durch das Telefon: »Melden Sie sich morgen in Nordhausen.« Nachdem wir das geklärt hatten, konnten wir ganz entspannt Kaffee trinken. Schon nach den ersten Sätzen, die wir wechselten, hatte ich das Gefühl, ich spreche mit jemandem, der mich schon lange kennt. Er konnte Dinge auf den Punkt bringen und formulieren, die ich bisher kaum zu denken gewagt hatte. Es war wie eine Tür ins Freie.

Schon am ersten Abend mit der Gruppe war klar, dass hier etwas ganz Neues auf uns wartete. Nach der Vorstellungsrunde sagte Anselm: »Moment, ich möchte mich noch einmal vergewissern.« Und dann sprach er alle zwanzig Gruppenmitglieder mit ihrem Vornamen an. Wir waren beeindruckt, und nicht nur davon.

Am nächsten Morgen fuhren wir sehr zeitig zur Meldestelle, um keine Zeit zu verlieren. Anselm stand im Habit am Auto. Ich fragte: »Du willst im Habit auf die Polizei fahren?« Er antwortete knapp: »Ja«, und zwei Atemzüge später: »Zur Bank fahre ich auch immer im Habit.« Über diesen Satz konnte ich erst Jahre später lachen. Damals hatte ich keine Ahnung, was das bedeuten sollte.

Dass dies ein sehr dichtes, außergewöhnliches Wochenende war, brauche ich nicht zu betonen. Es gab einen ganz herzlichen, aber traurigen Abschied. Es war eher unwahrscheinlich, dass wir uns einmal wiedersehen würden. Ich konnte wenigstens versprechen, dass ich bei der nächsten Westreise unbedingt in Münsterschwarzach vorbeischauen würde – immer vorausgesetzt, dass ich die Reise genehmigt bekäme. Das war jedes Mal ein Lotteriespiel und nicht selten von der Tagesform des Diensthabenden abhängig.

Am gleichen Abend verfasste ich einen Dankesbrief, noch ganz erfüllt von den letzten Tagen. Zwei Tage später war schon eine Antwort da. Er schrieb, dass wir auch für ihn nicht »irgendeine« Gruppe gewesen seien, und kündigte ein Paket mit Kleinschriften und Rundbriefen für die Jugendlichen an. Welch ein Schatz für uns! Und damit begann der zweite Teil unserer Begegnung: die Briefe.

Die Briefe

Ich lernte, meine Gedanken zu formulieren und Gespräche per Brief zu führen: Fragen zu stellen, Antworten zu bekommen und wiederum Fragen zu stellen, Probleme in der Jugendarbeit zu diskutieren und zaghaft neue Wege in der pastoralen Arbeit zu beschreiten. Anselm war der pünktlichste Briefschreiber, den man sich vorstellen kann. Spätestens nach drei Tagen war eine Antwort im Kasten. Immer endete ein Brief mit vielen Ermutigungen und dem Versprechen des Gebetes. Wie gut das tat! Da war nicht nur jemand, der mitdenkt, sondern der auch mitbetet. Mit den Informationen, die wir heute über die Arbeit der Stasi haben, bekommt das ganze Unternehmen übrigens noch einmal eine neue Perspektive. Viele Menschen sind für weit weniger in den Gefängnissen der Stasi verschwunden. Da war wohl eine ganze Kompanie Schutzengel nur für uns abkommandiert worden.

Unsere Gruppe hat sich nach diesem Wochenende nur noch einmal getroffen. Beim nächsten Termin Anfang November hatten wir in jeder Pause die Autoradios laufen und verfolgten die Nachrichten über die Demos in Leipzig und Berlin. Am 9. November war der Spuk vorbei.

Die deutsche Geschichte hatte uns überholt. Nun konnten alle Theologie studieren, wie sie wollten und wo sie wollten.

Am 14. Januar 1990 fuhren mein Mann und ich zum ersten Mal nach Münsterschwarzach. Dass dieser Tag Anselms Geburtstag war, hätte ich aus den Meldeformularen wissen können, aber wir hatten einfach nur den schnellstmöglichen Termin gesucht. Es gibt doch keine Zufälle. Unter dem Glockengeläut zur Vesper parkten wir das Auto und setzten uns in die Abteikirche. Während der Vesper fragte mich mein Mann: »Hast du ihn schon gesehen?« Er kannte ihn ja noch nicht persönlich. Ich sagte: »Na klar, aber ich habe keine Ahnung, wie wir an ihn herankommen.« Diese Angst war umsonst. Nach dem Auszug der Mönche kam Anselm mit wehendem Skapulier durch den Mittelgang auf uns zu gelaufen, um uns in die Arme zu schließen.

Die neue Zeit

Anselm nahm sich viel Zeit, uns das Kloster zu zeigen. An einem Nachmittag sagte er uns, er müsste nach Würzburg zum Rundfunk fahren, um drei Morgenandachten einzusprechen, und fragte uns, ob wir nicht Lust hätten, mitzukommen. Natürlich hatten wir Lust! Um15.00 Uhr fuhren wir los. Beim Bayrischen Rundfunk brauchte er 20 Minuten für alle drei Morgenandachten. Danach gab es eine Domführung, anschließend gingen wir ein Eis essen, und zur Vesper waren wir lange wieder zurück. Das war ganz typisch für Anselm. Ich habe nie wieder einen Menschen getroffen, der so effektiv mit Zeit umgehen kann.

Im Frühjahr 1990 erhielten unsere großen Mädchen von Anselm eine Einladung zum Osterkurs. Sabine war damals 16 und Claudia 14 Jahre alt und eigentlich noch eine ganze Nummer zu jung dafür. Trotzdem haben wir sie natürlich fahren lassen, denn diese Chance, die Karwoche und Ostern mit so vielen Jugendlichen gemeinsam zu erleben, konnten wir ihnen doch nicht nehmen. Sie waren die ersten »Ossis« auf diesem Jugendkurs und kamen voller neuer Eindrücke, total überfordert, aber unglaublich froh zurück.

Unserem jüngsten Sohn hatte es besonders das Gymnasium dort angetan. Noch nie hatten wir eine solche Schule gesehen, noch nie so ein sinnvolles Schulkonzept erlebt. Von Herzen hätten wir unserem Sohn die Schule gegönnt, zumal die Schulen in der ehemaligen DDR sowieso das Nachwendeproblem waren. Es gab ja dort die gleichen Lehrer wie zuvor. Wie sollte es auch anders gehen? Man konnte schlecht alle Lehrer entlassen, denn woher sollte man die neuen dann nehmen? Die alten Lehrer hatten aber nur gelernt, »kollektiv« zu denken. Der Einzelne mit seinen Wünschen und Möglichkeiten hatte keine Chance.

Der Internatsbeitrag in Münsterschwarzach machte gerade so viel aus wie unser Monatseinkommen. Also sagten wir unserem Sohn: »Vergiss es! Es wäre wunderbar, ist aber unmöglich.« Kurze Zeit später bekam er eine Einladung zu einem Schnupperwochenende in Schule und Internat. Er jubelte, wir freuten uns für ihn, obwohl uns schon klar war, dass es danach für ihn nicht einfacher sein würde, zu verzichten. Als wir ihn abholten, sagte uns Pater Isaak: »Wir würden Fabian gerne nehmen. Er passt sehr gut zu uns. Weshalb wollen Sie nicht?« Peinliche Situation! »Wir wollen schon, wir können nicht«, war unsere Antwort. Pater Isaak meinte: »Wenn Fabian will und wir wollen und Sie wollen, dann gibt es keinen Grund, weshalb er nicht hier anfangen sollte. Für alles andere findet Anselm eine Lösung.« Er fand eine Lösung! Im Sommer 2004 tanzten wir auf seinem Abiturball. Das war für uns wie ein Wunder, so viel Großzügigkeit und Warmherzigkeit, wie uns dort begegnete, und das alles war ganz unkompliziert.

Neue Ansätze für unsere pastorale Arbeit

Je näher wir das Kloster kennenlernten, desto mehr wurde uns klar: Hier gibt es auch ganz neue Ansatzpunkte für unsere Arbeit zu Hause. Wir begannen Anselms Kurse zu besuchen, die Münsterklause wurde für unsere Jugendgruppen wie ein zweites Zuhause. Nach unseren Töchtern waren die ersten »Ossis« bei den Jugendkursen und in den Jugendvespern aus dem Dekanat Nordhausen in Thüringen. Pater Anselm und die

Jugendkurse waren damals ein Synonym. Mehr als eine Generation Jugendliche aus unseren Gemeinden hat diese Zeit geprägt. Wer einmal die Jugendlichen erlebt hat, mit welcher Begeisterung sie nach dem Osterkurs nach Hause zurückkamen, der wusste: Sie hatten Auferstehung erlebt.

So waren wir in den Jahren danach immer wieder in Münsterschwarzach, und irgendwann war es wirklich wie ein Nach-Hause-Kommen. Sooft es ging, nahm sich Anselm Zeit für uns. Wir beobachteten und diskutierten die Entwicklung der kirchlichen Situation in Ost und West und bastelten immer wieder an neuen Konzepten.

Auch wenn die Zeit für große Gespräche einmal knapp war, so gab es doch einen kurzen Besuch in seinem Büro, um uns auf den neusten Stand zu bringen. Er half uns durch die Wirren der Wende, durch den bürokratischen Dschungel ebenso wie durch das Aufzeigen neuer Chancen.

Inzwischen war ich zur Dekanatsjugendseelsorgerin gewählt worden. Da ich nicht zu jeder Jugendvesper nach Münsterschwarzach mitfahren konnte, kam es immer häufiger vor, dass die Jugendlichen allein mit dem Bus der Gemeinde freitags zur Jugendvesper fahren wollten. Darüber war ich nicht nur froh, denn ich war natürlich immer in Sorge, besonders wenn sie euphorisch und übermüdet durch die Nacht zurückfuhren. Trotzdem brachte ich es nicht übers Herz, es ihnen zu untersagen. Auch da haben die Schutzengel wieder Überstunden gemacht. Gott sei Dank, es ist nie etwas passiert! Aber das brachte mich auf die Idee einer Dekanatsjugendvesper.

Das Konzept hatten wir eins zu eins von Anselm abgeschaut. Mein Mann, der nicht nur Theologe, sondern auch Kirchenmusiker ist, suchte sich unter den Jugendlichen einige für eine Band zusammen. So fingen wir an. Den einzelnen Pfarrern erklärte ich, sie müssten nichts weiter dafür tun, als die Jugendlichen hin und her zu fahren. Nach und nach wurde die Jugendvesper eine feste Institution, bei der sich nicht nur die Jugendlichen freuten, sich zu treffen, sondern auch die Pfarrer. Beim anschließenden Imbiss konnten sie Verabredungen treffen oder von alten Zeiten erzählen. Übrigens besorgte ich für den Imbiss immer nur Brot und Butter. Darüber hinaus brachte jeder von den Jugendlichen irgendetwas mit. Der Tisch war immer reich gedeckt. Inzwischen sprach sich die Jugendvesper herum, und die Gesangbücher reichten schon lange nicht mehr aus. Mein Mann bastelte nun für jede Vesper ein eigenes Liedblatt mit Psalmen und Gesängen, und die Musik lockte sogar die Jugendlichen an, die jeden Tag mit der Bierflasche an der Bushaltestelle standen. Eines Tages standen sie an der Kirchentür und fragten fast schüchtern: »Dürfen wir da auch rein? Wir sind nicht kirchlich, aber da ist so coole Musik.« Ich sagte nur: »Keine Bierflaschen, keine Zigaretten, wollt ihr immer noch?« Sie wollten.

In dieser Zeit reifte die Idee einer gemeinsamen Firmvorbereitung für das ganze Dekanat in Münsterschwarzach. Auch dabei fand ich sofort offene Ohren und offene Türen, und Anselm machte mir sehr viel Mut zu diesem Experiment. Das bedeutete für die Jugendlichen, zweimal eine Woche in der Münsterklause zu sein: Leben und Arbeiten am Rand des Klosters, herausgeholt aus der Welt, von der Schule, ihren Eltern und Freunden. Aller Anfang war schwer. Die Jugendlichen haben zuerst überhaupt nicht eingesehen, dass sie ihre Ferien dafür opfern sollten, und ihre Eltern haben diesen Aufwand für unnötig gehalten. Die einzige Vorstellung, die sie von einem Kloster hatten, stammte aus dem Film »Der Name der Rose«.

Es dauerte in der Regel aber keine Woche, bis die Atmosphäre dieses Klosters und die Faszination, die von den Gebetszeiten mit dem Konvent ausging, die Skepsis weichen ließ. Diese 14 Tage gemeinsames Leben und Beten mit den Mönchen waren eine Einheit aus Wissensvermittlung, Meditation und kreativem Tun. Die Einzelgespräche mit den Mönchen gehörten ebenso zum Pensum wie das Kochen und Aufräumen – eben alles, was auf dem Weg zum Mündigwerden hilft.

Wenn Anselm Zeit hatte, kam er auch hin und wieder in eine unserer Arbeitsrunden. Ich glaube, dass diese zu seinen Grenzerfahrungen in der Jugendseelsorge gehörten. Für die Jugendlichen der 9. und 10. Klasse war er eben nur ein Mönch. In den ersten Jahren kannte keiner von ihnen Anselm Grün. Sie waren höflich zu ihm, aber nicht enthusiastisch und nicht mehr motiviert als sonst. Anselm sagte einmal:

»O, mein Gott, und das machst du jeden Tag?« Ich antwortete: »Ja, nur ist es sonst schlimmer.« Wir hatten deutlich die Diskrepanz gespürt zwischen den Menschen, die zu den Jugendkursen nach Münsterschwarzach kamen und schon auf der Suche waren, und unseren Firmanden, denen man erst einmal einreden musste, dass sie etwas suchten. Trotzdem hatte durch dieses Projekt die Firmung einen völlig neuen Stellenwert bei den Jugendlichen bekommen. Firmvorbereitung hatte eine neue, tiefere, geistliche Dimension bekommen und war nicht mehr notwendiges Übel.

Die Jahrgänge danach hatten übrigens kein Problem mehr mit den zwei Wochen in Münsterschwarzach, dafür hatte die Mundpropaganda unter den Jugendlichen gesorgt. Ich hatte schon seit vielen Jahren die Firmvorbereitung übernommen und alles Mögliche ausprobiert. Dieses Konzept habe ich aber bis zum Ende meiner Dienstzeit nicht mehr aufgegeben. Viele meiner Ideen sind von Anselm inspiriert worden. Er hatte so völlig andere Ansätze und Methoden, die mich faszinierten, die ich aber anfangs noch nicht wagte umzusetzen. Der Weg in die Stille, die Meditationen, der Wüstentag, der später ein fester Bestandteil des Firmseminars wurde, und überhaupt der spannende Weg zum eigenen Ich. Immer wieder durfte ich das Wunder erleben, dass völlig passive, gelangweilte Jugendliche allmählich wach wurden und ihre irrlichternden Blicke eine Richtung bekamen.

Während der Firmseminare hatte ich überhaupt keine freie Zeit, und ich sah Anselm nur in der Kirche aus der Entfernung. Aber bevor wir bei der Abreise in unsere Busse kletterten, wussten alle: »Moni braucht noch zehn Minuten Zeit, um sich von Anselm zu verabschieden.« Dann gab es immer das gleiche Ritual: Auf seinem Schreibtisch, der auf der Höhe von dreißig Zentimetern komplett mit Arbeit übersät war, wühlte ich einen kleinen Fleck frei und stellte ein Blümchen hinein: »Hier ist mein Chaos-Blümchen für dich. Dank für alles. Im Moment geht's uns richtig gut. Wenn das Blümchen verwelkt ist, musst du wieder anfangen, für uns zu beten« – und dessen konnte ich mir sicher sein!

Als ich meinem Mann meinen Artikel zum Lesen gab, sagte er zu mir: »Ich finde, es liest sich ein bisschen wie eine Heiligenlegende. – Aber jedes Wort ist wahr.« Selbst auf die Gefahr hin, dass andere Leser der gleichen Meinung sind, kann ich nur wiederholen: Es ist jedes Wort wahr! Und damit es nicht noch schlimmer wird, verzichte ich jetzt auf die ganz große Dankesrede und sage nur: »Danke, Anselm, du weißt schon, wofür.«

CLAUDIA GRÖHN

Getragen und begleitet

Jugendkurse in Münsterschwarzach mit Anselm Grün

Die erste Begegnung und der erste Jugendkurs

Meine erste Begegnung mit Anselm reicht bis in tiefste DDR-Zeiten zurück. Ich war 13 Jahre alt, und er kam damals als Referent für eine Gruppe von Menschen, die im Verborgenen Theologie studierten, in unser Haus, in ein kleines Dorf im Norden Thüringens. Zu ihnen gehörte meine Mutter. Meine Familie war ausquartiert worden, damit die Gruppe Platz zum Übernachten fand, und ich war mit meiner Mutter allein zu Hause. Ich spürte die Aufregung, vor allem die meiner Mutter. Das Unternehmen war wie gesagt nicht offiziell. Entscheidend und prägend wurde an diesem Wochenende mein erstes Erlebnis einer Tischeucharistie: ein Gottesdienst mit einer richtigen Tischgemeinschaft, unter lauter Menschen, die ich nicht kannte. Anselm verbreitete eine unkomplizierte und doch so dichte Atmosphäre, auf die sich alle einlassen konnten, und behandelte mich als eine von ihnen. Ich durfte voll und ganz dabei sein, und das war ich auch.

Wenige Monate später kam die so unerwartete Revolution. Der Ausbruch aus dem menschenfeindlichen Regime der DDR und der Aufbruch in eine völlig neue Zeit. Ich erinnere mich vor allem an die Aufregung und große Unsicherheit dieser Zeit, in der ich Jugendliche war. Meine Eltern, damals Katecheten, heute Pastoral- und Gemeindereferenten, waren mit uns Kindern in Friedensgebeten und bei Demonstrationen. Ich rief aus vollem Hals in den Sprechchören mit: »Wir sind ein Volk«, auch wenn ich die Tragweite nur spüren konnte. Zu verstehen war das alles nicht. Der Großteil meiner Verwandtschaft, einschließlich meiner Großeltern väterlicherseits, lebte damals im Westen Deutschlands. Was dieser Umbruch für meine Eltern bedeutete, kann ich auch heute, inzwischen fast im gleichen Alter wie meine Eltern damals, nur erahnen. Für mich standen plötzlich die Türen weit offen. Während zu DDR-Zeiten Kinder aus kirchlich engagierten Familien so gut wie keine Chance hatten, zum Abitur zugelassen zu werden (meinen beiden älteren Schwestern erging es so), gab es für mich plötzlich die vorher Lichtjahre entfernte Möglichkeit, auf der damaligen systemkonformen erweiterten Oberschule »Gerhard Hauptmann« und dem dazugehörigen Internat für die sogenannten »Spezialklassen für Musik« in Wernigerode/Harz aufgenommen zu werden. Mit wenigen Ausnahmen war ich als junge Christin dort vollkommen auf mich allein gestellt. Diese Außenseitersituation kannte ich zwar, aber ohne Familie war das eine andere Liga.

Wenige Monate nach der Wende lud Anselm meine Schwester Sabine und mich 1990 zum Jugendkurs nach Münsterschwarzach, zur Feier der Kar- und Ostertage, ein. Unwissend und aufgeregt machten wir uns auf den Weg. Was das unseren Eltern bedeutete, wurde uns erst beim Abschied am Bahnhof klar. Für sie war es die unfassbare Erfüllung eines Traumes, an den gerade in den verriegelten Jahren vor der Wende keiner im Entferntesten geglaubt hatte. Ich war 14 und meine Schwester 16 Jahre alt. Alles war fremd, neu und erstaunlich schön. Für uns war das wirklich der »Goldene Westen«. In Münsterschwarzach angekommen, fragten wir an der Pforte nach Pater Anselm. Man schickte uns zum Gymnasium, und dort lief er uns auch schon entgegen und begrüßte uns herzlich. Wir waren die ersten Jugendlichen aus dem »Osten«, die einen Jugendkurs in Münsterschwarzach besuchten oder besuchen konnten; und als diese wurden wir, sooft es Anselm nur möglich war, vorgestellt. Wenige Zeit später waren wir unter den etwa 300 Jugendlichen bekannt wie bunte Hunde. Anselm führte uns überall herum, zeigte uns einen Platz zum Schlafen und achtete in den folgenden Tagen immer darauf, dass wir irgendwie umsorgt oder aufgehoben waren. Ich fühlte mich unter diesen vielen Jugendlichen zu keinem Zeitpunkt allein. Im Gegenteil, egal, wo wir auftauchten, wurden wir mit großem Interesse empfangen und sehr gerne mit vielen Fragen gelöchert, bis in die Nacht hinein. Was wir nicht gewusst hatten, war, dass der Jugendkurs eine Altersbegrenzung ab 18 Jahren hatte. Als 14-Jährige hat mich die Dichte und Tiefe dieser Zeit aufgewühlt, mein Herz überfüllt und auch grenzenlos überfordert. Was mich aber besonders durch diese Tage trug, war die enge Anbindung des Kurses an die Gebetszeiten und Gottesdienste der Mönche in der Abteikirche. Obwohl die Größe der Kirche, des Konvents und der Liturgie überwältigend war, fühlte ich mich hier zu Hause, weil ich aus einem Elternhaus komme, in dem diese Gottesdienste zu feiern selbstverständlich war, auch zu DDR-Zeiten.

Mein Mann Holger hatte seine erste Begegnung mit Anselm durch seinen besten Freund. Bernhard war schon mehrere Male bei Jugendkursen gewesen und hatte immer begeistert davon erzählt. Holger ist evangelisch getauft und konfirmiert, ging aber als Jugendlicher oft mit Bernhard in dessen katholische Gemeinde zum Gottesdienst. Eigentlich fühlte sich Bernhard inzwischen mit 23 Jahren zu alt für die Jugendkurse, aber weil Holger selbst beschlossen hatte, das einmal erleben zu wollen, fuhr er noch einmal mit. Dieses Ostern 1993 veränderte viel, und es wurde ein Neuanfang, aber dazu später mehr.

Die Jugendkurse

Bei allem, was ich an Kurzbiografien oder längeren Lebensbeschreibungen von Anselm gelesen habe, kann ich nicht verstehen, dass ein so wichtiger Teil seines Verdienstes häufig unerwähnt bleibt: sein großer Einsatz für die Jugendlichen. Sogar in seiner Biografie wird dieses Thema unerklärlicherweise nur gestreift. Die Jugendkurse oder die Jugendseelsorge in Münsterschwarzach entstanden aus einer tiefen Sehnsucht heraus. Sie waren, soweit wir es erfahren haben, ein echtes Herzensanliegen Anselms. Zusammen mit einem kleinen Kreis von Mitbrüdern, zu denen Abt Fidelis, Pater Udo und Pater Meinrad zählten, entwickelten sie sich aus einer großen, kraftvollen, aber auch durchlittenen neuen Bewegung innerhalb des Klosters.

1970 steckte der Konvent in einer tiefen Krise. Die Stimmung war so aussichtslos, dass der damalige Abt Bonifaz, obwohl er aus der vergangenen vorkonziliaren Zeit stammte, den Tatendrang der jungen Mönche nicht bremste. Schmerzhafte Austritte, fehlender Nachwuchs und eine Müdigkeit im Leben der Mönche trieben die jungen Mitbrüder dazu, nach Auswegen zu suchen. Benediktinische Frömmigkeit durfte sich nicht in Formeln erschöpfen. Sie waren auf der Suche nach dem Eigentlichen.

Bei Graf Dürckheim lernten sie damals den ganzen Menschen kennen, mit all seinen Sinnen und all seiner Sehnsucht, vor allem auch als Mönch. Die spirituellen fernöstlichen Rituale, die sie von dort mitbrachten, sowie das kreative Ausleben im Malen und Gestalten waren uns in den Jugendkursen wertvolle Erfahrungen. Wir können uns an viele größere und kleinere tiefgehende Gebärdeübungen erinnern, auf die ich auch noch näher eingehen werde. Anselm hatte Erfahrung mit gruppendynamischen Bewegungen und vermochte es, 300 Jugendliche zu einer Einheit zusammenzubinden.

Erstes Befremden bei Meditationen und Übungen, zu denen er uns einlud, wich schnell einem Vertrauen. Der Mann kannte sich aus. Wir hatten das sichere Gefühl, er wusste, was er tat und wovon er sprach. Das war geerdet, nicht gefährlich. Das brachte uns zu uns, zu Gott. Er scheute sich auch nicht, uns mit seinen Erkenntnissen und Erfahrungen der tiefenpsychologischen Bilderwelt C. G. Jungs zu konfrontieren, durch die er uns Motive der Bibel nahebrachte. Auch mit den Lebensweisheiten der Wüstenväter und der urchristlichen Mystik erschloss er uns uralte Antworten auf unsere Sorgen und Nöte.

Es war großartig zu spüren, dass wir als Christen einer langen und durchlebten Tradition angehören, die so viel mit uns selbst zu tun hat und die uns Sicherheit geben kann im Ausblick auf unser Leben. Diese uralten Quellen begannen für unser Leben zu sprudeln und greifbar zu werden. Und das alles wurde gehalten von den Gebeten mit den Mönchen in der Abteikirche, an denen wir morgens, mittags und abends selbstverständlich teilnahmen. Seine Einladung dazu klang wie eine Notwendigkeit für das Gelingen unserer gemeinsamen Tage. Es war eine absolute Ausnahme für uns, dort zu fehlen.

Ein unschätzbarer Wert, den wir immer wieder für uns mit nach Hause nahmen, waren Anselms Einführungen zu den Liturgien und Gottesdiensten, die in Münsterschwarzach oft noch viel ausführlicher und länger waren, als wir sie aus der Kirche kannten. Dazu muss ich sagen, dass mein Mann in Münsterschwarzach die katholischen Liturgien kennen- und schätzen lernte, was ihm den Zugang zu den oft mühsamen Gottesdiensten vor Ort bis heute sehr erschwert. Tatsächlich macht es auch mir zunehmend große Schwierigkeiten, in der ausblutenden Diaspora Brandenburgs lebendig Gemeinde leben zu können. Dieses große Gut gemeinsamer Wirklichkeit von Kirche in Münsterschwarzach bringt uns in unserer Ehe aber immer wieder zu unseren geistlichen Wurzeln. Wir wissen, dass es diese Kirche gibt, in der wir beide Platz haben, auch wenn es immer schwieriger ist, als junge Familie einen Ort gelebten Glaubens zu finden oder Menschen, die diesen von Herzen miteinander teilen möchten.

Für uns Jugendliche war Anselm bei den Kursen ein klarer Ansprechpartner, einer, dem man sofort vertraute. Er strahlte in der großen Lebendigkeit von 300 Jugendlichen immer Frieden und Gelassenheit aus. Selten sahen wir ihn gestresst eilen. Bei der Verteilung der Teilnehmer auf die kleinen Gruppenarbeiten, zu denen ich später noch etwas sagen werde, war Anselms Gruppe immer sofort überfüllt. Nicht, weil er etwas so Außergewöhnliches bot. Im Gegenteil, sein Erfolg war einfach: »Weniger ist mehr«, und dabei ruhte er in sich selbst und strahlte das auch ganzherzig aus. Er bot scheinbar immer denselben Schweigekurs an. Verglichen mit späteren Entwicklungen war der ganze Jugendkurs damals in keiner Weise auf ein Erlebnis für uns Jugendliche ausgerichtet, im Gegenteil. Anselm und dem mönchischen Leitungsteam war es wichtig, dass wir mit uns selbst konfrontiert wurden, und sie luden immer wieder ein, dies dann auch auszuhalten, getragen durch die Gemeinschaft. Wir fühlten uns einfach so angenommen, wie wir waren, was gerade meinen

Mann und mich in unserem Kennenlernen sehr verband. Beide hatten wir das Gefühl, in diesen Tagen einfach sein zu dürfen. Keiner war besonderer oder besser, kein Nacheifern, kein Getriebensein – einfach sein und sich dabei aufgehoben fühlen. Es war eine offene Atmosphäre mit wenig Verurteilungen und Wertungen unter den Jugendlichen. Wir ließen uns sein und durften sein, wie wir waren, in der Gewissheit, gehalten zu werden durch Gott, um den sich alles drehte und dessen Wirklichkeit immer mehr zu unserer wurde, eben weil wir offenen Herzens sein konnten. Natürlich hatten auf diese Weise die Begegnungen mit anderen Jugendlichen eine besondere Qualität. Man traute sich, über Gott zu sprechen, musste davor keine Angst haben. Wer hier war, war auf der Suche oder zumindest neugierig. Wir redeten viel über die Erfahrungen in den Gruppenarbeiten und Gebeten. Aber auch unser eigenes Leben hatte sehr viel Platz. Für meinen Mann und mich sind scheinbar endlose Spaziergänge über die Felder hinter dem Kloster die tiefsten Erinnerungen unseres Kennenlernens. Dort waren wir glücklich, dort lernten wir und trauten wir uns, über alles zu reden.

Wie wir wissen, ist nichts schwerer, als Erfahrungen weiterzugeben, und das war auch vor allem in der Anfangszeit eine schwere Hürde, wenn wir wieder nach Hause fuhren. Anselm riet uns, erst gar nicht zu versuchen, diese Erfahrungen irgendjemandem zu erklären, um ihn dafür zu begeistern. Man muss es selbst erlebt haben. Und so war unter uns Jugendlichen das sogenannte »Münsterschwarzachloch« bei der Heimkehr weit verbreitet. Wir waren so voll von diesem Geist und konnten ihn kaum teilen. In meinem Internatsalltag hatte das überhaupt keinen Platz, und wenn ich wieder allein in die Kirche ging, machte mich das auch oft sehr traurig. Doch Anselm ermutigte uns immer damit, dass uns diese Erfahrungen keiner nehmen könne. Sie waren ja da, und sie waren Wirklichkeit. Im Lauf der Jahre wuchs in Münsterschwarzach neben meinem Leben im Internat und zu Hause ein kleiner Freundeskreis, und wir trafen uns dort sogar einmal im Monat zur Jugendvesper, obwohl das für mich eine Reise von vierhundert Kilometern bedeutete. Mein Mann schätzte vor allem die Jugendkurse, bei denen er noch nicht so viele kannte. Er konnte sich so besser auf alles einlassen. Und das stimmte natürlich auch. Je mehr Menschen man kannte, desto mehr war man erst einmal damit beschäftigt, alle wieder zu begrüßen. Für mich war in dieser Hinsicht der klare Tagesablauf mit den Gebetszeiten und Gruppenarbeiten der Ort, an dem ich mich stets neu einlassen konnte. Und es tat auch so gut, dort immer wieder zur Stille und zum Eigentlichen zu kommen.

Ich möchte trotzdem versuchen, einige Blitzlichter auf besondere Erfahrungen zu werfen, die wir mit Anselms Jugendseelsorge gemacht haben und die uns noch heute, 20 Jahre später, so wertvolle Erfahrungen, eben nicht nur Erinnerungen sind. Das hat uns getragen:

Die Gebete und Liturgien

Die auf den ersten Eindruck vielleicht alt und fremd wirkenden Chorgebete der etwa 70 Mönche waren uns in den Jugendkursen der Rückhalt im Windschatten des Konvents. Und Anselm erzählte uns auch immer wieder, wie der Gesang und das Mitbeten der vielen Jugendlichen für den Konvent ein echter Halt wurden. Es war dem Leitungsteam der Mönche ein besonderes Anliegen, dass diese Gebete und Liturgien für uns keine fremde Welt blieben. Wir erfuhren, dass im Loben, Klagen, Danken und Bitten der Psalmen auch unser ganzes Leben steckte und dort alle Gefühle und Gedanken Platz hatten.

Was uns wie gesagt tatsächlich bis heute trägt, sind Anselms Einführungen zu den großen Liturgien. Er brachte uns das österliche Triduum von Gründonnerstag, Karfreitag und Osternacht so nahe, dass erstmals alle Zeichen, Riten und Texte zu unserer Sache wurden. Wir erlebten die Liturgien nicht nur als Zuschauer, sondern als Mitfeiernde. Es war und ist so besonders, durch diese Gottesdienste jedes Jahr in seinem ständig verändernden Werden, seinem Sehnen, Hoffen und Scheitern, den Ängsten und der Not, dem Glück und der Freude Auferstehung feiern zu dürfen. Die Liturgien trugen uns durch den großen Weg vom Abendmahl, dem Liebesmahl, zum völligen Verlassensein der Nacht am Ölberg, dem große Schmerz des Karfreitags, der Leere des Karsamstags bis zur Auferstehung.

Anselm erklärte uns die Zeichen so, dass wir sie innerlich mitgehen konnten. Besonders in Erinnerung sind uns zum Beispiel die tiefe Verehrung, wenn der Abt zum Beginn der Karfreitagsliturgie nach dem schweigenden Einzug der Mönche in einer großen Geste der Anbetung, der Proskynese, mit dem Gesicht nach unten flach auf den Boden niederfiel. War das früher für mich ein Gottesdienst, den ich sehr mühsam und trocken fand, konnte ich seine Kargheit und einfachen Zeichen plötzlich als mich betreffend erleben. Es ging hier um mich, um mein Sein vor Gott. Ganz und gar.

Nach dem Abendmahlsgottesdienst am Gründonnerstag, dem groß gefeierten Liebesmahl, blieben wir gerne in der Kirche sitzen und sahen zu, wie eine Schar von Mönchen Schritt für Schritt die Abteikirche leer räumten. Nach dem besonders festlich geschmückten Gottesdienst dauerte es lange, bis sogar die letzte Kerze von den Seitenaltären getragen war, keine Tischdecke, nichts mehr, nur noch nackter Stein in der ganzen riesigen Kirche. Das war Karfreitag, das ging unter die Haut. Sogar der Tabernakel war leer und offen. In der Krypta beteten und wachten die Mönche vor dem Allerheiligsten abwechselnd von dieser Stunde an durch die Nacht bis zur Karfreitagsliturgie um 15.00 Uhr am nächsten Tag. Ich stand selbst in der Nacht auf und versuchte, in der Krypta für eine Stunde dabei zu sein und kämpfte vor allem mit dem Schlaf. Wie die Jünger, dachte ich. Das hieß aber auch: Ich bin hier eine von Jesu Freunden.

Und wenn man so ganzherzig durch diese Gottesdienste gegangen war, hatte Ostern nur noch sehr wenig mit Ostereiern zu tun. Die reiche Liturgie der Osternacht aus dem Dunkel ins Licht machte uns vor allem an dem besonderen Ostern 1993, als wir uns kennenlernten, zu neuen Menschen. Ich möchte auch nicht versuchen, das zu beschreiben, aus der Befürchtung heraus, es könnte verstrahlt und abgehoben klingen. Denn das waren wir nicht. Wir standen mit unseren Füßen so fest auf dem Boden wie nie zuvor und durften im Herzen spüren, was echte Freude bedeutet. Wie unsagbar sie ist. Völlig erfüllt. Uns dafür aufzuschließen, haben wir Anselm zu verdanken, und es trägt uns bis heute. Es hilft, Osternächte und Karfreitagsliturgien auch dann tief zu erleben, wenn sie von außen manchmal mühsam erscheinen.

Neben den Liturgien in der Kirche beteten wir aber auch gemeinsam unter uns Jugendlichen in diesen Tagen und lernten, dass gemeinsames Beten und das Feiern der großen Liturgien in der Kirche gefühlt keinen Unterschied machten. Am Gründonnerstag- und Karfreitagvormittag trafen wir uns zum Beispiel in 14 Gruppen, um die Karfreitagsjugendliturgie am Abend vorzubereiten. Letztlich war das nichts anderes als eine große Kreuzwegandacht, und das ist nicht unbedingt der Gottesdienst, zu dem es Jugendliche hinzieht. Jeder konnte sich eine Kreuzwegstation aussuchen, und gemeinsam versuchten wir in den 14 Gruppen, unser Leben und das unserer konkreten Umwelt in dieser Station deutlich werden zu lassen. Am Abend wurde dieser Weg mit allen Stationen im wahrsten Sinn des Wortes »durchgebetet«. Dabei gab es auch wirklich harte Stationen, voller Frust und Ausweglosigkeit. Alles hatte Platz.

Ich erinnere mich an den Osterkurs 1993, an die besondere 14. Station, bei der das Grab mit dem Stein verschlossen wird. Alles aus und begraben. Man lud uns mit einem Stein, den wir bekamen, ein, alles zu begraben, was uns belastete. Jeder ging davon aus, dass dieser Stein dann entweder zu der Station gelegt werden sollte oder wir ihn mit nach Hause nehmen würden. Aber nein, wir sollten ihn einfach mit unserem Nachbarn tauschen. Neben mir saß ein mir völlig unbekannter Jugendlicher, und es fiel uns beiden schwer, etwas so Persönliches in die völlige Anonymität zu geben. Im Nachhinein erkannte ich, dass das aber oft so ist mit unseren Nächsten, von denen Jesus immer spricht. Meistens kennen wir sie nicht oder nehmen sie gar nicht wahr. Wenn auch heute nur noch locker, sind wir immer noch befreundet und haben beide diesen Stein des anderen über Jahre hinweg aufgehoben. Das saß tief.

Der Umgang mit (Frei-)Zeit

Wer Anselm kennt, weiß, dass im Umgang mit der Zeit eine besondere Stärke von ihm steckt, und der benediktinische Umgang mit Zeit kam ihm wohl sehr entgegen. Wenn wir uns die Tagesabläufe der Jugendkurse in Erinnerung rufen, ist es erstaunlich, wie wenig unverplante Zeit darin zu finden war. Und doch hatten wir das Gefühl, es gab sie. Eine große Stärke benediktinischen Lebens sind die Regelmäßigkeit und der klare Tagesablauf. Das haben Anselm und seine Mitbrüder im Tagesablauf der Jugendkurse fest verankert und muteten es uns einfach zu, im Sinn von: Sie sprachen uns Mut zu, das einfach einmal auszuprobieren. Die Kartage begannen mit einem Wecken um 5.15 Uhr zu den Trauermetten in der Abteikirche. Danach gab es um 7.20 Uhr Frühstück, und im Anschluss daran begannen die Gruppenarbeiten. Um 12.00 Uhr folgte das Mittagsgebet in der Abteikirche. Danach gab es Mittagessen, und um 14.30 Uhr ging es in den Gruppen weiter. Je nachdem gab es am Nachmittag oder Abend noch die Einführung zu der bevorstehenden großen Liturgie von Anselm und am Abend eine der großen Liturgien, Gebet oder ein Treffen aller. Danach versuchte man bald das Bett zu finden, was aber meistens erst relativ spät gelang. Am Morgen mussten wir wieder früh raus.

Was wir im Nachhinein sehr gut finden und uns damals gar nicht auffiel, war, dass für die freie Zeit zwischendurch keine weiteren Freizeitangebote bestanden, zumindest damals nicht. Das war gut. Wir hingen keinesfalls in der Luft. Nie zuvor waren wir so viel spazieren. Es gab die Natur, unsere Matratze für ein Schläfchen oder die Abteikirche und die sogenannte »Schweigezone« vor der Seminarkapelle, falls sich jemand zurückziehen wollte. In der »Spielhalle« wurde nicht etwa Tischtennis gespielt. Man fand dort kleine Grüppchen, die sich unterhielten. Es ist eben auch benediktinisch, sich nicht in Zerstreuung zu üben, sondern das für voll zu nehmen, »was ist«, sich damit konfrontieren zu lassen, was diese Tage in einem hervorrufen. Wirklich nach innen hören kann man nicht im »Quasselründchen«. Dafür sind wir im Nachhinein sehr dankbar, denn das eröffnete uns Räume, um wirklich sein zu können. Wir erinnern uns beide an Zeiten, in denen wir die Einsamkeit richtig suchten. Hier brach so viel auf. Mein Mann liebte es, in der Abteikirche zu sein, wenn sie fast leer war. In diesem Raum war er Gott nah. Die Seele hatte Luft. Mich zog es dazu auch oft auf meine Matratze zum Tagebuchschreiben und um festzuhalten, was geschehen war und mich bewegte. Man muss dabei immer im Kopf behalten, dass sich hier 300 Jugendliche trafen – und inmitten dieser Menge gab es Räume der Stille.

Eine besondere Erfahrung mit der Zeit hat uns immer wieder so beeindruckt, dass wir dieses Ritual sogar Jahre später selbst übernahmen: Es war die Silvesternacht. Da es zu Silvester keine eigene Nachtliturgie gibt, haben sich die Mönche eine für uns erdacht. Der Silvesterabend begann um 21.00 Uhr mit einer Gebetsnacht, die vorher von allen gemeinsam in Gruppen vorbereitet wurde. Als die Zeit des Jahreswechsels näher kam, gingen alle zusammen singend und betend in die Abteikirche. Der Liedruf »Geh mit uns auf unserm Weg« klingt heute noch in unseren Herzen. Und als es so weit war, gab es kein Countdown-Gehetze. Jeder durfte in der dunklen Abteikirche einen Ort für sich suchen, dort das Jahr in seinem Tempo beenden und das neue beginnen. Es war für mich eine so freie Erfahrung zu spüren, selbst Herr über meine Zeit zu sein und einfach beschließen zu können: Das war das alte Jahr, und JETZT beginnt mein neues Jahr. Irgendwann, nicht Punkt 24.00 Uhr, läuteten die Glocken. Wir begannen das neue Jahr Hand in Hand mit einem gemeinsamen Vaterunser. Im Anschluss daran feierten wir zusammen Eucharistie.

Schweigen

Wir erinnern uns, dass wir immer wieder zum Schweigen und zum Erfahren von Stille eingeladen wurden. Legendär waren Anselms Schweigekurse. Wenn die Gruppen verteilt wurden, war dieser Kurs immer sofort überfüllt. Auch wir haben ihn beide getrennt voneinander erlebt. Aber das haben wir erst im Nachhinein festgestellt. Was Anselm anbot, war übersichtlich: Schweigen, Bibeltexte, Passionsmusik von Johann Sebastian Bach und schweigende Körperübungen. Er führte kurz in einen Gedanken, ein Schriftwort, eine Musik ein, und dann wurde geschwiegen und gehört. Mein Mann sagt, dass das Eintauchen in die Stille und dann auch die Musik für ihn als einzigartige Erfahrung geblieben ist. Wir sind auch schweigend langsam durch den Raum gelaufen. Aber jeder Versuch, diese Erfahrung zu schildern, muss scheitern, da es in der Stille hierfür bewusst keine Worte gibt. Jedenfalls war es Anselm ein Anliegen, das Schweigen zu üben und es, auch wenn es schwerfiel, auszuhalten. Erst im Schweigen ist Hören möglich, und dazu gab er uns die Möglichkeit. Mithilfe von Musik, die auf diese Weise so tief gehört werden konnte, und auch mithilfe von gemeinsamem Sein. Für mich war die Erfahrung, mit so vielen Gleichaltrigen zu schweigen, völlig neu. Es war vor allem erstaunlich, wie man dadurch alle seine Sinne neu spürte. Aus dieser Gruppe bei Anselm kamen wir als andere Menschen heraus, als wir hineingegangen waren. Aber alle Worte darum würden dieser Erfahrung nicht gerecht werden. Auch außerhalb der Schweigegruppe wurde darauf geachtet, dass es diese Orte der Stille gab und alle sie heilig hielten. Die Schweigezone war ein Ort zum Durchatmen, wann immer man wollte.

Eine besondere Schweigeerfahrung war die Wanderung aus dem Jahr heraus am Silvestertag. Wenn wir alle zusammen schweigend durch die Natur wanderten, ging davon eine besondere Kraft aus. Manche liefen schweigend zusammen, andere bewusst allein. Am Anfang versuchte man, sich noch mit Blicken und Gesten zu verständigen, doch dann kehrte mehr und mehr Ruhe ein. Die Sinne wurden wach. Man fand seinen eigenen Rhythmus in der Gemeinschaft. Es passierte, dass man sich völlig in Gedanken plötzlich neben jemandem fand, den man gar nicht kannte. Das ist mir einmal passiert, und wir liefen den Rest des Weges gemeinsam. Danach verabschiedete er sich mit den Worten: »Es war schön, mit dir zu schweigen. Danke.« Irgendwie ergab es sich in diesem Kurs später nicht, dass wir uns näher kennenlernten, aber das war auch nicht nötig. So, wie es war, war es gut. Beim großen Abschied am Schluss sagten wir uns einfach: Vielleicht treffen wir uns ja wieder. Mein Mann und ich haben viele Jahre, bevor unsere Kinder geboren wurden, diese schweigende Wanderung heraus aus dem Jahr gemeinsam oder mit Freunden gemacht.

Meditationen, Rituale, Zeichen

Die körperliche Erfahrung von Meditation und Gebet war für uns sehr ungewohnt. Immer, wenn Anselm dazu einlud, stellten wir beide gerade bei den Gebärdeübungen fest, dass unser Herz erst einmal schneller schlug. Auch die Blicke um uns herum zeigten uns, dass andere eine ähnliche Unsicherheit empfanden. Aber Anselm erklärte alles immer in einer ruhigen Selbstverständlichkeit, dass es uns nicht schwerfiel, uns darauf einzulassen. Hier begriffen wir, dass unsere Beziehung zu Gott nicht allein aus Seele und Geist besteht. Erst der ganze Mensch mit alle seiner Körperlichkeit und mit allen Sinnen kann vollkommen mit Gott in Beziehung sein. Für mich war es eine große Entdeckung, dass mein Körper und meine Sinne eine große Hilfe sein können, zu mir und zu Gott zu kommen. Eine mir besonders tief in Erinnerung gebliebene Paarübung möchte ich erzählen:

Es war eine Übung zu der Geschichte des Lazarus. Lazarus war gestorben und bereits seit einigen Tagen in einer Höhle beigesetzt, als Jesus ihn aus dem Grab herausrief und er, noch in Leichentücher eingewickelt, die Höhle lebendig verließ. Ich erinnere mich, dass wirklich viele zu dieser Meditation gekommen waren und wir Mühe hatten, alle Platz zu finden. Anselm ließ uns schweigend eine Weile durch den Raum gehen und hieß uns dann stehenzubleiben. Jeder sollte sich mit seinem zufälligen Nachbarn eine Decke nehmen und einen Platz suchen. Auf diese Weise hatten wir uns ganz fremde Partner, was den Anfang nicht unbedingt einfacher machte. Aber offensichtlich war das Anselm wichtig. Dann erklärte er kurz sein Vorgehen: Die Meditation sollte zweimal erfolgen, wobei einer dem anderen assistierte und dann umgekehrt der Erste dem Zweiten. Die Decke wurde ausgebreitet, und einer von uns legte sich darauf. Als ich auf der Decke lag, wurde ich Schritt für Schritt von meiner Partnerin darin eingeschlagen. Am Anfang war es angenehm warm. Ich weiß nicht mehr genau, wie die Reihenfolge war, aber nach einiger Zeit war ich so eingerollt, dass nur noch mein Gesicht frei war. Da merkte ich, dass es mir heiß und eng wurde. Als die Decke über mein Gesicht gelegt wurde, war es beängstigend dunkel und noch heißer. Ich wollte mich bewegen, aber das ging ja nicht. Gerne wäre ich einfach aufgestanden, aber noch lagen wir da – ich begriff: wie begraben, im Dunkeln. Nach einer gefühlten Ewigkeit bat Anselm dann unsere Partner, uns ganz leise bei unserem Namen zu rufen. Nie zuvor war der Klang meines Namens so eindringlich und fremd gewesen. Ich hörte ihn ganz neu: »Claudia«, war das ich? Ich werde gerufen, da ruft jemand nach mir. »Claudia«. Die Stimme wurde immer lauter. Was am Anfang wie ein ferner Hoffnungsschimmer klang, wurde klarer und drängender, immer wacher: »Claudia! ... Claudia!« Ich glaube, dass es dann weiter hieß: »Claudia, steh auf!« Wir sollten aber noch nicht aufstehen. Ich hörte weiter und bemerkte plötzlich, wie starr sich mein Körper anfühlte, starr, heiß und aufgewühlt. Ich wollte heraus, hatte plötzlich das Gefühl, mich nicht mehr bewegen zu können. Die Stimme rief mich immer wieder. Leider kann ich mich nicht mehr genau daran erinnern, wie wir wieder befreit wurden. Ich glaube, der Körper wurde Stück für Stück von der Decke befreit und zum Schluss erst das Gesicht. Alles wurde leichter und lichter, bis ich die Augen aufschlug und tatsächlich aufstand – dieses Gefühl werde ich nicht vergessen. Ich war plötzlich eine »Claudia«. Ich war bei meinem Namen gerufen worden. Ich war frei. Ich war am Leben, ein ganzer Mensch. Ich war gewollt und gerufen. Ich war neu und irgendwie unendlich leichter und ganz.

Durch Anselm bekamen wir einen neuen Zugang zur Eucharistie. Im Annehmen, Loslassen, Einswerden, Neuwerden. Eine Hilfe, mit der die Liturgie immer wieder echte Verwandlung in mir bewirken kann, so ich mich ganzherzig darauf einlasse oder auch frei dafür bin. Für mich war und ist immer der schwierigste Punkt das Loslassen. Hierfür hatte Anselm ein Zeichen, das ich sehr gerne bei jeder Eucharistiefeier leben würde: Vor der Wandlung lud er uns alle ein, zum Altar zu kommen und für einen Moment beide Hände daraufzulegen, um alles vorzubringen, was in uns nach Wandlung ruft, um loslassen und alles übergeben zu können. Ich erinnere mich zunächst daran, wie gut es tat, diesen Altar berühren zu können. Dadurch wurde ich ein Teil dessen, was darauf geschah. Und es fiel mir viel leichter, das Meine dort zu lassen, vor allem auch das Unsagbare. Dazu war es ein unheimlich verbindendes Zeichen. Danach war zur Wandlung unter uns eine so dichte Atmosphäre, wir waren Eins vor Gott. Keiner saß hier mehr allein, auch wenn man sich nicht kannte. Wie sehr würde das helfen, denke ich mir oft, wenn wir das in den Gottesdiensten der Heimatgemeinde einführen könnten. Wie viel mehr würde dabei Gemeinschaft entstehen, vor allem für alle, die so oft einsam und verlassen in den hinteren Kirchenbänken sitzen. Wie viel mehr würde gemeinsam getragen werden und heilen können.

Die Versorgung

Eine letzte Qualität, die nicht unerwähnt bleiben darf, ist das gemeinsame Mahlhalten. Ja, so kann man die gemeinsamen Mahlzeiten beschreiben, die wir bei den Jugendkursen hatten. Wenn heute 300 Jugendliche irgendwo zusammenkämen, wäre es üblich, ein großes Buffet aufzubauen, an dem sich dann jeder bedienen kann. In Münsterschwarzach aßen die Mönche des Leitungsteams immer mit allen Jugendlichen am Tisch. Es wurde gemeinsam gebetet und gesungen, und dann gab es das Essen in Schüsseln am gedeckten Tisch. Die gedeckten Tische für 300 Jugendliche waren ein schönes und einladendes Bild. Das gemeinsame Mahlhalten am gedeckten Tisch geht in unserer schnelllebigen Zeit mit den vielen Möglichkeiten, unterwegs zu essen, verloren. Es war ein Zeichen, das prägte. Wir kannten das zwar von zu Hause, aber es war auch mit so vielen Jugendlichen möglich.

Wir hörten gemeinsam mit einem Lied mit dem Essen auf, und es war selbstverständlich, dass alle beim Abräumen halfen. Dabei stürzte Anselm zu unserer Zeit mit einer so großen Teilnehmerzahl die Küche oft in Verzweiflung, weil sie vorher nicht wirklich wussten, wie viele Jugendliche kommen würden. Das mutete Anselm dem Küchenteam zu, weil er immer sagte: Die Jugendlichen müssen sich noch am gleichen Tag entscheiden dürfen, dass sie zum Jugendkurs kommen. Anmeldungen gab es nicht – heute undenkbar.

Auch die Bezahlung am Ende des Kurses war einzigartig: Anselm machte darum überhaupt keinen Wind. Es gab einen Unkostenbeitrag, der aber völlig freiwillig gegeben wurde. Beim großen Abschied stand Anselm mit einem offenen Aktenkoffer im Foyer, in den jeder einfach seinen Beitrag hineinlegen und sich dabei gleichzeitig verabschieden konnte. Es war ihm wichtig, dass jeder gab, was er konnte, und ich glaube, dass er letztlich als Cellerar immer noch so einiges draufzulegen hatte. Aber das war es ihm wert, und das fühlten wir. Vielleicht hat sich so der eine oder andere davor gedrückt, aber diese Freiheit gab Anselm. Für uns ein Bild echten Vertrauens.

Es gäbe noch viele Beispiele zu erzählen, was uns die Jugendkurse so kostbar werden ließ, damals, aber vor allem auch für unser gemeinsames Leben. Wir spüren immer wieder, wie sehr uns diese Erfahrungen helfen, zu unserem Ursprung zu finden. Heute sind wir andere Menschen, und wir werden uns weiter verändern. Anselm zeigte uns einen Zugang zu einem Kern in uns, der bleibt. Und wenn wir den Zugang auch manchmal verlieren, so wissen wir doch um seine Existenz.

Unser gemeinsamer Weg

Der Jugendkurs zu den Kar- und Ostertagen 1993 war von einem besonderen Geist geprägt. Das haben uns auch andere bestätigt, die ihn damals erlebten. Am Ankunftsabend lernten Holger und ich uns gleich beim Abendessen kennen, und daraus entwickelte sich eine große Freundschaft. Zusammen mit Holgers bestem Freund Bernhard trafen wir uns bald schon außerhalb von Münsterschwarzach, obwohl uns gute vierhundert Kilometer voneinander trennten. Ich war damals 17 und Holger 23 Jahre alt. Es gab scheinbar endlosen Gesprächsstoff. Wir kamen aus zwei Welten – Ost- und Westdeutschland. Unsere familiäre Herkunft konnte unterschiedlicher nicht sein. Es war von Anfang an eine große Sympathie spürbar, und uns verband vor allem die Sehnsucht nach Tiefe und nach Echtsein.

Genau das hatte in Münsterschwarzach allen Platz, den wir uns wünschen konnten. Der Geist dieser Tage schweißte uns zusammen. Die Osternacht 1993 in Münsterschwarzach werden wir nicht vergessen. Danach hatte ein neues Zeitalter begonnen. Anselm spielte dabei insofern eine Rolle, als wir beide uns hier durch ihn getroffen haben und all diese teuren Erfahrungen machen durften. Wir lernten ihn beide persönlich kennen, und wenn wir in Münsterschwarzach waren, gab es immer ein Gespräch miteinander. Natürlich stehen neben Anselm alle Mönche, die uns über die vielen Jahre bei den Jugendkursen begleitet haben. Anselm zog sich wegen seiner vielen Verpflichtungen aus der Leitung des

Jugendkurses zurück, war aber immer irgendwie da und den Kursen verbunden.

Unsere Wege fanden lange nicht ganz zueinander, sie kreuzten sich jedoch immer wieder sehr intensiv. Wir studierten weit voneinander entfernt. Währenddessen gingen wir beide für einige Zeit ins Ausland. Was uns immer wieder verband und zusammenführte, war die gemeinsame Sehnsucht, die uns in Münsterschwarzach so verbunden hat. In unseren Zusammentreffen war immer ein großer Frieden. Wir spürten, dass wir uns sein lassen konnten, wenn wir beieinander waren, und uns verband ein großes Interesse füreinander. Am Anfang trafen wir uns zusammen mit Freunden zur Jugendvesper oder den Kursen, später besuchten wir uns. Es wurden immer wieder Briefe geschrieben, aber wir gingen immer getrennte und sehr unterschiedliche Wege. Holger war ein großer Freund, aber ich konnte mir einfach nicht vorstellen, dass unsere so unterschiedlichen Wege zusammenpassten. Nach dem Ende meines Studiums ging ich bald nach Stuttgart und fand dort in einem Verlag meine erste Anstellung. Zuvor hatte ich beim Vier-Türme-Verlag in Münsterschwarzach ein Praktikum gemacht und traf natürlich auch Anselm wieder. Ich durfte ihn auf einer Vortragsreise begleiten und erlebte ihn bei seiner Arbeit.

Nach einer langen Zeit, in der wir keinen Kontakt hatten, lag eines Tages auf meinem Schreibtisch in Stuttgart ein Brief. Holger hatte mich wieder ausfindig gemacht. Er hatte in Berlin eine Firma gegründet und ein altes, renovierungsbedürftiges Gutshaus gekauft. Ich ging völlig in meiner Verlagsarbeit als Lektorin auf. Durch ein Missverständnis stand er dann wenig später vor meiner Tür in Stuttgart. Alles war anders. Es war Liebe. Doch unsere Leben liefen noch immer weit voneinander entfernt ab, so unterschiedlich wie eh und je. Bald waren wir verlobt, wir wollten heiraten – doch wo? Unser erster gemeinsamer Gedanke war Münsterschwarzach, dort, wo alles begann. Es wäre auch möglich gewesen, aber wir sollten trotz langem Suchen einfach keinen Ort finden, an dem wir mit unseren Gästen hätten feiern können. Letztlich entschieden wir uns für unsere große Baustelle, das Gutshaus südlich von Berlin. Doch uns fehlte beiden dabei Münsterschwarzach, und an einem

Sonntagnachmittag kam uns die verwegene Idee, einfach Anselm zu fragen, ob er mit uns unseren Traugottesdienst in der neuen Heimat Brandenburg feiern würde. Sein Ja war schnell und klar. Wir waren froh und dankbar. Eine Woche nach Ostern, 14 Jahre nach unserem Kennenlernen, heirateten wir. Das Ostern vorher verbrachten wir beide in Münsterschwarzach. Die Aufregung der Hochzeit hatte allerdings ihre Vorwehen: eine völlig unfertige Baustelle und zwei völlig verschiedene Familienwelten, die plötzlich aufeinanderprallten. Aber mit dem Gottesdienst waren wir uns einig. Anselm verbreitete für uns ruhige Gelassenheit und geistliche Heimat. Das gegenseitige Ja war da. Voll und ganz und vor Gott.

Heute erleben wir und leben wir nach sieben Jahren Ehe immer wieder große Hoch- und Tiefzeiten wegen unserer Unterschiedlichkeit, aber wenn wir an unseren gemeinsamen Grund und unsere Wurzeln gehen, spüren wir tiefe Einigkeit und Frieden. Und diese Wurzeln liegen eben sehr nahe bei Anselm und der Gemeinschaft der Mönche von Münsterschwarzach.

Schluss

Zum Abschluss möchte ein Erlebnis erzählen, das mir heute noch ein kleines inneres Fest ist: In meinem Internat war ich als Christin ziemlich allein auf weiter Flur, und wenn man in den Jahren bis zu meinem Abitur dort mitbekam, dass ich zu Ostern, Silvester oder einfach zur Jugendvesper in das weit entfernte Kloster fuhr, konnte das keiner einordnen. Bald hieß ich mit einem breiten Grinsen die »fromme Claudia«, obwohl Münsterschwarzach für mich mit allem zu tun hatte, nur nicht mit Frommsein. Aber alle Versuche, das zu erklären, mussten scheitern. Am Ende habe ich sogar einen Freund, der nicht getauft, aber sehr interessiert war, mitgenommen. Das Erlebnis hat uns sehr verbunden.

Mit dem Rundfunkjugendchor des Mitteldeutschen Rundfunks habe ich bald nach der Wende auf den vielen Konzertreisen den Westen Deutschlands bereist, was unglaublich aufregend und schön war. Ich hatte immer viel zu Hause zu erzählen. Im Chor gab es nun die Regel, dass man sich zu seinem Geburtstag ein Buch aussuchen durfte. Darin bekam man dann eine Widmung mit der Unterschrift unseres Chorleiters Prof. Dr. Friedrich Krell, der schon viele Jahre vor der Wende den Chor leitete und als systemkonform gesehen werden konnte. Überhaupt war die Schule vor der Wende ein Aushängeschild im sehr geregelten Umgang mit Kunst und Musik für die DDR gewesen, was zumindest für den hohen musikalischen Anspruch berechtigt war. Jedenfalls wünschte ich mir nach einem meiner Münsterschwarzacher Jugendkurse zum Geburtstag die Kleinschrift »Tiefenpsychologische Schriftauslegung« von Anselm Grün. Zweimal versuchte man, mir das Buch auszureden, nach dem Motto: Du darfst dir ein richtig schönes Buch wünschen, dieses ist doch sehr klein und überhaupt wohl eher ein Fachbuch, vielleicht interessiert dich ja auch etwas Belletristisches oder etwas aus dem Musikbereich? Ich wollte aber eben genau dieses Buch, und ich versicherte ihnen, dass genau das mich sehr interessieren würde. Man gab kopfschüttelnd auf. Zu gerne wäre ich Mäuschen gewesen, als unser Chorleiter seine Widmung hineinschrieb. Ich bekam mein Buch und freute mich ehrlich. Heute halte ich es als kleine Rarität heilig.

FREDDY DERWAHL

Die Sprache der Sehnsucht

Nachts unterwegs mit Anselm Grün

Seine beste Zeit war die Nacht. Dann saß er am Steuer seines klapprigen Golfs und begann zu erzählen. Am Spiegel baumelte ein Rosenkranz, im Seitenfach eine Plastikflasche mit Wasser, die einzige Wegzehrung. Ringsum die grellen Lichtstreifen deutscher Autobahnen, Eile in der Dunkelheit, auf- und abblendende Scheinwerfer, rote Warn- und Blinkerzeichen. Pater Anselm fühlte sich wohl auf diesen Strecken, die ihn im Umkreis von 300 Kilometern zu seinen Vorträgen führten. Die 90 Mitbrüder in der Abtei Münsterschwarzach hatte er bereits vor der Vesper verlassen, zweimal die Woche war er unterwegs. Keine Reiselust trieb ihn an, eher so etwas wie heilige Pflicht, einer sonderbaren Berufung folgend als kontemplativer Mönch ein rekordverdächtiger Wandervogel und weltweit begehrter christlicher Botschafter zu sein. Mitten im Gebetsleben die Menschen erreichen, sie teilnehmen lassen an dem, was in der klösterlichen Stille sein Herz bewegt. Intime Lebenserfahrungen als Lebenshilfe für die anderen.

Die langen Fahrten waren wie Vorspiele, waren wie Anläufe zu einem Solo, das man weder Rede noch Predigt nennen kann. Selbst Vortragsabend ist zu harmlos. In dieser Unbestimmtheit liegt vielleicht die Faszination seiner Präsenz in Kulturzentren, Mehrzweckhallen und Dorfsälen. Sie ist demütig und stark, auch hat sie etwas Verführerisches, geht es doch um Annäherungen an Heil und Heilung. Wer schafft das schon? Wer wagt sich noch völlig ehrlich an diese riskanten Zonen heran? Die nächtliche Autobahn mit ihren vorbeihuschenden Hinweisschildern war die spannende Route in diese spirituelle Region, das Auto seine Eremitage. Am Steuer kam er in Form. Stieg er ein, war er sich seiner Sache sicher, weder Gepäck noch Proviant, keine Handtasche, kein Redetext, aber eine Spur Vorfreude. Oben in den vier Türmen schlugen die Glocken. Ein Kreuzzeichen, ein Stoßgebet, dann gab er Gas.

Auftritte von Anselm Grün fußen auf einer federleichten Disziplin. Das ist sein Anspruch: Er kommt und geht als Mönch. Die Begrüßungskomitees und Honoratioren stehen ratlos. Die Bemerkung eines Gastgebers, der Herr Bürgermeister sei übrigens Mitglied der CDU, ignoriert er. Die Platten mit belegten Sandwiches rührt er nicht an. Weder Bier noch Wein noch Säfte. Die Anfahrt ist so arrangiert, dass kaum Zeit für Floskeln bleibt. Die Einladungen zu einem Nachtessen »mit regionalen Spezialitäten« schlägt er aus. Er kommt nicht als Stargast und lässt die Bezeichnung »Guru« für sich nicht gelten. Arm, keusch und gehorsam wie seine Konfratres möchte er sein. Auch außerhalb der Klausur herrscht die Regel des heiligen Benedikt: *Nichts anderes suchen als Gottes Barmherzigkeit*. Viel unprätentiöse Demut, da gibt es keine Kompromisse. In wenigen Stunden, um fünf in der Frühe, möchte er zur Vigil wieder im Mönchschor stehen und zwischen den Psalmen vom Gott der Zärtlichkeit und Freund der Menschen nicht einnicken.

Natürlich ist er mit seinem langen Bart, den über die hohe Stirn gekämmten Haaren und der spitzen Nase unübersehbar ein Markenzeichen. Gleich umringt und mit Zurufen der Fangemeinden bedacht, antwortet er mit einem feinen Lächeln. Manchmal entsteht der Eindruck, dass er sich hinter diesem Lächeln zurückzieht wie in ein Refugium. Weit davon entfernt, ein Schmunzeln oder Grinsen zu sein, ist es seine Art der Zurückhaltung mit anderen Mitteln. Die *discretio*, die bescheidene Präsenz und stille Aufmerksamkeit, spielt in seinem Orden eine herausragende Rolle. Pater Anselm beherrscht sie in Perfektion. Sie rettet ihn vor fraternisierenden Umarmungen. »Warm« werden mit ihm nur die wenigsten, dafür ist er auch nicht gekommen. Dieses Lächeln schafft eine kleine Distanz, die er sich bewahren will. Von Tausenden umringt möchte er nicht zum Superstar missraten. Er sucht die Stecknadelstille aufmerksamer Zuhörer und nicht den Lärm von Schlachtenbummlern, mögen ihn die Verehrerinnen am Signiertisch auch noch so bestürmen.

Der Mönch schafft sich auf Anhieb Gehör, das *recto tonus* seiner Worte klingt verlockend, das Publikum folgt gebannt. Seine Kunst ist die Kunst der Einfachheit. Wesentliches nicht als intellektuelles Abheben, sondern als Einladung zur Nähe. Was er in anderthalb Stunden sagt, kommt ohne rhetorisches Crescendo aus. Keine Spekulation auf Beifall oder Emotionen. Seine Spiritualität ist sachlich, sie entstammt der *nepsis*, einer Spielart uralter mystischer Nüchternheit. Auch jongliert er nicht mit dem Zettelkasten eines angelesenen Wissens, mit Zitaten weiß er hauszuhalten. Dann kommen sie im richtigen Moment und wirken umso stärker. Im großen Publikum bleibt niemand allein. Das ist das »Phänomen Anselm Grün«: Zu Suchenden sprechen mit dem Ausblick auf den ersehnten Ort. Er ist solidarisch mit den von Politik, Kultur und Kirche Alleingelassenen, an den Rand Gedrängten und Verstoßenen. Er hat den Mut, auf unsicherem Gelände ein Stück voranzugehen. Nicht verurteilen, möglichst verstehen. Er singt nicht laut in den sterbenden Wäldern der säkularen Welt, doch scheint er zu wissen, wo die Lichtungen liegen. Seine Worte wirken wie die lang ersehnte Alternative zur dröhnenden Hochkultur des Amüsierens. Bußpredigten à la Savonarola sind ihm allerdings völlig fremd. Er will nicht nur, er verbreitet Hoffnung. So ist er kein Freund kämpferischer Apologetik, der missionarisch aus einem trauten Fundus schöpft. Wenn man ihn besser kennt, beginnt man zu ahnen, dass er von Lebenserfahrungen berichtet, ohne Namen, Daten und Details zu nennen. Sensibilität und selten gewordene Glaubwürdigkeit gehen von Bruder Anselm aus. Leise hält er sein Herz auf offener Hand. Es ist ein sehr väterliches Herz, seine Zuhörer spüren das sofort.

Als wir uns zum ersten Mal in seinem chaotischen Büro begegneten, wirkte der weltbekannte Bestsellerautor wie ein schüchterner Musterschüler. Obwohl ich ihn persönlich nicht kannte, hatte er mich als sein Biograf ausgesucht; meine im Refektorium vorgelesenen Bücher über Johannes XIII. sowie das Doppelportrait von Benedikt XVI. und Hans Küng ließen ihn aufhorchen. Gleich betonte er, dass er keine Hagiografie wünsche, schon waren wir einer Meinung. So wurde er für lange Monate mein Gegenüber. Zunächst etwas zögerlich mit der ihm eigenen Reserve, dann zunehmend vertrauter, weil er verstanden hatte, dass ich zwar »alles« über ihn wissen, doch nicht unbedingt niederschreiben wollte. Was er mir tagsüber in unseren zweistündigen Gesprächen verschwieg, erzählte er nachts, wenn wir in alle Himmelsrichtungen ausschwärmten. Manchmal fragte ich erstaunt, weshalb er dies oder jenes noch nicht gesagt habe, doch dann war da nur sein mönchisches Lächeln, das um Nachsicht bat.

Müsste ich in strenger Kurzfassung sagen, wer Pater Anselm Grün für mich ist, würde ich ohne langes Abwägen antworten: »Ein Mönch, der es geschafft hat, den Zeitbruch in Kirche und Gesellschaft gut zu überleben.« Dass dem 1945 Geborenen dabei nichts erspart blieb, lag gewiss nicht an seinem forciert katholischen Lebenslauf. So schnurgrade wie er sind damals nur die wenigsten ins Kloster eingetreten. Seit Kindertagen war alles evident, die frühe Trennung vom Elternhaus tat nur einmal, zu Weihnachten, weh. Doch nicht nur das: Nachbarn folgten ihm in die Abtei an der Mainbiegung, seine Tante, die Nonne Synkletika Grün, förderte seinen Weg mit glühenden Briefen, sein Onkel, Pater Sturmius Grün, ebenfalls Mönch in Münsterschwarzach, wurde zu seinem persönlichen Berater, nichts anderes im Sinn, als den unsicheren Kandidaten bei der Stange zu halten. So ist dem Novizen die existenzielle Erschütterung zunächst erspart geblieben. Dem Wohlbehüteten, der schon als Kind auf Tische und Stühle kletterte, um zu predigen, dem frommen Messdiener und fleißigen Klosterschüler war jedoch nur ein gnädiger Aufschub gewährt. Umso heftiger brachen die Folgen des Zweiten Vatikanischen Konzils, das er als Student in der Ordenshochschule Sant' Anselmo in Rom aus nächster Nähe verfolgte, über den Anfänger herein. Sein betagter Abtprimas Kardinal Gut war überfordert. Ein Foto zeigt Anselm im Vatikan bei einer Audienz neben Papst Paul VI.: lächelnd zwar, doch an sich ebenso ratlos wie der Heilige Vater.

Nichts sollte mehr so sein, wie es einmal war. Hinter hohen Klostermauern brach die selbstverständliche Sicherheit in sich zusammen. Die einschneidenden Reformen der Liturgie und der Ordensobservanzen provozierten unter den Brüdern Zwist und Misstrauen. Besonders schmerzte die Flut der Austritte. Die stolzen Reihen lichteten sich, Vorbilder verließen im Schutz der Nacht die Abtei, meist wartete an der Pforte eine Frau. Angst ging um, und die noch Verbliebenen fragten: Wer wird der Nächste sein? Der verunsicherte Anselm war höchst gefährdet, er spürte die Nähe des »Feindes«, der durch die Idylle des Kreuzgangs schlich und drohte, auch an ihn Hand anzulegen.

Die Rettung aus der Krise kam aus dem Herrgottswinkel Todtmoos-Rütte im Hochschwarzwald, in den 70er-Jahren ein Geheimtipp alternativen Geisteslebens. In dieser Zeit der Ungewissheit und der Flucht in eine vermeintlich alles bietende Welt, leiteten im »Herzlhaus« der Psychotherapeut Karlfried Graf Dürckheim und die bisweilen als »Hexe« belächelte Psychologin Maria Hippius eine »Existenzial-psychologische Bildungs- und Begegnungsstätte«. Für das in Seenot geratene fränkische Kloster und die beim erstaunten Grafen andockende siebenköpfige Mönchsgruppe unter dem späteren Abt Fidelis Rupert ein Ort der Umkehr. Man nannte sie »die Räubersynode«, eine Art »junger Wilder«, die im depressiven Münsterschwarzach nicht bereit waren, inmitten der Austrittswelle zu verkümmern.

Jetzt traten sie an gegen die »Verbürgerlichung«, die sich in den Klausuren breitmachte. Da lag etwas Neues in der Luft: der Kirchenfrühling des guten Papstes Johannes, die Blumenkinder der Hippie-Welle, die Forderung, »das Unmögliche zu versuchen« auf den Barrikaden im Mai ’68, der grüne Durchbruch für den Schutz der Schöpfung. Der friedfertige Anselm liebt diese antibourgeoise Front und gibt ihr eine religiöse Dimension. Da ist ein Hauch Avantgarde, die er sich bis in sein 70. Lebensjahr bewahrt hat. Nachts, unterwegs bricht es aus ihm heraus: zurück zu den reinen Quellen des Christentums und seiner 2000-jährigen Spiritualität. Da fühlt er sich solidarisch mit dem *aggiornamento* der Pioniere in der Konzilsaula, dem Erwachen der jungen Kirchen in der Dritten Welt oder etwa dem Aufbruch der ökumenischen Bewegung um Frère Roger Schutz vor der Kreuzesikone in Taizé. Traditionelle Begriffe wie »Heiliger Geist« oder »Gemeinschaft der Heiligen« erhalten eine neue Dynamik. Das Mysterium kennt keine »Strukturkrise«. Es ist der verhüllte Heimatort ewiger Herrlichkeit. Kein anderer Wunsch, als sich ihm zu nähern.

Die Entdeckung des Wüstenvaters Pachomius lehrte die zum Grafen geeilten Brüder ein ursprüngliches, spannendes Mönchtum: Dämonenkämpfe an Orten metaphysischer Intensität und zugleich die milde Weisheit der Alten. Selbst das Zölibat, das so manchen Zögernden quälte, erhielt wieder einen Sinn. Anselm kam nicht als Therapiefall nach Todtmoos, sondern als lernbereiter Gesprächspartner. Es begann eine abenteuerliche Wende. Sie entstand aus den stillen Übergängen der Mystik ägyptischer Mönche, der uralten Rituale fernöstlicher Religionen und dem 20-bändigen Werk des »Meisters der Psychoanalyse«, C. G. Jung. Der Einsiedler Antonios vermochte bereits im vierten Jahrhundert diese Orientierung in einem Spruch vorwegzunehmen: »*Keiner kann unversucht in das Himmelreich eingehen. Nimm die Versuchung weg, und es ist keiner, der Rettung findet.*« Hier treffen sich die befreiende Sanftmut der Orientalen, Benedikts demütige Regel und die profunden Einblicke des Schweizer Professors. Den Menschen wird die Last des Daseins genommen. Gegen diese Liebe sind die Raffinessen der Verlockung machtlos. Starke Hoffnung gegen die tobende »Welt«. Der Allesleser Anselm findet, umgarnt vom Wust philosophischer Negation und fahnenflüchtiger Theologie, Worte des Heils. Die Abgrundtiefe eines Brunnens und die Leichtigkeit der Engel. Väterlicher Trost für die Heimkehrenden aus der Verirrung. Weg, Wahrheit und Leben. Christus, der Retter. Das Jesus-Gebet, die Sprache der Sehnsucht.

SCHWESTER CHRISTIANE SARTORIUS

Immer auf Augenhöhe

Seit mehr als 40 Jahren begleitet mich Pater Anselm Grün. Das erste Mal sind wir uns 1971 begegnet, als er sich während der Arbeit an seiner Promotion für vier Wochen in unser Kloster in Neustadt zurückgezogen hatte. Innerhalb des Klosters war er aber gar nicht so sehr zurückgezogen: Er feierte jeden Tag die Eucharistie mit uns. Ich war damals Sakristanin, und so hatten wir also täglich in unserer Arbeit miteinander zu tun.

Man muss sich das vorstellen: Damals war er nur den Menschen in seiner allernächsten Umgebung bekannt, es war kurz nach seiner Priesterweihe. Ich hatte im gleichen Jahr meine Einkleidung. Wir waren also beide nichts anderes als junge, eifrige Ordensleute mit vielen Plänen und noch mehr Fragen, über die wir miteinander sprachen. Pater Anselm war in seiner bescheidenen Art ganz offen für meine Fragen: Wie geht das mit der Gottes- und Nächstenliebe? Wie ist das wirklich zu verstehen mit der Erlösung durch das Kreuz? Das war kein eigens angesetztes Einzelgespräch, sondern wir sprachen miteinander, wo es sich gerade ergab: auf dem Flur, wenn es irgendwo Wartezeiten gab, am Rande unserer sonstigen Arbeit.

Irgendwann hat er mir einen Teil von seiner Doktorarbeit zum Lesen gegeben. Ich fand seinen Ansatz sehr nachvollziehbar, sagte aber, nicht ahnend, wie bestimmend genau dieser Punkt für sein weiteres Leben sein würde: »Wenn du in Zukunft schreibst, dann bitte einfach, damit dich auch die Menschen verstehen können, die keine Theologie studiert haben.« Dass er wenig später anfangen würde, genau das zu tun, und dass er damit so unglaublich viele Menschen erreichen würde, hätte ich mir nicht vorstellen können. Auch für ihn war dieser Gedanke weit weg. Aber ich hatte das Gefühl, was er sagte, hatte Gewicht und Bedeutung. Heute muss ich lächeln, wenn ich daran denke, dass ich damals seine handschriftlichen Aufzeichnungen zu den Predigten gesammelt habe wie einen Schatz.

Von da an hat er mich nicht nur als Freund, sondern auch als geistlicher Gesprächspartner begleitet bis weit in die 1980er-Jahre hinein. Auch bei meiner ersten Profess (1973) und meiner Ewigen Profess (1978) war er dabei und hat bei beiden Gelegenheiten die Eucharistie mit uns gefeiert und die Festpredigt gehalten. Für mich wurden diese Begegnung und dieser Gesprächszusammenhang prägend für mein ganzes Ordensleben. Ich wurde mit dem Jesus-Gebet vertraut und lernte, im Alltag »in der Gegenwart Gottes« zu leben. Ich entdeckte die Kraft der Rituale für mich und durfte immer wieder erleben, dass sie mir halfen, als Ordensfrau lebendig zu bleiben.

Als er mir in den 1980er-Jahren erklärte, ich müsse mir einen neuen geistlichen Begleiter suchen, wenn ich weiter geistlich wachsen wolle, hat mich das im ersten Moment sehr schockiert. Dass er seine Prioritäten auf einmal anders setzte und mir dasselbe riet, obwohl ich mich dafür noch gar nicht bereit fühlte, war sehr schmerzhaft. Aber dann habe ich doch verstanden, wie klug sein Rat war und wie recht er hatte. Was sich zuerst wie ein bitterer Verlust anfühlte, war ein Anstoß, meinen ganz eigenen Weg weiterzugehen. Und bis heute bin ich von tiefer Dankbarkeit erfüllt, dass ich ihm damals, in dieser frühen Zeit, und auch später immer wieder begegnen durfte. Es hat Zeiten gegeben, da war er für mich wie ein »großer Bruder«. Mein Leben wäre ohne diese Begegnungen nicht das, was es heute ist.

In einer schwierigen Situation sind wir uns dann wieder begegnet. 1991 bis 1994 machte ich eine Ausbildung in klinischer Gestalttherapie, die mich außerordentlich forderte. Die Konfrontation mit der säkularen Welt, mit all dem Neuen, Ungewohnten, das zu meinem spirituellen Leben kaum zu passen schien, verwirrte mich sehr und machte mir so sehr zu schaffen, dass ich sogar ans Aufgeben dachte. Ich wollte doch alles richtig machen! Und jetzt hatte ich das Gefühl, dass gar nichts mehr richtig war. Es war eine echte Krise, die mir auch große Angst machte.

In dieser Situation fiel mir irgendwann Pater Anselm ein, mit dem ich eine Weile gar keinen Kontakt mehr gehabt hatte. Ich rief ihn spontan an, ohne Sorge, mich kleinzumachen oder meine Freiheit einzubüßen. Er machte gerade Urlaub irgendwo im Steigerwald – und reagierte auf meinen Anruf mit der Einladung, dorthin zu kommen. Bei einem Spaziergang durch die Natur hörte er mir aufmerksam zu und teilte seine Gedanken mit mir. Er nahm mich ernst, er gab mir kein fertiges Rezept, sondern ließ mich selbst Gedanken und Wege entwickeln, wie es weitergehen konnte. Anschließend feierten wir an einem einfachen runden Tisch gemeinsam die Eucharistie. Und wie selten zuvor erlebte ich, dass das, was da geschah, ganz nah mit mir zu tun hatte, dass es nicht hoch und weit weg vorn am Altar geschah, sondern hier, bei uns, und ich war Teil davon. Alles, was vorher besprochen worden war, hatte darin Platz. Dann gab es noch eine einfache Brotzeit, er packte seine Sachen zusammen, ich fuhr ihn in die Abtei und machte mich dann auf den Weg zurück in meinen Alltag. Der hatte sich nicht verändert, war nicht weniger schwierig als vorher – aber ich war wie verwandelt. Ich war gestärkt und hatte meine innere Klarheit wiedergewonnen.

Eine weitere Begegnung in den 1990er-Jahren hatte dann mit einem gemeinsamen Buchprojekt zu tun. Zu dieser Zeit gehörte Pater Anselm schon zu den meistgelesenen Autoren in Deutschland, und so dachte ich im ersten Moment, er mache einen Scherz, als seine Anfrage an mich kam, und nahm sie gar nicht richtig ernst. Er ließ aber nicht locker, und schließlich begriff ich, dass es ihm wirklich wichtig war, mit mir zu arbeiten. Selbstverständlich ging ich darauf ein und habe es nie bereut. Das gemeinsame Suchen rund um das Thema »Dem

Himmel zur Ehre – der Erde zum Zeichen. Menschliches Reifen im Ordensleben« war eine gute Erfahrung. Für mich war es faszinierend zu sehen, wie er – inzwischen ein bekannter Autor – mir mit seinem Laptop gegenübersaß und meine Gedanken in Texte verwandelte. Wir sprachen miteinander, rangen um Fragen und Antworten, tauschten Gedanken aus, und er schrieb. Wenn er mir dann ein paar Tage später einen Ausdruck zum Korrigieren schickte, war ich immer vollkommen fasziniert, wie schnell und präzise er das Wesentliche erfasste und in Worte kleiden konnte. Seltsam, wenn ich mir überlege, von wie vielen Menschen das Buch inzwischen gelesen worden ist und dass es sogar in andere Sprachen übersetzt worden ist.

Schließlich führte uns der Weg nach der Jahrtausendwende noch einmal in die Zusammenarbeit. Von 2004 bis 2010 war ich Teil des Teams im Recollectio-Haus der Abtei Münsterschwarzach. Ich hatte mir sehr gewünscht, eine neue Tätigkeit zu finden, und hatte ihn gefragt, ob er nicht etwas wüsste. Dann erzählte er mir, im Recollectio-Haus würde eine Stelle frei. Auch dies war eine fruchtbare Zeit des Austauschs und des gemeinsamen Suchens, Denkens und Schaffens. Ich erinnere mich gern daran zurück. Und manchmal vermisse ich diese Zeit.

Eins war all diesen Begegnungen von Anfang an gemein: Pater Anselm war nie der »Überlegene«. Er nahm meine Fragen, mein Hinterfragen, meine Gedanken und Überlegungen stets sehr ernst und gab mir das Gefühl, auf der richtigen Spur zu sein. Er blieb immer auf Augenhöhe, bescheiden und unaufgeregt. Im Recollectio-Haus war er immer ganz einfach ein Teil des Teams. Wöchentlich kam er auf eine Tasse Kaffee vorbei, manchmal gerade von einer langen Autofahrt zurückgekehrt, manchmal nach einer Auslandsreise: Anselm, der Mensch, der auch mal müde oder zornig ist oder sich richtig freut. Anselm ohne Scheinwerferlicht. Er kam meistens am Ende der Mittagspause, bevor wir wieder in die Arbeit einstiegen: eine halbe Stunde Erzählen, was gerade ist. Sorgen, Ärger, Enttäuschungen, Freuden – alles hatte in dieser halben Stunde Platz. Wir hatten immer das Gefühl, jetzt, in diesem Moment sei für ihn nichts wichtiger als dieses Gespräch. Seine »Berühmtheit« und die starke Nachfrage nach seiner Begleitung haben ihn dagegen nie besonders beeindruckt. Vielleicht liegt genau darin das Geheimnis seiner Person.

HANS-JÜRGEN HUFEISEN

Harmonie

Gib dem Himmel Luft, und es wird wirklich
und wahrhaftig Musik erklingen.
Johannes Kepler, aus »Weltharmonik«

Lieber Anselm,

es ist Frühling 1996. Zum ersten Mal treffen wir uns. Ich frage dich, ob ich dich für ein gemeinsames Projekt gewinnen kann, das mir sehr am Herzen liegt. Du sagst Ja. Unsere Zusammenarbeit beginnt am 9. Juli 1996 anlässlich der Liturgischen Tage im Kloster Maulbronn. Es sollte die erste von unzähligen Veranstaltungen und kreativen Projekten sein, die bis heute Anklang finden.

Auf den Straßen der Menschen

Unsere gemeinsamen Konzertmeditationen seit 1996 habe ich nicht gezählt. Doch das sind die Themen, die uns bewegen: »Die Osterfreude auskosten«, »Du bist ein Segen«, »Mein Schutzengel«, »Sinfonie der Engel«, »Das Göttliche Kind in dir«, »Marienlieder«, »Weihnachtsengel«, »Abendsegen«, »Wunden zu Perlen verwandeln«, »Der Seele Raum geben – Heil werden mit Hildegard von Bingen«.

Ich erinnere ich mich gut an die vier Kirchentage und die wunderbaren Themen, die wir setzten: 2001 in Frankfurt, 2003 beim Ökumenischen Kirchentag in Berlin, 2005 in Hannover und 2007 in Köln. Es ist ja nicht selbstverständlich, als Benediktiner auf einem Evangelischen

Kirchentag eine Bibelarbeit zu halten. Es sollten neben den Konzertmeditationen an den Abenden nur zwei morgendliche Bibelarbeiten sein, in Hannover und Köln. Deine Kölner Bibelarbeit hatte es in sich. Alles war bestens vorbereitet. Text und Musik, dachte ich, würden sehr gut miteinander spielen und harmonieren. Ich freute mich. Doch es sollte anders kommen: Auf der Bühne stand kein Klavier. Und es sollte auch seitens des Kirchentags keines gestellt werden, »denn es geht ja um eine Bibelarbeit und nicht um eine musikalische Veranstaltung«. Das wurde mir an diesem Morgen von der Geschäftsleitung des Kirchentages am Telefon mitgeteilt. Mein Ärger und meine Enttäuschung waren groß: »Diese verkopften Protestanten haben es noch immer nicht kapiert.« Und so entschloss ich mich, ohne den Pianisten und nur mit der Flöte den Dialog zur Bibelarbeit mit dir zu gestalten. Ich warf alle Vorbereitungen und Noten über Bord und gab mich einfach dem Augenblick mit der Improvisation hin.

An diesem Morgen des 8. Juni 2007 trafen deine Einstiegsworte zur Bibelarbeit (1 Jeremia 23,16–32) genau meinen verärgerten Zustand. Deine Worte von damals: »Als ich zum ersten Mal den Abschnitt aus dem Propheten Jeremia zur heutigen Bibelarbeit las, habe ich mich geärgert. Warum so ein sperriger Text? Und kann dieser Text nicht von all denen missbraucht werden, die diesen pessimistisch sehen und die überall gegen Theologen wettern, die die Botschaft Jesu in einer anderen Sprache verkünden? Als ich meinen Ärger ansah, fiel mir das Wort des heiligen Augustinus ein, der vom Umgang mit dem Wort der Bibel sagte: ›Das Wort Gottes ist der Gegner deines Willens, bis es der Urheber deines Heiles wird. Solange du dein eigener Feind bist, ist auch das Wort Gottes dein Feind. Sei dein eigener Freund, dann ist auch das Wort Gottes mit dir im Einklang.‹«

An diesem Morgen verwandelte sich mein Ärger in eine kreative Kraft. Zwischen uns beiden entstand ein einmaliger Dialog, spontan, kraftvoll und frohmachend. Welche Momente! Dafür sage ich dir einfach Danke.

Entstanden sind auch einige CDs mit deinen Texten und meiner Musik. Die ersten Aufnahmen zu »Die Osterfreude auskosten« und »Du bist ein Segen« eröffneten eine für mich ungewöhnliche kreative Phase. Deine Worte inspirierten die Töne und den Klang meiner Flöten ganz besonders. Ich begann damals, eine neue spirituelle Dimension in der Musik zu entdecken.

Im Jahr 2006 entstand das Marienkonzert. Bis dahin hatte ich keinen besonderen Zugang zu Maria. Ich bin ja auch evangelisch, und da hat man es nicht so mit Maria. Nun sollte ich mit dir zusammen genau zu diesem Thema eine Meditations-CD gestalten. Du legtest mir zwölf Marienlieder auf den Tisch. Ich muss zugeben, ich kannte sie bis auf zwei überhaupt nicht. Zum Glück ist mein Pianist Oskar Göpfert der katholischen Tradition verbunden. Er spielte mir die Melodien auf dem Klavier leidenschaftlich vor. Genau das war es: die Leidenschaft. Oskar Göpfert ging in diesen schlichten Melodien auf. Er berührte mit den Tönen dieser Lieder eine andere Welt. Vielleicht ist in ihnen eine Tür zum Himmlischen versteckt. Diesem Geheimnis musste ich nun auf die Spur kommen. Entstanden sind zwölf Melodiemeditationen zu deinen Marienbetrachtungen. Noch heute bin ich dir dankbar für diese für mich ungewöhnliche Aufgabe. Und das entdeckte ich: Die Marienlieder sind kleine Kostbarkeiten, die es gilt zu bewahren. In den so kleinen Musikwerken steckt eine große spirituelle Erfahrung. Die Lieder machen das Leben hörbar. Die Seele erlangt eine Öffentlichkeit. Ich bin inzwischen Marienliederfan geworden, und von einem Lied bin ich ganz besonders angetan: »Ave Maria zart, du edler Rosengart«. Die Melodiemeditation, die ich dazu schuf, ist nichts anderes als ein musikalischer Rosengarten.

Du bist

Danke, Anselm! Du bist für mich: ein authentischer Poet – deine Gedanken malen himmlische Bilder auf dieser Erde. Ein kreativer Troubadour – deine Bücher sind liebende Melodien. Ein geduldiger Fernfahrer – auf den Straßen der Menschen, da bist du. Ein wahrer Zuhörer – fragende Augen schaust du an. Ein priesterlicher Mönch – du verteilst großzügig den Segen Gottes. Ein guter Freund – du bewegst Geheimnisse in deinem Herzen. Ein spiritueller Barde – deine Worte sind wie heilende Töne einer keltischen Harfe.

Die vier Saiten deines Instrumentes

Letztens hast du mir gesagt, dass du dein Violoncello aus der Ecke geholt und wieder angefangen hast, Musik selbst zu spielen. Vielleicht ergibt sich es sich, dass du mehr Zeit für dein Instrument hast. Anlässlich deines Festtages widme ich dir die Musik »Ruhe hat Raum«. Und die vier Saiten deines Instruments mögen dich stets daran erinnern: Die erste Saite mag für Luft stehen, die Leichtigkeit deiner Gedanken. Die zweite Saite für Feuer, die Kraft deines Geistes. Die dritte Saite für Wasser, die die Liebe in deinem Herzen erfrischt. Und die vierte Saite steht für die Erde, die Verlässlichkeit und Ruhe unter deinen Füßen.

Gib der Erde dein Ohr,
und es wird wirklich
und wahrhaftig Musik erklingen.

Gott segne dich.
Herzlich, dein Hans-Jürgen

Ruhe hat Raum

für

Anselm Grün

Abfolge: A – B – A – C – A

MARION KÜSTENMACHER

Ein Quadratmeter Grün in Frankfurt

Wann immer ich an Pater Anselm Grün denke, dann kommt mir nicht nur der christliche Bestsellerautor von gut 300 Büchern mit 14 Millionen weltweit verkauften Exemplaren in den Sinn, sondern auch eine Begegnung mit ihm Mitte der 1980er-Jahre bei der Buchmesse in Frankfurt. Ich arbeitete damals als Verlagslektorin für den evangelischen Claudius Verlag und hatte die Freude, mit neuen spirituellen Autoren wie Richard Rohr, Andreas Ebert, Matthew Fox oder Gerald May ein Programm aufbauen zu dürfen. Sie waren katholische Priester, evangelische Pfarrer oder Psychologen und vertraten jeder auf eigene Weise eine transkonfessionelle, gegenwartsbezogene Theologie beziehungsweise eine Psychologie, die das Feld der spirituellen Frage nicht wie Freud als erledigt abhakte. Im Gegenteil: Es gab eine neue Leidenschaft im Dialog zwischen Theologie und Tiefenpsychologie, und besonders die amerikanischen Autoren belebten den christlichen Buchmarkt deutlich. Ihre Sprache war weniger betulich, statt mit abgehobenem »Sonntagspredigtton« zu langweilen, konnten sie locker erzählen und aktuelle Themen mit überliefertem geistlichen Wissen verbinden.

Bei den Leserinnen und Lesern kam das an, und das motivierte mich, nach weiteren Autoren zu suchen. Nun kosten Auslandslizenzen und Übersetzungen immer eine Stange Geld, und nicht immer traf die amerikanische Sicht der Dinge unseren europäischen Geschmack. Mir fehlten also gute deutschsprachige geistliche Autoren, und ich hörte und sah mich fleißig nach ihnen um. Bei meinen Recherchen stieß ich auf zwei Bändchen der damals noch kleinen Münsterschwarzacher Kleinschriftenreihe, geschrieben von Anselm Grün OSB, die ich heute noch besitze und neben vielen anderen Büchern dieser Reihe in Ehren halte: Nr. 1 »Gebet und Selbsterkenntnis« und Nr. 19 »Einreden«. Anselm Grün schrieb schon damals eine schöne, ebenso klare wie einfache Sprache. Er erkannte als einer der Ersten die alten Wüstenväter und -mütter, die Mystikerinnen und Mystiker als frühe Psychologen der christlichen Tradition und ihre seelsorgerlichen Konzepte als noch heute taugliche und therapeutisch sinnvolle Heilungswege. Hier kam genau das zusammen, was Menschen heute als gute spirituelle Begleitung empfinden: eine klassisch gebildete, zugleich seelsorgerlich-menschenfreundliche Theologie und ein feines Gespür für angewandte Psychologie im Raum des Glaubens. Ich war begeistert und wollte ihn unbedingt sprechen. Zum Glück stand die Buchmesse bevor, und ich erfuhr aus Münsterschwarzach, dass Pater Anselm dort sein würde.

Wer einmal die größte Büchermesse der Welt besucht hat, weiß, wie wuselig es auf dem Jahrmarkt der Eitelkeiten in den Riesenhallen zugeht. Wie protzig sich manche Verlage auf riesigen Flächen präsentieren, wie Starautoren umringt und hofiert werden, wie snobistisch manche Verlagsladys hinter ihren Theken wirken, wie selbstverliebt der Kulturbetrieb sein kann, wie Geist, Show und Geschäft hier aufeinanderprallen und ungeniert miteinander kungeln – frei nach dem Motto: »Nur ein verkauftes Buch ist ein gutes Buch«. Naturgemäß waren die meisten Stände der christlichen Verlage in der Halle der Religion weniger großflächig und weniger opulent ausgestattet als die der weltlichen Verlage. Ich rechnete bei meiner Suche nach dem Stand der Münsterschwarzacher Mönche also nicht mit einem »Eyecatcher«. Als ich ihn dann aber glücklich gefunden hatte, war ich zugleich verblüfft und berührt von dem Bild, das sich mir bot. Er bestand, wenn ich mich recht erinnere, aus gerade ein mal einem Quadratmeter, der definitiv kleinsten Standfläche, die man bei der Messe mieten konnte. Darauf hatten Platz: ein schlichtes Holztischchen mit Prospektmaterial, ein drehbarer Verkaufsständer mit den ersten Münsterschwarzacher Kleinschriften und ein Stuhl.

Auf diesem Stuhl saß Pater Anselm Grün. Mitten im unüberschaubaren Gewühl und Stimmengewirr saß er da ganz alleine bei seinen Schriften, ohne verloren zu wirken. Im Gegenteil – er strahlte eine unerschütterliche Zuversicht, Ruhe und Präsenz aus. Natürlich bildete er schon optisch mit seinem schwarzen benediktinischen Mönchsgewand einen bemerkenswerten Kontrapunkt zum restlichen Verlagsvolk inmitten bunter Bücherberge. Aber die eigentliche Wirkung kam von innen: Er saß dort mit der gelassenen Selbstverständlichkeit eines kontemplativen Menschen, der überall in seiner Mitte ruhen kann, weil er seine Mitte in Gott gefunden hat. Novalis hat einmal gesagt: »Der Sitz der Seele ist da, wo sich Innenwelt und Außenwelt berühren. Wo sie sich durchdringen, ist er in jedem Punkte der Durchdringung.« Das bedarf einer Einübung, der kontemplative Menschen ihr ganzes Leben zu widmen bereit sind. Diese spürbare Durchdringung von Innen und Außen konnte man Pater Anselm schon damals ansehen. Sie verwandelte einen bescheidenen Quadratmeter Messehalle in ein spirituelles Planquadrat von bemerkenswerter Anziehungskraft und unser Gespräch in einen lebendigen Austausch über die Weisheit und Aktualität unserer christlichen Väter und Mütter. Ein Wermutstropfen blieb mir damals: Ich habe ihn nicht für meinen Verlag als Autor gewinnen können, weil er »seinem« Vier-Türme-Verlag treu bleiben wollte. Aber ich habe ihn als einen Meister im Zuhören erlebt, im wachen dialogischen Mitgehen, im inspirierenden Weiterführen von Gedanken, immer wieder begleitet von einer unterstützenden Gestik, die man auch heute noch an ihm beobachten kann: eine lebendige rechte Hand, die das offene, wertschätzende Umkreisen eines Themas ausdrückt, ohne die innere Sammlung aufzugeben.

Ich bin ziemlich sicher, dass Anselm Grün sich nicht mehr an diesen Moment erinnert. Muss er auch gar nicht. Er wird in seinem Gedächtnis andere für ihn eindrücklichere Begegnungen gespeichert haben. Wie viel ist seitdem auch geschehen! Heute präsentiert sich der Vier-Türme-Verlag aus meiner fränkischen Heimat mit einem wunderschönen Stand und einem breit gefächerten Programm auf der Buchmesse und darf sich zu den größten deutschsprachigen Ordensverlagen zählen. Anselm

Grün ist, wie jeder weiß, der meist verkaufte spirituelle Autor unserer Zeit und hätte heute keine Chance, auch nur eine Minute still auf einem Stuhl inmitten der Frankfurter Buchmesse zu sitzen, ohne dass er erkannt und angesprochen werden würde (es sei denn, er würde sich, einer heiteren Laune des Heiligen Geistes folgend, sein Mönchsvatermarkenzeichen, den prächtigen Bart, abrasieren und noch einmal sehen wollen, wie frei man sich jenseits von Ruhm bewegen kann ...).

Für mich ist es jedenfalls eine bleibende Freude, dass ich damals mit dem noch unbekannten etwa 40-jährigen Pater Anselm sprechen konnte und ihn auch heute noch im prominenten 70-jährigen Anselm Grün entdecke. Er ist ein lebendiges Beispiel dafür, wie man die Liebe zu Gott und den Dienst an seinen Mitmenschen auf höchst kreative und beständige Weise verbinden kann, wenn Gott Regie führen darf. Und so möchte ich mit Blick auf dieses reiche Leben und Wirken Anselm Grün voller Freude zum runden Geburtstag gratulieren und auch für die nächsten Jahrzehnte viel Schaffenskraft wünschen – getreu dem schönen Motto, das er selbst natürlich aufs Vorzüglichste verkörpert: »Du hast mehr Möglichkeiten, als du denkst; ganz zu schweigen von den Möglichkeiten, die Gott mit dir hat.«

Anselm Grün als Geschenk des Himmels

Werner Tiki Küstenmacher

FRANZ OTREMBA

Mit Anselm Grün auf dem »heiligen Berg« – ein unvergessliches Erlebnis

Durch einen Vortrag sowie einen Urlaub auf Sithonia wurde ich auf den Berg Athos aufmerksam und stellte mir einen Besuch dort zusammen mit Anselm Grün als absolutes »Highlight« vor. Ich las einige Bücher, unter anderem die »Stundentrommel vom heiligen Berg Athos« von Erhart Kästner, um mir einen persönlichen Eindruck zu verschaffen.

Der Athos liegt im Südosten der Halbinsel Chalkidiki und beherbergt heute in 20 Hauptklöstern, Skiten, Kellien und Einsiedeleien etwa 1900 Mönche, die dem christlich-orthodoxen Glauben angehören.

Die Klöster stehen auf der Denkmalliste der UNESCO als Weltkulturerbe. Die Mönchsrepublik ist autonom, das heißt, alle Angelegenheiten, die die Klöster gemeinsam betreffen, werden von der »Heiligen Gemeinschaft« (Hiera Koinotes) in der Hauptstadt Karyes geregelt. Diese Gemeinschaft setzt sich aus je einem Vertreter der Hauptklöster zusammen, den Vorsitz hat der Protos.

Ein über 1.000 Jahre altes Gesetz, das Frauen den Zutritt auf den Athos verbietet, gilt auch heute noch. Sein Ursprung liegt in einer Legende, die erzählt, dass die Gottesmutter nach einem Unwetter auf den Athos verschlagen worden sei und von dem Berg so begeistert war, dass sie ihren Sohn gebeten haben soll, ihr künftig diese Halbinsel als ihren Garten zu überlassen. Seitdem ist dieser Garten nur der Gottesmutter gewidmet und keiner anderen Frau zugänglich.

Nachdem Pater Anselm einwilligte, konnte die Planung beginnen. Die Flugtickets kosteten damals 780 DM pro Person und waren erheblich teurer als die heutigen Billigflüge nach Thessaloniki, zudem gab es nur wenige Fluggesellschaften, die diese Route überhaupt flogen.

Für die Planung und Auswahl der Wanderungen besorgten wir uns die Karte von Reinhold Zwerger, einem Österreicher, denn sie war die einzige mit eingezeichneten Höhenlinien, Wegen und Fahrstraßen zu den einzelnen Klöstern und Mönchsiedlungen.

Als Aufenthaltsgenehmigung und für die Einreise ist ein Diamonithirion erforderlich, das einen Besuch für vier Tage erlaubt. Dieses Schriftstück musste vorher in Thessaloniki beantragt werden und war für die Einreise mit dem Schiff zwingend erforderlich. Der Antrag war in Thessaloniki zu stellen. Dafür benötigte man Unbedenklichkeitsbescheinigungen, ausgestellt vom deutschen Konsulat, die zusammen mit den Pässen beim Ministerium für politische und kulturelle Angelegenheiten eingereicht werden mussten.

Die Einreisegenehmigung ist limitiert: Täglich erhalten nur 100 Orthodoxe und lediglich zehn Nichtorthodoxe dieses Dokument, das den Besuch des Athos ermöglicht.

Reiseteilnehmer: Pater Anselm Grün, Richard Rudert,
Volker Lorenz Grief, Franz Otremba

14.08.1996

Pater Anselm und Richard Rudert fliegen von München, Volker Grief und ich von Frankfurt aus nach Thessaloniki. Wir treffen uns gegen 13.00 Uhr am dortigen Flughafen. Nach der Begrüßung und voller Vorfreude beschließen wir, ein Taxi nach Ouranopolis zu nehmen, um keine unnötige Zeit zu verlieren, da an diesem Tag erst gegen Abend ein Bus fahren würde. Die zweistündige Autofahrt sind die Taxikosten von 150 DM wert, denn sie ermöglicht einen ersten Eindruck von der abwechslungsreichen Landschaft.

Wir finden in einer kleinen Pension eine Übernachtungsmöglichkeit. Anschließend genießen wir ein Erfrischungsbad im warmen Mittelmeer. Um die angestaute Spannung aufzulösen, machen wir vor dem Abendessen einen Spaziergang zur Landesgrenze zwischen Ouranopolis und dem Athos, die von Polizisten bewacht wird. Mehrsprachige Hinweisschilder warnen hier vor Grenzverletzungen.

In einem kleinen Restaurant am Meer genießen wir Moussaka und Rotwein und lassen die Abendstimmung am Strand der »Himmelstadt« auf uns wirken. In unseren Gesichtern spiegelt sich die freudige Erwartung auf die kommenden Tage.

15.08.1996

Mit dem Diamonithirion in der Tasche betreten wir gegen 9.45 Uhr voller Erwartung im Hafen von Ouranopolis unser Schiff und steigen nach einer zweistündigen Fahrt im Hafen von Zographou aus, um uns zu Fuß in das Kellion Megali Jovanitsa zu begeben.

Vater Panteleimon hat das verfallene Kellion mit Unterstützung vieler Freunde und Helfer wieder aufgebaut. Das Kellion Megali Jovanitsa gehört zum serbischen Kloster Chilandariou und liegt direkt am Meer. Es besteht aus einem Haupthaus und einem separaten Gästehaus mit einem großen Garten und zahlreichen angrenzenden Olivenhainen. Es wird von Vater Panteleimon, einem deutschen Mönchsdiakon aus dem Schwarzwald, zusammen mit einem Helfer bewohnt und bewirtschaftet. Als Selbstversorger bestreitet er seinen Lebensunterhalt mit dem Verkauf von Olivenöl, Bienenwachskerzen und Honig.

Wir laufen in der extremen Mittagshitze am Strand entlang. Der Weg über die Kieselsteine ist mit den schweren Rucksäcken mühsam und beschwerlich. Nach einem einstündigen Marsch erreichen wir das Kellion. Vater Panteleimon begrüßt uns und bewirtet uns auf dem Balkon des Haupthauses mit frischem Wasser und Ouzo. Er hatte unseren Marsch bereits beobachtet und zu seinem Helfer Branco gesagt: »Es müssen entweder Beduinen, Verrückte oder Deutsche sein!«

Er serviert ein hervorragendes Mittagessen: Gemüserisotto, Tomaten-Paprika-Salat mit Weißbrot. Während des Essens macht er uns den Vorschlag, eine Nacht hierzubleiben. Wir nehmen das Angebot wegen der Hitze und des wunderschönen Kellions gerne an. Bei den anschließenden Gesprächen stellt sich heraus, dass Vater Panteleimon bereits Kleinschriften von Anselm in seiner Bibliothek hat und dass sie in Pater Bernhard einen gemeinsamen Bekannten haben.

Am Nachmittag feiern wir auf dem Balkon des Gästehauses einen Gottesdienst miteinander und diskutieren anschließend über das Evangelium, bevor wir von Vater Panteleimon zum Kaffee eingeladen werden. Er bietet uns in Zucker eingelegte Feigen an.

Die orthodoxe Vesper beginnt um 16.00 Uhr, und Vater Panteleimon spricht dabei überwiegend deutsch. Nach der Vesper werden die Aufgaben verteilt, und so »dürfen« wir im Garten beim Gießen der Weinstöcke und des Gemüses helfen, bevor Volker das Abendessen serviert: Spaghetti mit Tomatensauce und Salat. Wir unterhalten uns über die Situation der Kirche in Deutschland und über Glaubensfragen. Vater Panteleimon erzählt aus seiner Lebensgeschichte. Wir erfahren, dass er früher Pflegedienstleiter im Zentralklinikum Frankfurt war. Wir genießen noch ein wenig die Idylle von Megali Jovanitsa, bevor wir unser Zimmer aufsuchen, denn um 4.30 Uhr ist Weckzeit.

16.08.1996

Die Liturgie beginnt um fünf Uhr in der Kirche des Haupthauses. An den Wänden hängen schöne Ikonen, seitlich und im hinteren Teil befinden sich Stehbänke. Die Stirnseite wird durch eine bemalte Trennwand ausgebildet, die zu den dahinterliegenden Räumen führt. Alle Glasfenster sind bunt bemalt. Im Gottesdienst betet Vater Panteleimon auch für uns und unsere Familien und bittet Gott um reiche Ernte und gute Gesundheit. Das vorgetragene Gebet des heiligen Ephraim ist seitdem Teil meiner täglichen Rituale geworden:

Herr und Gebieter meines Lebens,
den Geist der Trägheit, des Kleinmuts, der Herrschsucht und
unnützer Worte nimm von mir.
Schenke mir hingegen den Geist der Weisheit, der Demut,
der Geduld und der Liebe.
Gott sei mir Sünder gnädig,
Herr, erbarme dich meiner.

Nach dem Frühstück heißt es Abschiednehmen von diesem wunderbaren Ort, und wir laufen den Weg am Strand zurück, bevor wir im Kloster Dochiariou eine kurze Rast einlegen.

Die kommende Strecke sollte sich etwas schwieriger gestalten, denn wir landen in einer Sackgasse am Meer, wo es nicht mehr weitergeht und wir über einen hohen Felsen zu einem Steilhang mit Dornengestrüpp gelangen. Wir müssen uns gegenseitig hochschieben und kommen erst nach langer Zeit wieder auf den richtigen Weg. Gezeichnet von den Spuren der Dornen stellen wir fest: »Die schwierigsten Wege sind am Ende doch die besten.«

Gegen elf Uhr kommen wir endlich im Kloster Xenophontos an, stärken wir uns mit frischem Brunnenwasser, Mocca und Süßigkeiten, bevor wir uns im Gästebuch eintragen. Wir wandern auf einem Höhenweg weiter durch eine herrliche Landschaft mit Ginster, blühenden Blumen und wohlriechenden Düften und kommen um 12.45 Uhr am russisch-orthodoxen Kloster Panteleimonos an, das die zweitgrößte Glocke der Welt mit einem Umfang von 8,70 Metern, einem Durchmesser von 2,70 Metern und einem Gewicht von 13 Tonnen besitzt. Der Archontáris, Vater Isirius, begrüßt uns auf englisch sehr freundlich und serviert als »first surprise« frisches Wasser, Ouzo und Mocca, als »second surprise« Süßigkeiten und Holundersaft. Die dritte Überraschung ist der klostereigene Laden. Das würde man in der heutigen Zeit perfektes Marketing nennen.

Nach einer Mittagsruhe erkunden wir das Kloster und besichtigen das Gebeinhaus. Wo liegen wohl die Gebeine des bekannten Mönchsvaters Starez Siluan (1866–1938)? Ich erinnere mich an ein altes Buch von

Anselm: »Starez Siluan – Leben aus dem Geist«, in dem das Leben und die Aufzeichnungen dieses außergewöhnlichen Mönchs beschrieben werden. Seine Schriften zeugen von einer tiefen, mystischen Spiritualität. Er schreibt über viele Aspekte des Lebens: über Gebet und Demut, Frieden und Gotteserkenntnis, Freiheit und Liebe, Mönchtum und Gehorsam.

Schon bei der Vesper können wir uns an den wunderschönen gregorianischen Gesängen der Mönche des Russikons erfreuen. Das Abendessen wird um 19.30 Uhr gereicht: Bohnensuppe mit Kartoffeln, Tomaten, Gurken, Oliven und Weißbrot. Nach dem Essen machen wir einen kleinen Spaziergang zum Meer und unterhalten uns in der Nähe der Hafenmauer über Kirche, Ökumene, Papsttum, bevor wir gegen 20.30 Uhr unser Nachtlager aufsuchen.

17.08.1996

Um 3.00 Uhr weckt uns das Simandron zum Gebet. Die Morgenliturgie beginnt dann eine halbe Stunde später um 3.30 Uhr und dauert bis um 8.00 Uhr. Die lange Zeit ist sehr gut zur Meditation geeignet, die jedoch durch den häufigen Einsatz des Weihrauchfasses immer wieder unterbrochen wird.

Um 8.00 Uhr reicht man uns ein Abschiedsessen, und gegen 9.00 Uhr machen wir uns auf den Weg in Richtung Dafni. Wir buchen eine Fahrt mit dem Schiff bis zum Kloster Dionysiou und wollen von dort aus zu unserem heutigen Tagesziel, dem Kloster Agiou Pavlou, aufsteigen. Die Schifffahrt führt vorbei an den Klöstern Simonos Petras und Grigoriou. Wir besichtigen kurz das Kloster Dionysiou und machen uns dann auf den Weg nach Agiou Pavlou. Nach einem schwierigen Aufstieg und der Überwindung von nicht wenigen Höhenmetern erreichen wir das Kloster gegen 15.30 Uhr. Die Vesper beginnt um 17.00 Uhr, das Abendessen schließt sich um 19.00 Uhr an. Gesättigt machen wir noch einen kurzen Spaziergang und legen uns danach müde zur Nachtruhe.

18.08.1996

Heute haben wir einen langen Weg zur rumänischen Skite Prodromou vor uns. Wir stärken uns mit einer Frühstückspause, nachdem es im Kloster nichts gab, und laufen auf einem wunderbaren Weg über Agia Anna, Kerasia, in Richtung Prodromou.

Es geht viel durch bewaldete Gebiete, in denen uns Vögel, Grillen und Schmetterlinge begegnen.

Zwischen Lorbeer, Ginster und alten Bäumen riecht man immer wieder Weihrauch und viele andere Kräuter. Wie an jedem Tag gehen wir einen Großteil unserer Strecke schweigend und erfrischen uns an den zahlreichen Quellen.

Nach siebeneinhalb Stunden Marsch erreichen wir gegen 14.40 Uhr Prodromou und werden vom Abt, Vater Petronius, persönlich in Empfang genommen. Er bewirtet uns mit Mocca, Wasser und Ouzo. Irritiert fragt er Anselm, wo denn sein Habit sei.

Nachdem wir Gelegenheit zum Waschen hatten, suchen wir in dieser wunderschönen Gegend hoch über dem Meer einen Platz für unseren Gottesdienst. Anselm wählt als Evangelium Matthäus 15. Er legt die Perikope aus, und wir diskutieren gemeinsam darüber. Vor der Vesper besichtigen wir die Grotte des heiligen Athanasius, die nur über viele Treppenstufen in Richtung Meer zu erreichen ist, sowie das Totenhaus des Klosters.

Zu einem köstlichen Abendessen mit gefüllten Paprikaschoten, Tomatensalat, Oliven und Brot wird diesmal ausnahmsweise Rotwein gereicht. Nach dem Abendessen genießen wir die besondere Atmosphäre dieser kleinen Skite, bevor wir gegen 20.20 Uhr ins Bett gehen.

19.08.1996 Fest der Verklärung Christi

Für Anselm beginnt die Liturgie schon eine halbe Stunde nach Mitternacht, wir nehmen erst ab drei Uhr daran teil. Während ich über den

Hof zur Kirche gehe und den wunderbaren Sternenhimmel sehe, notiere ich für mich den nachstehenden Satz in meine persönlichen Aufzeichnungen: »Den Sternenhimmel von Prodromou kann nichts Materialistisches ersetzen.«

Nach dem Gottesdienst gibt es wieder ein sehr gutes Essen in der Trapeza, bevor wir gegen 9.30 Uhr das schöne Kloster verlassen und uns in Richtung Megistis Lavras aufmachen, wobei wir auf unserem Weg von plötzlichem Regen überrascht werden.

Megistis Lavras wurde im Jahre 963 von Athanasios gegründet und ist in der Hierarchie der Rangordnung ein sehr bedeutendes Kloster. Vater Silvanos zeigt uns das Katholikon mit seinen vielen Kostbarkeiten. Auf einer der wunderbaren Fresken ist die Himmelsleiter abgebildet. Bevor wir wieder einen gemeinsamen Gottesdienst feiern, sitzen wir im Hof unter der großen Athanasios-Zeder und unterhalten uns.

Die Vesper beginnt um 17.00 Uhr, anschließend wird uns ein köstliches Abendessen mit Fisch, Bohnen, Gemüse, Oliven und Brot serviert. Dazu gibt es Wein, Wasser und Melonen.

20.08.1996

Gegen sieben Uhr fahren wir mit einem Unimog-Taxi nach Karyes. Für unser Frühstück kaufen wir frisches Gebäck. Die erforderliche Verlängerung unseres Diamonithirions sollte kein Problem sein. Der in der Regierung zuständige Mönch, Vater Kyriakos, lebte vor seiner Zeit auf dem Athos einige Jahre in Aschaffenburg, und wir hatten schon im Vorfeld der Reise Kontakt mit ihm. Er besorgte auch die Übernachtungsmöglichkeit im Kloster Xirapotamou, nachdem es weder in der russischen Skite Andreou noch im Kloster Koutluomousiu möglich ist zu nächtigen.

Unser Weg führt über alte, schattige Waldwege. Kurz vor dem Ziel begegnet uns als Begrüßungskomitee eine Herde mit Eseln. Das Kloster Xirapotamou überrascht mit wundervollen Zimmern, Waschräumen und Toiletten. Jedoch werden wir hier mit uns bis dahin unbekannten

Verhaltensregeln konfrontiert: Die Sitzplätze im Katholikon dürfen nur ganz hinten eingenommen werden, und das Abendessen für uns findet erst nach dem Essen der Mönche und nicht gemeinsam mit ihnen statt. Man trifft überall auf der Welt »Enge«, hier aber ist es für uns etwas verwunderlich, zumal wir erfahren, dass der Abt in Freiburg studiert hat.

21.08.1996

Die Liturgie beginnt um vier Uhr. Wir dürfen allerdings nur bis zur Wandlung im Katholikon bleiben und müssen es dann verlassen. Gegen sieben Uhr beginnt dann unser Marsch nach Dafni. Wir unterhalten uns über das Enneagramm. In Dafni treffen wir Vater Kyriakos, der uns ein Paket zur Mitnahme nach Deutschland anvertraut.

Unser Schiff läuft gegen zwölf Uhr aus dem Hafen von Dafni aus. Eine wunderbare Reise geht zu Ende, und wir verlassen den »heiligen Berg« in Richtung Ouranopolis. Während unserer Fahrt können wir dieses Paradies auf Erden noch einmal bewundern.

Fazit

Es folgten noch einige Athosbesuche, aber keiner war mehr wie dieser! Die Reise mit Anselm Grün erinnert mich an einen Vers aus dem Gedicht »Stufen« von Hermann Hesse:

Und jedem Anfang wohnt ein Zauber inne,
der uns beschützt und der uns hilft, zu leben.

Ich bedanke mich ganz herzlich bei Anselm Grün und wünsche ihm zu seinem Geburtstag alles Liebe und Gute, vor allem aber Gottes Segen. Er ist mir seit vielen Jahren nicht nur Seelsorger, Wegbegleiter, Ratgeber, sondern auch Therapeut und Vorbild, aber ganz besonders ein Freund.

BARBARA STAMM

Räume eröffnen

Jeder Mensch braucht im Haus seiner Seele
besondere Räume des Schutzes
und des schöpferischen Versunkenseins.
Anselm Grün

Die Erfüllung dieses grundlegenden Bedürfnisses jedes Menschen ist in der heutigen Zeit keine Selbstverständlichkeit mehr. Der Arbeitsalltag und gleichzeitig das Gefühl, die zur Verfügung stehende Freizeit bestmöglich ausnutzen zu müssen, setzen nicht wenige Menschen gegenwärtig in einem Maß unter Druck, wie es noch vor wenigen Jahren nicht vorstellbar war. Die vielfältigen Möglichkeiten zur Ablenkung – gerade auch mit Blick auf die vorhandenen Medien – scheinen inzwischen auch in die letzten Rückzugsorte vorzudringen.

Pater Anselm versteht es wie wenige andere, Räume zu schaffen, in denen wir eine Auszeit nehmen können – frei von allen Belastungen des Alltags. Der Begriff »Raum« ist in diesem Fall durchaus in einem doppelten Sinn zu verstehen: Zunächst finden Menschen, die auf der Suche nach Ruhe und Einkehr sind oder die ihr Leben neu ausrichten wollen, seit vielen Jahren in der Abtei Münsterschwarzach und in den Begegnungen mit Pater Anselm ein Umfeld, das diesem Bedürfnis entspricht. Darüber hinaus eröffnet er durch seine Bücher unzähligen Leserinnen und Lesern jene geistigen Sphären, die unerlässliche Bedingung für das Überdenken der eigenen Lebenssituation oder für eine Neuausrichtung sind.

Wir alle kennen Momente, in denen Erwartungen an uns gestellt werden, denen wir uns zunächst – aus welchen Gründen auch immer – nicht gewachsen fühlen. Dass es von entscheidender Bedeutung ist, in einer solchen Lage Ermutigung und Zuspruch von außen zu finden, durften in verschiedenen Situationen auch meine Kinder erfahren. Vor Prüfungen bot ihnen Münsterschwarzach ein Refugium, in dem ablenkungsfreie Beschäftigung und Konzentration auf das Wesentliche in besonderer Weise unterstützt wurden. Darüber hinaus nahm mein Sohn in Münsterschwarzach an zahlreichen Jugendbegegnungen, unter anderem während der Karwoche, teil. Hier durfte er gemeinsam mit anderen die spirituelle Kraft der vorösterlichen Zeit erleben.

Dass insbesondere die Jugend so begeistert von Pater Anselm ist, verwundert nicht, ist es ihm doch in besonderer Weise gegeben, den jungen Leuten gerade in den Bereichen Anregungen zu geben, die für ihre Entwicklung von entscheidender Bedeutung sind.

Nicht zuletzt hat sein segensreiches Wirken auch mich selbst in hohem Maß bereichert, vor allem in Form seiner zahlreichen Schriften und Vorträge. Seine Gedanken berühren unser Leben an den entscheidenden Punkten, sie begleiten uns, eröffnen neue Perspektiven und führen uns letztlich näher zu uns selbst.

Es bleibt nur zu hoffen, dass weiterhin möglichst viele Suchende in Pater Anselm einen Quell der Inspiration und Sinnstiftung finden werden.

Kapitel IV

Gute Wünsche

»Dein hörendes Herz, dein kritischer Blick,
dein wacher Geist, dein heller Verstand,
dein klares und wahres Wort
seien dir weiterhin Stütze und Stab,
Rückenwind und Richtschnur«

PAUL WEISMANTEL

Viel Ehre und Lob

Lieber Pater Anselm, dein runder Geburtstag ist ein sehr willkommener und geeigneter Anlass, einiges von dem ins Wort und zur Sprache zu bringen, was mich und viele Menschen bewegt, die deine Schriften lesen und sehr zu schätzen wissen. Sie sind seit Jahren nach wie vor wichtige Quellen der Inspiration, spirituelle Kraftquellen, Highlights, Lebens- und Glaubenshilfen, Ermutigungen und Trostspender. Sie werden genutzt als Spiegel zur besseren Selbsterkenntnis. Sie dienen als wertvoller Nachhilfeunterricht auf dem manchmal steinigen und staubigen Lernfeld des Alltags, im anstrengenden Umgang mit einem rätselhaften oder seltsamen Mitmenschen. Sie lassen Ohren und Augen neu aufgehen, wo einem vorher Hören und Sehen vergangen war auf der Suche und beim Entdecken des oft so anderen Gottes und des eigenen Selbst. Immer wieder bringst du diesen Dreiklang ins Spiel. Immer wieder betonst du, wie gut es tut, Gott nicht irgendwo hinter den Sternen oder einer fernen Trauminsel zu suchen, sondern im Allernächsten, im Nächstliegenden, im eigenen Herzen, mitten im Alltag.

»Die Ehre Gottes ist der lebendige Mensch!« Dieses schöne Wort des Kirchenvaters Irenäus fällt mir zu dir ein. Du verkündest und verkörperst die Ehre Gottes, indem du selbst ein so lebendiger Mensch bist und Menschen dazu ermutigst, selbst lebendig zu sein oder es neu zu werden, wenn sie eher leblos, lieblos, atemlos, freudlos oder kraftlos oder scheintot daherkommen. Als wichtige Schlüsselworte finde ich in deinen Schriften immer wieder biblische Begriffe wie Achtsam- und Wachsamkeit, Begegnung und Beziehung, Annahme und Wandlung, Versöhnung und Erneuerung, Umkehr und Neuanfang, Krise und Chance, Ende und Wende, Geburt und Tod, Auferstehung und Leben, Vertrauen und Zuversicht, Trost und Hoffnung, Geduld und Gelassenheit, Schlaf und Träume, Gebet und Arbeit. Dabei beschreibst du sie nicht als abstrakte Begriffe, sondern als Erfahrungen, die wir sammeln, erleiden oder bewirken, geschehen lassen oder auch um- oder neu- oder mitgestalten.

Du bist bekannt als sehr gute Adresse für Fragen des Lebens und des Glaubens, in der Kunst der Lebensgestaltung und Bewältigung. Du giltst als Vorzeigemönch für die katholische Kirche, die ja leider auch genügend abschreckende Vertreter zu bieten hat. Darum können wir als Kirche stolz auf dich sein und es auch als eine Ehre ansehen, wie du die Botschaft von der Freude des Evangeliums in unserer Zeit verkündest als exzellenter Sprachkünstler, als Dolmetscher zwischen einer manchmal sehr amtlich und verstaubt wirkenden Kirchensprache und dem Lebensgefühl heutiger Menschen. Loben will ich dich auch für dein konstruktiv kritisches Fragen, für deinen Mut, wunde Punkte anzusprechen und beim Namen zu nennen, wo es sich um dunkle Kapitel und Gestalten der Kirche handelt. Doch du spielst niemals den Jammerlappen, von denen es leider oft zu viele gibt, sondern wirkst eher als Anwalt oder Sprachrohr derer, die zu den Kleinen und Geringen, zu den Verlierern und Verlorenen gehören, zu denen, die von Jesus hoch geschätzt und eingeladen wurden, um mit ihm zu feiern.

Lieber Pater Anselm, vermutlich wurdest du schon öfter gefragt, wie du das alles schaffst, wie du all deine viele Arbeit, deine Termine und Gespräche, deine Vorträge und Autorentätigkeit, deine Pflichten als Mönch und deine Aufgaben als Manager, die Verbindung zwischen den manchmal so verschiedenen Welten so gut auf die Reihe bringst. Wer so viele Menschen kennt, wen noch viel mehr Menschen kennen, wer so viel leistet und bewirkt, muss schon ein besonders begnadeter und begabter Mann sein.

Für mich bist du ein großes Vorbild, wie du nicht nur Missionar und Mönch verbindest, wie du als Wanderprediger unterwegs und als Mitbruder zu Hause bist, wie du eine tiefe Ruhe ausstrahlst, obwohl du so vieles zu bewältigen hast.

Es ist mir eine Ehre, dich immer wieder erlebt zu haben, dir begegnet zu sein, dich gehört, dich gelesen zu haben. So ist dein Geburtstag der rechte Ort, dir diese Ehre zu erweisen, dir dieses Lob laut und deutlich auszusprechen und erklingen zu lassen, es dir ins Gesicht zu sagen. Weil aller guten Dinge bekanntlich drei, manchmal auch ein paar mehr sind, möchte ich der Ehre und dem Lob noch den Dank hinzufügen.

Vielen Dank

Ja, ich danke dir für die vielen guten Bücher, die du geschrieben hast. Deine Bücher sind Bestseller. Sie sind gefragt. Sie werden gelesen. Nicht nur hier bei uns in Deutschland, sondern in vielen Sprachen und Ländern dieser Erde. Dein Name bürgt mittlerweile weltweit für religiös-spirituelle Qualität in menschlicher und verständlicher Sprache.

Vieles im Problemstau unserer Kirche ist auch eine Frage des Verstehens oder Nichtverstehens. Menschen kommen sich in Kirche manchmal so fremd vor, weil sie sich nicht angesprochen fühlen, nicht ernst genommen mit ihren Erfahrungen und Lebensumständen, ihren Vorstellungen und Fragen, ihren Hoffnungen und Erwartungen. Durch dich finden sie oft wieder einen Zugang, eine neue Heimat, eine Ermutigung, dem eigenen Leben zu trauen, das Gott mit ihnen teilt. Du warst und wirst immer wieder Hebamme zu manch neuer, auch schmerzlicher Geburt. Du bist Befreiungskämpfer für jene, die in Systemen und Strukturen oder auch sich selbst gefangen und unterdrückt sind. Du bist Rettungsanker oder Rettungsschwimmer für manche, die in vielerlei Sturmfluten unterzugehen drohen.

Ich danke dir für dein Auftreten als Mönch und Autor. Du bist bekannt und berühmt, doch ohne Starallüren. Auf mich wirkst du einfach sympathisch, glaubwürdig und überzeugend in deinem Wesen und Reden. Du bist nicht nur für die Abtei Münsterschwarzach, sondern für die gesamte katholische Kirche ein optimales Aushängeschild, aber keine Mogelpackung.

Ich danke dir für deine Deutungen von biblischen Gestalten, Geschichten und Erzählungen, für deine interessanten und hilfreichen Beiträge zum Spannungsfeld von Psychologie und Psychotherapie auf der einen Seite und der Weisheit geistlicher Meister auf der anderen Seite, immer orientiert am Leben der Menschen und ihren Fragen, Brüchen und Widersprüchen, ihren Ängsten und Sehnsüchten, Leiden und Freuden, ihren Hoffnungen und Befürchtungen. Es tut so gut, dass du nicht psychologisierst oder spiritualisierst, noch bagatellisierst. In allen möglichen Brüchen des Lebens – ob es nun um Auf- oder Um- oder Zusammenbrüche geht, es gibt ja oft das eine nicht ohne das andere – erweist du dich als »Pontifex«, als Brückenbauer, als jemand, der dazu ermutigt, auch aus den Steinen, die einem in den Weg gelegt werden, etwas Gutes zu machen und weiterzubauen am Reich Gottes im eigenen Leben.

Ich danke dir für die vielen Beispiele aus deinem reichen Erfahrungsschatz im Gespräch mit Menschen in schwierigen Lebenssituationen und Umständen, die anderen oft mehr helfen als graue Theorien. Du gibst keine Ratschläge, die erschlagen, sondern Empfehlungen und Hinweise, die weiterführen und weiterhelfen, die nachvollziehbar und umsetzbar sind. Ich danke dir für dein Lehr- und Lebensmeister-Sein im besten Sinne des Wortes. Du sprichst immer wieder von dir selbst, deiner eigenen Entwicklung, deinem geistlichen Weg, Wachsen und Reifen. Du erzählst von Erfahrungen mit deinen Mitbrüdern, vom Alltagsleben in der Abtei, seiner schlichten und edlen Schönheit, seinen Ritualen, seinem Chorgebet und Gesang, seinen Überlegungen und Planungen, seinen kritischen Rückfragen und Experimenten.

Ich danke Gott, dass er dich mit so vielen Begabungen und Talenten geschaffen, mit deinem großartigen und wunderbaren Charisma auf die Welt und in unsere Zeit geschickt hat; ich danke aber auch dir, dass du sie so entfaltet und eingebracht hast, dass du sie genutzt hast, um anderen damit zu dienen und zu helfen. Du warst nicht geizig mit dem dir Anvertrauten, sondern großzügig; du hast gewuchert mit dem dir von

Gott Anvertrauten. Daraus ist dein großes Lebenswerk erwachsen und geworden.

Das leuchtende Dreigestirn von Ehre, Lob und Dank möchte ich ergänzen mit zwölf guten Wünschen, die ich dir als bunten Blumenstrauß zum Geburtstag überreiche.

Zwölf gute Wünsche

Was soll unsereins einem weisen älteren Mann noch wünschen, der schon so vieles erreicht und so reich ist an Lebens- und Glaubenserfahrung?

Dennoch will ich es wagen, meine guten Wünsche für dich in Zukunft zu formulieren:

- Die aktuellen und originellen Titel, die geistreichen Ideen und die lebensnahen Beispiele für deine Vorträge und Bücher mögen dir nie ausgehen.
- Das dir eigene humorvolle Schmunzeln und verschmitzte Lächeln in deinem Gesicht mit dem langen weißen Bart möge dir erhalten bleiben.
- Die vielen Anfragen und Einladungen zu Vorträgen und Veranstaltungen, für verschiedene Projekte und Bücher aus dem In- und Ausland mögen dich erreichen und erfreuen.
- Das Leben mit deinen Mitbrüdern als Mönche und Missionsbenediktiner von Münsterschwarzach möge dich fördern und fordern, dir geistlich-menschliche Heimat bleiben.
- Die Regel des heiligen Benedikt mit ihrer Weisheit im Spannungsbogen von ora et labora sei dir Fundament, Kraftquelle und Orientierungshilfe auf deinem Weg in der Nachfolge Jesu.
- Dein hörendes Herz, dein kritischer Blick, dein wacher Geist, dein heller Verstand, dein klares und wahres Wort seien dir weiterhin Stütze und Stab, Rückenwind und Richtschnur.

- Deine nüchterne, bodenständige und zutiefst menschliche Frömmigkeit möge dich weiterhin so frei und frohgemut, so besonnen und heiter »geerdet« und »gehimmelt«, so »verwurzelt« und »beflügelt« leben lassen.
- Die zahlreichen Reaktionen, Rückmeldungen, Danksagungen für dein missionarisches Wirken mögen dir zeigen, wie gut es ist, dass es dich gibt, und dass du der bist, der du bist.
- Die moralinsauren erbosten und verbitterten Kleingeister, Angreifer und Kämpfer für schärfere Gesetze, die ab und zu in dir den Antichristen gesehen haben, mögen sich von der barmherzigen Liebe unseres Gottes eines Besseren belehren und bekehren lassen.
- Dein Bruder Leib und deine Schwester Seele, deine Gesundheit und Schaffenskraft sowie das rechte Maß mögen dir erhalten bleiben, dich treu und fürsorglich, aber auch altersgerecht begleiten und ab und zu auch ermahnen oder rügen.
- Die Dämonen, in welcher Form und Verpackung, mit welchen Schlichen und Raffinessen auch immer, mögen dich verschonen oder erst gar nicht auf-, geschweige denn heimsuchen.
- Die heitere Gelassenheit, der gesunde Schlaf und die Botschaft der Träume sollen dich kräftig stärken, dich ermutigen oder dir auch ins Gewissen reden, wenn es notwendig ist.

Mit einem Geburtstagsgebet will ich diesen Brief beschließen:

Lebendiger und treuer Gott, du Schöpfer des Himmels und der Erde, du hast das unvorstellbare Weltall erschaffen. Vor deiner Größe sind wir Menschen wie ein winziges Sandkorn.

Doch du hast uns nach deinem Bild und Gleichnis ins Dasein geliebt. Wir sind von deiner Art. Wir stammen von dir. Du hast uns in deiner Weisheit von der Erde genommen und deinen göttlichen Lebensodem eingehaucht.

Du unser Gott, wir danken dir für das große Geheimnis unserer Herkunft, unserer Abstammung aus deiner Hand. Darum ist unser Leben ein so kostbares Geschenk, eine so große Gabe und Aufgabe zugleich.

Jeder Geburtstag will uns erneut daran erinnern, dass wir uns nicht selbst das Leben gegeben, sondern von dir empfangen haben.

Guter Gott, wir danken dir für den Lebensweg und das Lebenswerk von Pater Anselm und freuen uns über die reichen Früchte seines Schaffens.

Wir danken dir für seinen Mut und seine Fantasie, für sein Einfühlungsvermögen und seine bildhafte Sprache, für jedes Wort, mit dem er Menschen heilende Kräfte vermittelt, ihnen Wertschätzung und Würde entgegenbringt, neuen Glanz in ihren Seelen weckt und viele gute Geister.

Wir bitten dich:

Segne du ihn mit allem, was er braucht, um auch weiterhin ein Segen für viele zu sein und es immer neu zu werden.

Segne du ihn in Hülle und Fülle mit dem Reichtum deiner Gnade, damit er sie auch in Zukunft weiter verschenken kann.

Segne du ihn mit deinem Erbarmen und deinem Frieden, damit er noch lange als Werkzeug deiner Versöhnung dienen kann.

In diesem Sinne
herzlich und freundschaftlich,
dankbar und frohgemut
verbunden

Paul Weismantel

DIETMAR MIETH

Für Anselm Grün und seine Worte der Weisheit

Lebensweisheit – mit einem »Lebemeister« von drei Seiten betrachtet

Lebenserfahrung – Erfahrenheit

Meister Eckhart sagt: Das Leben gibt die besten Einsichten. »Leben erkennt besser als alles andere. Was man erfahren kann, das gibt das Leben in rechter Weise.« Das Leben lässt in vielen Fällen Einsichten besser zur Geltung kommen als ein frommes Bewusstsein. Wer fromm ist und seine Gedanken auf Gott richtet, der sieht die Welt und Gott stets zusammen. Er blickt daher nicht genau auf die Welt, denn diese ist gewissermaßen mit dem Licht Gottes »überbelichtet«. Sieht man hingegen, ohne das göttliche Licht hinzuzuziehen, nur auf die Welt, dann werden die Unterschiede, Licht und Schatten, besser wahrgenommen. Menschen mit Lebenserfahrung sehen oft mehr als Menschen, die alles vom christlichen Glauben her sehen und dabei viele Einzelheiten übersehen (nach Predigt 86).

Ein Beispiel? Was hatten diejenigen Bischöfe im Blick, die ihre Priester auch dann schützten, als diese sich an Kindern und am – moralischen und juridischen – Gesetz vergingen? Was haben sie sich dabei gedacht? Sie ließen die weltliche Gerechtigkeit nicht in einen überbelichteten Raum hinein, wo die Schatten überblendet waren.

Lügen, um keinen Schatten an einen überbelichteten Raum heranzulassen, nannte man *pia fraus* – fromme Lügen. Und wie ist es im Kirchenrecht? Wer das »Recht der Gnade« als Ausrede dafür benutzt, dass spontane Gerechtigkeitsgefühle nicht mehr Raum in den Normen und in der Rechtspraxis haben, der macht ein vorgeblich Besseres zum unantastbaren Feind des Guten.

Das Stichwort »Entweltlichung«, das Papst Benedikt XVI. 2011 in Freiburg den Christen und Christinnen zu bedenken gab, ist eine große Gefahr. Wenn man es im Sinne der johanneischen Tradition versteht, in der eine »Welt« unter Herrschaft des Bösen gemeint ist, dann ist es angemessener, sich mit der Welt des Bösen auseinanderzusetzen, statt die Welt unserer Erfahrung als böse zu betrachten. Das hat Jesus nicht getan, und ich werde noch auf seine Beispiele zu sprechen kommen. Jedenfalls setzt sich der Papst dem Verdacht aus, so viel Licht gegen die Schatten zu setzen, dass diese nicht mehr ausreichend wahrgenommen werden können. Wir sollten auf die gelebten Überzeugungen der Christen setzen – eben aus Erfahrenheit.

Lebenserfahrung ist wie eine Rückwirkung unserer Handlungen. Wenn ein Mensch sich in seinem Beruf und in seiner Familie bewegt, dann gewinnt er Erfahrung. Das heißt, aus dem, was er erlebt, entstehen Einsichten, und diese Einsichten werden gesammelt und gespeichert. Ein erfahrener Mensch ist oft notwendig, um Probleme zu überschauen und zu durchschauen. Wer zum Beispiel täglich kocht, der muss das Wasser nicht mehr abmessen, er hat die Erfahrung und die erforderlichen Mengen ohne nachzuschauen im Griff. Ältere Menschen im Betrieb müssen nicht erst alle Möglichkeiten, ein Problem zu betrachten, nacheinander abarbeiten. Sie haben das sichere Gefühl aus der Erfahrung, wie eine Entscheidung zu treffen ist.

Die Weisen, die in die Beratungen geholt werden – Wirtschaftsweise, Konzils- und Synodenberater in den Kirchen –, werden aufgrund ihrer Erfahrenheit berufen. Erfahrenheit ist also ein anderes Wort für Weisheit. Es ist kein Wunder, wenn Weisheit eher von älteren als von jüngeren Menschen erwartet wird. Natürlich können auch schon Kinder und Jugendliche Erfahrungen sammeln. Aber noch sind sie Indianer und keine Häuptlinge. Aber es gibt eine andere Art, die wir auch Weisheit nennen, und diese ist nicht allein von der Lebenserfahrung abhängig.

Weisheit als Kunst des Fühlens

Im Lateinischen heißt die Weisheit *sapientia*. Das Wort *sapientia* kommt von *sapere*, und das heißt »schmecken«. »In dem Schmecken, in dem Gott sich schmeckt, darin schmeckt er alle Dinge«, sagt Meister Eckhart. Nun ist ja klar, dass wir nicht davon reden, ob uns das Essen schmeckt. Also geht es nicht um unsere Zunge und unseren Mund, sondern wir benutzen den Ausdruck schmecken, um etwas Ähnliches zu sagen, das aber zugleich auch unähnlich ist. Das machen wir schon im Alltag, wenn wir etwa sagen: Das schmeckt mir nicht. Dabei haben wir gar nichts in den Mund genommen. Wir schmecken also auch innerlich. Es ist so, dass unsere Sinne – das Schmecken, das Riechen, das Tasten, das Hören und Sehen – von uns so gebraucht werden, als wenn wir zum Beispiel auf eine innere Eingebung hören, etwas sehen, was niemand neben uns sieht. Wir sagen ja auch: Er tastet sich an seine Aufgabe heran, er hört in sich hinein, er kann einen anderen gut oder schlecht riechen.

Die Sinne bekommen also einen übertragenen Sinn. Und genau in diesem Sinne reden die Weisen vom Schmecken als einer Quelle der Weisheit. Wollen wir das alles zusammenfassen, das da von innen her ertastet wird, dann sprechen wir am besten vom Fühlen. Wer es nicht fühlt, der kann es nicht erjagen. Es gibt Menschen, denen scheint das Einfühlungsvermögen zu fehlen. Oft möchte ich mich aber in einen anderen einfühlen. Ich möchte ein Gefühl für ein Problem entwickeln. Ich möchte nicht in dem Sinne »cool« sein, dass ich »gefühlskalt« bin.

Etwas von innen her erfassen, erfühlen, erspüren – das ist die Weisheit, der die Mystik auf der Spur ist. Das ist oft aber nicht die Frage von großen oder außerordentlichen Erlebnissen. Es geht um das Gespür für mich selbst, für den anderen Menschen, auch für Gott. Denn Gott ist ja nicht nur über mir oder vor mir – wir wissen, dass er weder oben noch unten im räumlichen Sinne ist. Er ist aber in mir.

Die Übung der Weisheit ist hier die Übung eines Lauschens nach innen. Von meinem inneren Zentrum aus will ich mich durch die Welt steuern – das ist weise. Dazu muss die Welt aber außen leiser und langsamer gestellt werden, sonst wird mein Schmecken an den inneren Dingen nicht trainiert.

Klugheit

Meister Eckhart erzählt: »Der Windverkäufer: Ein Mann hatte einen Igel und wurde durch ihn reich. Er wohnte am Meer. Wenn der Igel prüfte, wohin sich der Wind kehren würde, da legte er seine Haut [mit den Stacheln] an und kehrte dem Wind den Rücken zu. So ging der Mann zum Meer und sprach zu ihnen [den Seeleuten]: Was wollt ihr mir geben, dass ich euch zeige, wo sich der Wind hin kehrt? Und er verkaufte den Wind und wurde davon reich.« (Predigt 32, DW II, S. 139f)

Der kluge Verwalter, dem gekündigt wird, nutzt vorher seine Möglichkeiten, um sich Freunde zu erwerben, die ihm weiterhelfen können. Seine Möglichkeiten rechtzeitig zu nützen – das ist eine Empfehlung von Jesus selbst.

Der richtige Zeitpunkt, um seine Gaben voll einzusetzen, das ist eine kluge Wahl. Es kommt darauf an zu bewahren, bis dieser Zeitpunkt da ist, und es kommt darauf an, für den Zeitpunkt bereit zu sein. Die klugen Jungfrauen, von denen Jesus erzählt, die ihr Öl aussparen, bis der richtige Zeitpunkt dafür da ist, handeln schon weltlich klug – um wie viel mehr ist diese Klugheit in der Erwartung göttlicher Gelegenheit zu nutzen. Jesus scheut sich nicht, Anleihen bei weltlicher Klugheit zu machen, um zu sagen, worauf es im Reich Gottes ankommt.

Wer die Weisheit als Klugheit sucht, der braucht Vorsicht, Einsicht, Umsicht, manchmal auch Zuversicht. Seid klug wie die Schlangen, aber arglos wie die Tauben, sagt Jesus.

Was ist also klug? Ich schlage eine ethische Regel für die Problemlösung vor: Man soll Probleme nicht so lösen, dass die Probleme, die durch die Problemlösung entstehen, größer sind als die Probleme, die gelöst werden.

Das ist klug – aber handeln die Politiker danach? Handeln die Wissenschaftler danach? Handeln die Manager danach? Die kluge Umsicht achtet zugleich auf die Voraussetzungen, auf die Umstände und auf die Folgen.

Gewissen ist ein anderes Wort für die moralische Klugheit, für die Verbindung von Gesinnung und Verantwortung. Und dies auf den Punkt der Entscheidung gebracht.

Aber hat der kluge Verwalter, von dem Jesus erzählt, derjenige, der vor seiner eigenen Entlassung noch den Schuldnern des Herrn die Schulden erlässt, ein Gewissen?

Jesus schlägt nicht vor: Handelt gewissenlos im Sinne von bedenkenlos und nur am Erfolg orientiert. Er sagt vielmehr: Kümmert euch auch in weiser Voraussicht um eure Zukunft. Selbstverständlich mit Moral. Aber ebenso selbstverständlich auch mit jener Klugheit, die zur Erfahrenheit der Weisheit werden kann.

ALBRECHT FÜRST ZU CASTELL-CASTELL

Bleiben Sie Gott befohlen!

Lieber Pater Anselm,

Geburtstage sind schöne Anlässe – geeignet zum Gedenken und zum Danken. Mit den guten Wünschen zum Geburtstag für den Jubilar stellt sich mir auch die Frage, was mich eigentlich veranlasst zu gratulieren.

Gibt es dafür besondere Gründe?
Ja – die gibt es!

Da gibt es viele Erinnerungen. Wir sind uns in den vergangenen Jahren immer wieder begegnet: im Kloster, im Gottesdienst, bei Vorträgen oder anderen festlichen Veranstaltungen und auch in Ihrem Büro. Dafür bin ich dankbar. Immer, wenn ich etwas über Sie lese oder Ihr Bild sehe, erfüllt mich Freude, dass wir uns kennen und wohl auch schätzen.

Ja – es gibt Empfindungen, die mich freudig stimmen, die eine innere Nähe bestätigen, denn oft sehen wir uns längere Zeit nicht. Aus meinem Fenster im Schlösschen in Castell kann ich die vier Türme der Kirche in Münsterschwarzach sehen – jeden Tag, wenn kein Nebel ist. Auch das ist eine Verbindung, denn es ist Ihr Zuhause, Ihre Häuslichkeit, Ihr Arbeitsplatz und das Gotteshaus, in dem Sie täglich in der Mönchsgemeinde zur Stille finden, singen und beten und Mahlgemeinschaft halten am Tisch des Herrn und untereinander und in dem Sie selbst Gottes Wort in der Predigt verkünden.

Die Verbundenheit meines Hauses mit dem Kloster besteht schon lange. In einer Urkunde aus dem Jahr 816 werden – auf Pergament geschrieben – die Namen Megingaudhausen und Castell erwähnt. Wenn es auch bis heute unterschiedliche Deutungen über den genauen Ort und auch den Namen gibt, so besteht doch kein Zweifel daran, dass Megingaudhausen der ursprüngliche Name des Benediktinerklosters ist. So waren wir durch die Jahrhunderte hindurch Nachbarn – nicht immer im friedlichen Einvernehmen, es gab auch Streit und kriegerische Auseinandersetzungen. Die Äbte waren ja nicht nur Vorsteher der Ordensgemeinschaft, sondern zugleich auch Herren über ein kleines Territorium mit hoheitlichen Rechten, so wie meine Familie.

Diese landeshoheitlichen Rechte und Verpflichtungen erloschen für die geistlichen Herrschaften schon im Jahr 1803 im Zug der Säkularisation. Das Kloster wurde Staatsbesitz, und das Klosterleben fand ein Ende. Nun gab es keinen Anlass mehr für Streitigkeiten wegen Grenzverletzungen, weil auch Castell – durch die Mediatisierung – die Reichsunmittelbarkeit verlor. Erst 1913 sammelten sich wieder Benediktinermönche in Münsterschwarzach. Das Kloster erblühte zu neuem Leben.

Wenn mein Vater vom Ersten Weltkrieg erzählte, wurde immer wieder einmal Burkhard Utz erwähnt, der als Unteroffizier im 1. Bayerischen Ulanenregiment in Bamberg Dienst tat, in dem auch mein Vater das Kriegsgeschehen erlebte. Ich hatte zu dem späteren Abt keine persönliche Beziehung und weiß deshalb auch nicht, ob sich das gemeinsame Kriegserleben in einer nachbarlichen Verbundenheit fortgesetzt hat. Mein Vater ist im Mai 1945 gefallen. An seinen Nachfolger Abt Bonifaz Vogel habe ich schöne Erinnerungen. Seine offene und herzliche Art habe ich in Gesprächen und auch Briefen als Bereicherung erlebt.

Als mein langjähriger Freund und Seelsorger Friedrich Fleischmann, der als Pfarrer in Neuses und später in Dettelbach lebte, starb, hielt ich Ausschau nach jemandem, dem ich mich in gleicher Weise anvertrauen wollte. Die Mitte zwischen Distanz und Nähe zu finden war schwierig. So kam mir der Gedanke, Abt Fidelis zu fragen, ob er mir aus der

Mönchsgemeinschaft jemanden empfehlen könne, der zu persönlicher Seelsorge bereit sei. Als ich anfing zu erklären, welche Vorstellungen ich denn hätte, kam bald die Frage, ob ich mir denken könnte, dass er selbst der Vertraute werden könnte, den ich suchte. So begann eine langjährige, immer tiefer und vertrauensvoller werdende Freundschaft. Ich spüre die große Lebenshilfe, die ich in unseren Gesprächen finde. Ich kann mir mein Leben ohne das reinigende und befreiende Geschenk der Sündenvergebung in der persönlichen Beichte nicht mehr vorstellen. Das Kloster Münsterschwarzach ist somit für mich ein Ort des Segens geworden.

Lieber Pater Anselm, in Ihren Büchern und Vorträgen finden sich immer wieder Hinweise auf unseren gemeinsamen Herrn, Jesus Christus, der uns durch seinen Opfertod die Sündenvergebung anbietet. Manchmal frage ich mich, woran es liegt, dass offensichtlich immer weniger Menschen sich dieses Geschenk abholen. Ob wohl einfach die Demut verlorengegangen ist, sich beschenken zu lassen?

So ist die Botschaft, die Sie in Ihrer Sprache und mit Ihren Gedanken zu den Menschen bringen, ein wichtiger Dienst. Sie wissen aus den seelsorglichen Gesprächen, was im heutigen Menschen vorgeht, was ihn beschäftigt, was ihn bedrückt und was er nicht bewältigen kann. Sie bringen niemanden unter Druck und lassen Ihr Gegenüber selbst herausfinden, welchen Weg er oder sie gehen soll und welcher Entschluss dazu notwendig ist. Sie tun es aus Liebe zu den Menschen mit den Gaben, die Gott Ihnen für Ihr Leben geschenkt hat.

Nun habe ich auch das Buch »Sag mal, Onkel Willi« gelesen. In diesem offenen und persönlich-vertrauten Gespräch mit Ihrer klugen Nichte geben Sie uns Einblick in Ihr inneres Empfinden. Das macht Sie noch liebenswerter! Sie bestätigen meine Vermutungen, dass auch der Mönch in der klösterlichen Gemeinschaft Höhen und Tiefen erlebt – sicher auch gelegentliche Zweifel –, so wie Eheleute in ihrer Familiengemeinschaft. Ich wünsche Ihnen noch weitere gute Jahre in Glaubensstärke und Schaffenskraft und dabei sehr viel Freude in diesem Dienst.

Zum Schluss habe ich aber noch einen besonderen Wunsch für Sie: Seit vielen Jahren pflegen wir herzliche Beziehungen zu messianischen Juden – in Deutschland und in Israel. Für mich ist es ein großer Schmerz, dass sich unsere Kirchen nicht bereitfinden, diese weltweit wachsende Bewegung zur Kenntnis zu nehmen. Sie wird nicht beachtet und aus den ökumenischen Begegnungen und Gesprächen ausgegrenzt. Ich wünsche Ihnen das persönliche Kennenlernen jesusgläubiger Juden und das Erkennen, dass Gottes Gnade durch den Heiligen Geist immer mehr Menschen aus seinem geliebten Volk in die Nachfolge Jesu ruft. Darin sehe ich Hoffnung und die Wirklichkeit gelebter Einheit aller Jesusgläubigen in den unterschiedlichen Glaubensgemeinschaften und Traditionen.

Nun ist es ein langer Brief geworden. Aber ich bin dankbar, Ihnen anlässlich Ihres Geburtstages diese Erinnerungen und Gedanken sagen zu dürfen. – Bleiben Sie Gott befohlen!

Kapitel V

Gegen Einförmigkeit
und für eine werdende Kirche

Ausblicke für die Zukunft

THOMAS PHILIPP

Ein christlicher Star?

Erfolg fällt nicht vom Himmel. Wer es zu etwas bringt, hat in aller Regel auch etwas Besonderes zu bieten. Dieses Besondere gibt es indes nicht als absolute Größe. Es existiert nur in der Art, wie Menschen es wahrnehmen und dabei immer schon interpretieren. Unsere Zeit, darin Kind von Aufklärung und Liberalismus, schreibt dieses Besondere und den Erfolg dem Einzelnen zu: seiner Leistung, seiner Tatkraft, seinem Fleiß, seinem Genius. Sie nimmt zum Geniekult des 19. Jahrhunderts und der Eigendynamik der Massenmedien eher wenig Distanz. Was ist das für eine Kommunikation? Worin liegt ihre Kraft, wo ihre Grenzen? Diesen Fragen möchte ich zum Geburtstagsfest einige eher essayistische Gedanken widmen – dankbar für zahlreiche wertvolle Begegnungen mit und Impulse von Pater Anselm seit meinen jugendlichen Kontakten in die Abtei vor 30 Jahren.

Ob wir wollen oder nicht: Wir nehmen Pater Anselm in der Rolle eines Stars wahr. Wir fühlen uns geehrt und herausgehoben, wenn wir mit ihm zu tun haben dürfen. Die Kommunikation mit unserer Zeit hat ihn zu einem *big name* gemacht. Als Kind dieser Zeit bleibt keiner von uns unberührt von den Haltungen des Starkults. Wir sehen Pater Anselm immer auch als einen der »Mehrbesseren«, wie man in Bern sagt. Er gehört dem Reich der Lichtgestalten an, die es geschafft haben, die wichtig sind, um die es geht. Dieses Reich, dem antiken Götterhimmel und seinen Geschichten nicht unähnlich, findet sozusagen auf einem höheren, lichteren Niveau statt, an dem Anteil zu erlangen sich jeder Sterbliche meint sehnen zu müssen.

Dieses naive Idealisieren hat eine Schwester: die Missgunst. Wehe, wenn eine solche Lichtgestalt sich eines Fehlers schuldig macht! Wenn sie Mittelmäßigkeit, gar Untiefen offenbart! Dann ist ihr Schicksal besiegelt. Unbarmherzig schlagen die vielen auf den Strauchelnden ein, die auch gern am Licht wären und meinen, sie seien es nicht. Oft geht das Maß verloren. Bei Bundespräsident Wulf schauten wir erstaunt, hoffentlich auch etwas beschämt in einen Spiegel. Liebe ist das nicht.

Es geht eher nicht um wirkliche Anerkennung und Zuneigung. Es ist der Traum des Hochkommens, den ein jeder so gern verwirklichen möchte. Kommt uns eine nicht so kleine Kammer unseres Herzens bekannt vor, die meint, sich das Hochkommen schuldig zu sein? Wo wir Schwierigkeiten haben anzunehmen, im Unscheinbaren, anscheinend Dunklen unser Leben fristen zu müssen? Wo wir beim anderen, im anderen sein wollen, weil wir es bei uns nicht aushalten? Im Starkult schwingt nicht wenig Flucht, nicht wenig projektive Identifikation mit. Eine hochnotpeinliche Beziehung, mit der sich offenbar Geld und Bekanntheit erwerben lassen. Heute beuten Profis das naive Sehnen, ein Star zu werden, planmäßig aus, indem sie Menschen vor zahlendem Publikum bloßstellen. Nicht immer schrecken sie vor menschenverachtenden und zerstörerischen Methoden zurück.

Der Starkult bildet die Verkürzungen des liberalen Menschenbildes wie ein Brennglas ab. Der Mensch ist gerade so viel wert wie seine Leistung, die Sicherheit seines Auftretens. Er ist als Einzelner Schöpfer seiner Leistung – und nicht seine Herkunft, sein Beziehungsnetz, sein Milieu, sein Glaube.

Der emeritierte Erzbischof von Poitiers, Albert Rouet, hierzulande bekannt für seine wegweisende Reform der Pastoral, sieht den Starkult im Kontext der Globalisierung. Er begreift sie als Herrschaft des Einförmigen. Sie ist auf westliche Denkformen – wie die Menschenrechte – und Spielregeln – wie den Fußball – gebaut. Die Stars machen den einheitlichen Orientierungsrahmen sichtbar, welcher der globalisierten Wirtschaft als Rückgrat dient.

Deshalb sind die Stars heute so wichtig, bis an die Grenze des Erträglichen. Auf Kosten der Personen, Institutionen und Dialogstrukturen, die vermitteln und repräsentieren, benehmen sich selbst Staatschefs wie Stars und machen sich bewusst zum Symbol der Einförmigkeit. Dieser Regierungsstil greift gierig nach den Medien. Fernsehen und Internet zeigen, was der große Mann sagt. So wird ein Regieren ohne Vermittler möglich, das sich vom Gipfel der Macht direkt an die hinterste Hütte wendet.

Nur den Stars gilt Aufmerksamkeit und Respekt, nur sie haben etwas zu sagen. Vermittler und Übersetzer verlieren ihr Gesicht, als wären sie wertlos. Auch wenn Rouet sie nicht beim Namen nennt, tritt das Bündnis von Medien- und Regierungsmacht im Frankreich Nicolas Sarkozys und in Silvio Berlusconis Italien dem Leser vor Augen. Ach, es ist nur die Spitze des Eisbergs! Diese einförmigen Vorbilder kennen keinen Dritten, der Verwirrung stiftet und damit Räume öffnet. Im Gedanken der Einheit verbirgt sich immer der Versuch, den anderen zu vereinnahmen: ein Wille zur Macht. Das bedeutet eine Ablehnung des anderen, seines »He, ich bin anders als ihr denkt!«. Es bleiben nur blinde Unterordnung oder Revolte. Das Gewaltpotenzial der Uniformierung ist enorm. Denn natürlich ist die Einförmigkeit eine Illusion. Die Erfahrungsweisen, Blickwinkel und Kulturen bleiben sehr verschieden. Aber wir bearbeiten sie nicht!

Es ist erschreckend, dass unsere Kirche Gefahr läuft, diesen gesellschaftlichen Trend eins zu eins abzubilden. Rouet vergleicht die Kirche mit einem Tonstudio: Oft liefert es gute Aufnahmen der gesellschaftlichen Stimmung. Die Korinther fanden nichts dabei, ihre Kirche wie die Parteienwirtschaft aufzubauen, die ihre Stadt beherrschte (1 Korinther 1,10–16). Heute sind wir versucht, zu organisieren, zu denken, zu verwalten, wie es die Gesellschaft tut: mit demselben Starkult, in dem alle dieselben charismatischen Ausnahmepersönlichkeiten verehren und die Übersetzer verschwinden. Aber das Christentum hält etwas ganz anderes zusammen. Es ist auf Geschwisterlichkeit und Gemeinschaft gestimmt! Es glaubt, dass niemand die Beziehung beherrscht, weil sie vom Geist ausgeht. Es setzt in Beziehung und akzeptiert den Unterschied. So schützt es die Person[1].

Weil wir uns nicht zum Gott Jesu bekehren wollen, so Rouet, akzeptieren die Menschen nur Jesus, finden aber die Kirche nicht. Oder – das gibt es auch – sie lassen sich vom kirchlichen Starkult verführen, ohne dass das ihre Lebensweise änderte. Darum sollen wir den kirchlichen Verantwortlichen die Starposition nehmen. Es ist gefährlich, wenn sich die kirchliche Macht als Star inszeniert. Gestalten wie Papst Johannes Paul II., Kardinal Jean-Marie Lustiger oder Erzbischof Georg Gänswein verdecken faktisch die Vielfalt der lebendigen Kirche. Im Glanz des Einzelnen scheint das Ganze schon gegeben zu sein, sodass es das Engagement der vielen gar nicht mehr braucht, sodass geblendete Verehrung an die Stelle schöpferischer und kritischer Mitwirkung tritt. Kardinal Carlo Maria Martini habe, so die Tageszeitung *Corriere della Sera*, im Heiligsprechungsverfahren für Johannes Paul II. kritisiert, die vielen Reisen des Papstes hätten die Rolle der Ortskirchen und Ortsbischöfe in den Hintergrund gedrängt. In der öffentlichen Wahrnehmung sei Johannes Paul II. zum »Bischof der Welt« geworden.[2]

Wir Christen sind in diese Welt gesandt, in die Kommunikationsstrukturen dieser Welt. Sie sind immer ambivalent. Indem das Gebet uns je neu in die ursprünglichen Beziehungen in der Trinität hineinnimmt, bleiben wir diesen kommunikativen Mustern gegenüber frei, verlieren uns nicht an die Formen, in denen diese Zeit ihre Identität bestimmt. Es ist nützlich, dass Menschen wie Anselm Grün, Margot Käßmann oder Klaus Mertes die Rolle des Stars annehmen. So senden sie eine zeitgemäße christliche Botschaft weit hinaus, weit in Milieus hinein, die ohne sie von der Frohen Botschaft kaum mehr berührt würden. In unserer Epoche, die geistlich von Erfahrungen der Dürre durchzogen ist, haben wir Anlass, Gott für das Leben und Wirken solcher Menschen zu danken.

Dabei scheint mir wichtig, dass sie den Engführungen des liberalen Menschenbildes nicht erliegen. Es ist gut, wenn ihre Botschaft für ein Milieu steht, auch wenn die öffentliche Wahrnehmung nur das Genie eines Einzelnen sehen will. Die Wirkung Pater Anselms verdankt sich der jahrzehntelangen Auseinandersetzung der Münsterschwarzacher Mönche mit Zen, Esoterik und Psychotherapie. Es verdankt sich tragfähigen Vertrauensbeziehungen zwischen den Generationen, zwischen Jugend und Alter, zwischen Abt und Achtundsechzigern. Wohl gehen Menschen solche Beziehungen ein. Aber noch mehr bringen solche Beziehungen Menschen hervor. In ungebrochenem Sinn kann es einen christlichen Star nicht geben.

Pater Anselm bricht in seiner Gestalt die Starrolle. Er tritt als Benediktiner auf, die Bilder zeigen ihn stets im Habit. Er ist Mönch in Gemeinschaft, lebt seit bald 50 Jahren im klösterlichen Beziehungsnetz, hat sich von ihm formen lassen. Auch in seiner Botschaft bricht Pater Anselm die Starrolle. Indem er das Gebet, das Zulassen von Verwandlung in die Mitte seiner Botschaft stellt, ist das andere des Bewusstseins beständig da, das in der liberalen Lebenspraxis, im liberalen Menschenbild zu kurz kommt. Und es ist ein zentraler Inhalt des Werks von Anselm Grün, dass der Mensch viel mehr ist als seine Leistung, dass sein Ort, sein Wert sich aus der Beziehung des Gebets, aus der Frohen Botschaft ergibt und nicht aus seinem Leistungsausweis.

So liegt der Ball bei uns, den Leserinnen und Lesern Pater Anselms. Jede und jeder von uns ist gefragt, seine Motive sorgfältig und kritisch wahrzunehmen. Inwieweit suchen wir die Auseinandersetzung, möchten wir uns selbst, unsere Abgründe und schöpferischen Möglichkeiten genauer verstehen lernen? Und inwiefern bleiben wir eher in unserer Fantasie, identifizieren uns etwas träumerisch mit der Welt des Stars, mit seiner Sprache, mit seinen Ritualen? Es geht nicht darum, dass der Star bescheiden bleibt – das kann auch Kalkül sein oder Selbstinszenierung. Im Grunde geht es uns Mitchristen auch nichts an; in das Herz des anderen können wir sowieso nicht blicken. Als Christ in der Epoche des Starkults zu leben stellt als erste Aufgabe jene des eigenen Umgangs mit dem Star: selbstkritischer, ernster und psychologisch gebildeter, als es die Vorgenerationen zu sein vermochten.

1 Vgl. Albert Rouet, Aufbruch zum Miteinander. Wie die Kirche wieder dialogfähig wird, Freiburg 2012, S. 87ff.

2 Zitiert nach der Schweizer Katholischen Nachrichtenagentur Kipa, Woche 15.4.2014, S. 240.

OTTMAR FUCHS

»Nackt« von Gottes Wort getragen

Der spirituelle Weg besteht nach Anselm Grün darin, »dass ich *das einmalige Bild* verwirkliche, das Gott sich von mir gemacht hat. Dieses spirituelle Konzept von Reife fußt auf einem ganz bestimmten Menschenbild. Jeder Mensch ... ist *ein einmaliges Wort*, das Gott nur über diesen Menschen spricht. Und unsere Aufgabe besteht darin, dieses einzigartige Wort, das Gott nur uns persönlich zugesprochen hat, in unserem Leben in dieser Welt vernehmbar werden zu lassen«.[1] Was ist das für eine Gabe, von Gott »nackt«, also ohne etwas vorweisen zu können oder zu müssen, in sein Wort hineingenommen zu sein oder, wie die Bibel sagt, von Gott mit dem Namen (was das Einmalige dieses Wortes ausmacht) gerufen zu sein und damit *sein* zu sein (vgl. Jesaja 43,1)? Dieses Bild möchte ich im Folgenden in der Spur von Anselm Grün bedenken, mit großem Dank für seine Theologie und mit allen guten Wünschen. Von daher fällt auch ein Blick auf die von Grün angesprochene Aufgabe.

Gegenwirklichkeit: Gewalt über nacktes Leben

Giorgio Agamben spricht in seinen Schriften zum *Homo sacer* vom »nackten Leben«, von der Strategie der Herrschenden, die Existenz bestimmter Menschen und Kreise auf das nackte Leben zu reduzieren.[2] Es ist die souveräne Macht, die über den Ausnahmezustand der anderen entscheidet und bestimmte Lebewesen außerhalb der Rechtsordnung stellt. Das vitale Leben, das in dieser Ordnung gefährlich ist, wird zum Ausnahmezustand erklärt, und zugleich wird beansprucht, über das Ausgeschlossene und die Entrechteten zu herrschen. Agamben nennt dies eine Biopolitik mit einer schrecklichen Ambivalenz, analog zur Dialektik der Aufklärung. Nacktes Leben und politische Existenz schließen sich gegenseitig aus.

Agamben radikalisiert in seinen Überlegungen zum *Homo sacer* die Vorstellung des doppelt ausgeschlossenen Menschen (aus der Gottesbeziehung, insofern seine Opferung verboten ist; und aus der Menschenbeziehung, insofern seine Tötung nicht strafbar ist). Die archaische Gestalt des *Homo sacer* bricht hier in einer erschreckenden Weise durch die Zivilisationsdecke. »Das ›Sacer esto‹ im römischen Recht nämlich bedeutete einen doppelten Ausschluss des Delinquenten: Durch die Straffreiheit des Getötetwerdens aus der Sphäre des Menschen und durch die Nichtzulassung der Opferung aus der Sphäre der Götter. Ein verurteilter homo sacer existiert als lebendiger Toter im Niemandsland jenseits von Gottes- und der Menschenwelt, in dessen Grauzone zulässige Tötung und verbotene Opferung zusammenfallen. Als ›vogelfreier Wolfsmensch‹ verkörpert er das nackte Leben im Zugriff souveräner Macht.«[3] Agamben schreibt: »Souverän ist derjenige, dem gegenüber alle Menschen potenziell ›homines sacri‹ sind, und ›homo sacer‹ ist derjenige, dem gegenüber alle Menschen als Souveräne handeln.«[4]

Der *Homo sacer* verkörpert das nackte Leben im Zugriff staatlicher, struktureller beziehungsweise mehrheitlich basierter Gewalt.[5] Dass diese Ohnmacht Souveränität gewinnt und die herrschenden Diskurse und Praktiken unterläuft, dies ist nicht zuletzt die Botschaft des Gekreuzigten, der am Kreuz ebenso vernichtet wie verflucht ist, in Tateinheit mit jener von außen kommenden Macht, die in der Auferstehung dieses Leben, das als Torheit erscheint, zum grundlegenden und explikativen Extremfall unserer eigenen normalen Existenz erhebt. Gott bleibt im auferstandenen Christus, was er in Jesus begonnen hat: der in den Leidenden der Schöpfung »mitseufzt« (vgl. Römer 8,22) und der den hungrigen, fremden, obdachlosen, nackten und kranken Menschen begegnet (vgl. Matthäus 25,32–43).

Die Offenbarung des geschundenen Gottessohnes offenbart die Wahrnehmung der Geschundenen als zentralen theopraktischen Ort, mit der ethischen Konsequenz, sie aus der permanenten rationalen und faktischen Exklusion herauszuholen. Es geht um das Empowerment zugunsten der Definitionsmacht der Betroffenen, analog zur inhaltlichen Kompetenz der Kinder, die in der Begegnung mit Jesus zum Vorschein kommt (vgl. Lukas 18,17). Wichtig ist dabei die Mitleidfähigkeit, die Jesus in den Evangelien so eindrücklich vorlebt.[6]

Solidarische Menschen riskieren in vielfältiger Weise jene Erfahrung, die auch Jesus nicht erspart geblieben ist: Die Erfahrung von Ausgrenzung, Verfolgung, Todesnähe und Schmerz. Schon die Kriminalisierung derer, die zum Beispiel illegalen Flüchtlingen helfen, ist ein solcher Tatbestand.

Nackte Anerkennung des nackten Daseins

Zur gewalttätigen Ausgrenzung des nackten Lebens gibt es ein radikales theologisches Gegenkonzept: Es kann einem Menschen nichts Besseres geschehen, als in all seiner Nacktheit in Liebe ersehnt und erwünscht zu sein, sei es von *Menschen*, sei es, im religiösen Bereich, von einem *Gott*. Es gibt eindrucksvolle Texte in der Bibel, in denen Gott den Menschen auf der Ebene des leidenschaftlichen Begehrens begegnet, zum Beispiel in Hosea 11. Von Gott her sind die Schöpfung und jeder Mensch deshalb, weil sie ersehnt und geliebt sind.

Im Kontext der paulinischen Rechtfertigungstheologie kommen wir zum selben Ergebnis: Die Menschen sind bedingungslos mit ihren hellen und dunklen Seiten gerecht gesprochen. Als solche, wie sie sind, haben sie ein Lebens- und Überlebensrecht. Mit dem Gerichtsakt der Rechtfertigung aller Menschen ist von Gott her garantiert: Gottes Gnade ist weder Laune noch Herablassung, sondern ein *Rechtstitel*. Allein das Dasein rechtfertigt das Wohlergehen. Wie die Flüchtlinge einfach da sind und deshalb unsere Solidarität, ohne irgendeine Bedingung erfüllen zu müssen, also ohne Verdienste vorweisen zu müssen, »verdienen«. Was wir Menschen gegenüber nie haben könnten, haben wir Gott gegenüber: ein von ihm selbst verbrieftes Recht darauf, von ihm geliebt zu werden. Und seine Liebe ist unser Leben, auch über den Tod hinaus. Die Menschen haben ein Recht auf die Schöpfung und ein Recht auf die neue Schöpfung. Nicht weil sie sich dieses Recht genommen hätten, sondern weil Gott es ihnen substanziell zugesprochen hat, dürfen sie es als das, was ihnen von seiner Gerechtigkeit her zusteht, beanspruchen. Gnade Gottes erfahren bedeutet, dass die Menschen ihm diese Unbedingtheit seiner Liebe sich gegenüber zutrauen und dass sie diesbezügliche Blockaden, die sie durch ihre Missgunst und Kleinkrämerei zwischen sich und Gott aufrichten, abbauen.[7]

Jede in Gott hineinprojizierte Begrenzung seiner voraussetzungslosen Solidarität mit den Menschen hat auch eine Begrenzung der zwischenmenschlichen Solidarität zur Folge und umgekehrt. Es sind immer die gleichen Mechanismen und analogen Strategien, seien sie religiöser, politischer oder spiritueller Art. Deswegen ist es so wichtig, diesen Zusammenhang genauer zu sehen, damit gläubige Menschen nie mehr dazu kommen, den über die eigenen Begrenzungen zum hantierbaren Götzen gemachten Gott zur Begründung ihrer Entsolidarisierung von bestimmten Menschengruppen beziehungsweise von Nichtdazugehörigen zu missbrauchen. Nur dann funktioniert die Religion nicht als Basis der Menschenverachtung, wenn sie auch Gott abzunehmen vermag, dass er alle Menschen in seine lebenstragende und lebensrettende Achtung aufnimmt. Wenn diese Achtung nicht voraussetzungslos wäre, wären auch nicht alle gemeint.

Dabei handelt es sich um eine *Ebenbürtigkeit* im strikten und ursprünglichen Sinn dieses Wortes. Jeder Mensch ist, wie Anselm Grün sagt, ein Wort Gottes und darin aus Gott heraus und in ihm geliebt. Ich habe vor Jahren von der unbedingten, »blinden« Anerkennung gesprochen, die sich auf das Existenzrecht von Menschen und Völkern bezieht, welche sich tautologisch allein dadurch begründet, dass diese Menschen und Völker in die Existenz gekommen sind.[8] Blind ist diese Anerkennung deswegen, weil sie prinzipiell ohne vorheriges Ansehen der Personen und Völker gilt. Und diese Unbedingtheit darf durch keine Bedingung eingeschränkt werden, weder durch die Bedingung des Verstehens noch durch die Bedingung der Irrtumslosigkeit, noch durch die Bedingung der Fehlerfreiheit, noch durch die Bedingung der Sündenfreiheit, noch durch irgendeine andere Bedingung.

Das nackte Sein ist zu schützen

In seinem inhaltlichen Anspruch ist diese unbedingte Anerkennung geradezu formal, weil sie keine inhaltliche Bedingung dieses Anspruches zulässt. Theologisch steht hier der Aspekt der Schöpfungstheologie auf dem Spiel, nämlich der Praxis des Seinlassens und des Seinschützens, weil dahinter die große göttliche Gutheißung des Schöpfungsaktes steht, die auch durch den »Fall« der Schöpfung in Sünde und Tod in der prinzipiellen Gutheißung des Daseins niemals zurückgenommen wurde.

Wer Existenz in seinem Geschaffensein *lässt* und damit in seinem Dasein unbedingt anerkennt[9], kann sich umso mehr die Kritik seines beziehungsweise des eigenen Soseins leisten, weil es prinzipiell gesichert ist, dass diese Kritik niemals zur Vernichtung des anderen (oder auch des Eigenen) ausarten kann. Wer Existenz ablehnt, kritisiert nicht, sondern vernichtet. Er ist nicht auf Besserung der anderen Existenz aus, sondern auf ihre Unterwerfung. »Nichts ist schrecklicher als die Identität zu verlieren. Das ist Armut in ihrer extremsten Form! Armut ist Nicht-sein-Dürfen!«[10]

Christen und Christinnen werden von daher auch ihr zwischenmenschliches Verhalten orientiert sein lassen: Ein anderer Mensch oder eine andere Kultur muss nicht ein bestimmtes Sosein aufweisen, um unsere Toleranz und Solidarität zu verdienen, sondern jedes Dasein verdient als solches bereits Toleranz und Solidarität. Ein bestimmtes Sosein legitimiert dann nicht das Dasein, sondern das Dasein hat sein primordiales Wohlergehensrecht durch sich selbst, hat die Legitimation in sich selbst und entwirft auf der Basis dieses unveräußerlichen Existenzrechtes das eigene Sosein. Diese Überlegungen gelten für die persönliche und interpersonale Ebene genauso wie für den kollektiven und interkollektiven Bereich.

Dass die Menschen von Geburt an geliebt sind, dass die Geburt selbst der erste Ausdrucksvorgang und das wichtigste Ausdrucksmedium der Liebe durch den Schöpfer ist, führt im zwischenmenschlichen Bereich dazu, dies in der bedingungsarmen Annahme von Menschen sozial erlebbar werden zu lassen und zu erleben. Dieser Glaube ermöglicht Fremdverstehen, vermag es aber auch zu überholen, insofern auch das Fremdbleibende allein aufgrund seiner nackten Geburt, also bedingungslos in seiner Existenz zu schützen ist. Mit diesem durch Gottes Liebe substanziell gegebenen Geburtsrecht gibt es also ein schöpfungs- und rechtfertigungstheologisches Naturrecht aller Menschen auf Lebens- und Wohlergehensrecht. Dieses Naturrecht steht radikal gegen die Mentalität: Illegale Menschen sind Menschen, die es nicht gibt beziehungsweise nicht geben sollte, die am besten im Meer versinken.

Ins Leben geholt ist jeder Mensch. Aber nicht jedem Menschen ist es gegeben, in seinen Lebenskontexten und Sozialisationen diese geburtliche Gegebenheit als solche, nämlich als Segen zu erleben.[11] Es sind die Voraussetzungen dieser Welt, die die Voraussetzungslosigkeit der Geburt durchkreuzen oder ansatzhaft ermöglichen. Familien, Wohlfahrtsstaat, Vereine und vor allem Glaube und Kirchen stehen von ihrer Botschaft her auf der Seite der Ermöglichung von Segenserfahrungen und der gefeierten Ausdrücklichkeit der universalen Geburtsgnade, die auch ohnedies gegeben, aber nicht immer erlebbar ist.

So gibt es die Taufe als explizite Feier der Gotteskindschaft analog zur »Sakramentalität« der Geburt als einer Vorgegebenheit aus Liebe, aus reiner Gnade. Die Geburt ist ein primordiales, aller Existenz vorgängiges Sakrament, eine Heiligkeit, das heißt ein Gesegnetsein von Gott her, das bereits mit der Geburt gegeben ist als ein Vorgang, der nicht hergestellt werden musste von dem Menschen, der geboren wurde, analog gefeiert in der Vorgängigkeit der sakramentalen Symbolhandlung, die nicht hergestellt werden muss und für deren Empfang es keine Bedingungen gibt[12], sondern in die man wie in die Wasser des Lebens hineinsteigt und aus der man, sich selbst gegeben, heraustritt. Deswegen kann jeder Mensch taufen, und deswegen ist nicht einmal der Glaube die Bedingung für den gültigen Empfang der Taufe.

Im Prisma eines Bildes

Vor vielen Jahren schon habe ich ein Bild gesehen, eine Fotografie: Der Aufstand im Warschauer Getto ist niedergeschlagen. Die Sieger treiben die Überlebenden zusammen, um sie alle nach kurzer Zeit zu exekutieren oder in die Gaskammern zu schicken. Hier beginnt das Bild. Neben einem typischen Soldaten (diese Soldaten sind überall gleich: aufrecht, Gewehr nach oben, ein angewinkeltes Knie, in lässiger Herrscherpose), neben einem derart typischen Soldaten liegen auf dem Boden eine Frau und ein Mann, mit den Gesichtern zum Boden, zwei Menschen, die zusammengehören, die für einander da waren und sind. Der Mann bringt seinen Körper seitlich an die Frau, bedeckt sie etwas, schlingt seinen Arm schützend über ihren Kopf und Hals. Dieses Bild hat mich getroffen.

Angesichts brutalster Schutzlosigkeit: dieses Schutzhandeln. Gar nicht hilflos sieht es aus: starke Arme, starke Hände in der Schwäche, in der Hilflosigkeit, in der drohenden und sicheren Zerstörung. Ein rational sinnloses Handeln und menschlich doch das Einzige, was zu tun noch möglich ist. Ein Bild der Nichtaufgabe der Liebe in der Gewalt, eines »gewaltigen« Widerstandes gegen die Gewalt: mit der Gewalt der Zärtlichkeit und des Schutzes.

Die Struktur des Bildes, einmal abgelöst von der Tragik des Warschauer Aufstandes, kündet: in der Bedrängung, in der Schutzlosigkeit und Bedrohung, ja in der Hoffnungslosigkeit nicht die letztmöglichen Räume zu verlieren und zu übersehen, wo Zärtlichkeit und Kraft, Liebe und Schutz zusammengeraten.

In Zeiten wachsender Bedrohung schutzbedürftiger und behinderter Menschen geht es darum, die Räume des Schützens auszuweiten. Nicht zu resignieren, sondern gerade im Hoffnungsmangel die Räume der Hoffnung auszubauen. Den Blick zu öffnen für diese Kraft, für diese Zivilcourage, die schützende Hand um jemanden zu legen als eine eigene Welt in einer Welt der Gewalt, der Destruktion, der gegenseitigen Zerstörung und der Zerstörung der Natur. Gerade in schrumpfenden Handlungsspielräumen sind wachsende Verantwortlichkeiten gefragt (Jürgen Habermas).

Angesichts dieses Bildes gilt nicht der Einwand: Was wir schon tun können, nutzt nichts, ist nur ein Tropfen auf dem heißen Stein. Dass dieser Tropfen fällt, ist entscheidend. Und manchmal, so sagt ein afrikanisches Sprichwort, sind solche Tropfen die Vorboten eines befreienden Regens. Aber auch wenn dies nicht der Fall sein sollte: Keine dieser Szenen ist, auch wenn die Geschichte darüber hinweggeht, jemals verloren, jedenfalls nicht in den Augen Gottes. Er sucht alle diese Augenblicke der Solidarität zusammen, er sammelt sie ein und lässt nichts davon untergehen.

Glaubensbilder als Ressourcen des Getragenseins

Je mehr Anlass es in der Wirklichkeit zum Optimismus gibt, desto leichter fällt die Hoffnung. Ganz schwierig wird es mit der Hoffnung, wenn es dazu im Vorhandenen fast oder überhaupt keinen Anlass gibt. Ein Hospiz beispielsweise ist ein ungewöhnlicher Ort, der für viele aus dem »gewöhnlichen Alltag« herausfällt, denn für jeden Menschen, der auf den Tod zugeht, ist dies das ungewöhnlichste Ereignis seines Lebens.

Der Apostel Paulus benennt dieses Problem und darin zugleich jene Ressource, die auch dann greift, wenn es keine Ressourcen mehr gibt, nämlich die Ressource des Glaubens selbst, nicht als Lückenbüßer, sondern als Wegbegleitung, die sich auch im Schlimmsten nicht aus dem Staub macht: »Denn wir sind gerettet, doch in der Hoffnung. Hoffnung aber, die man schon erfüllt sieht, ist keine Hoffnung. Wie kann man auf etwas hoffen, das man sieht? Hoffen wir aber auf das, was wir nicht sehen, dann harren wir aus in Geduld. So nimmt sich auch der Geist unserer Schwachheit an ... Der Geist selbst tritt jedoch für uns ein mit Seufzen, das wir nicht in Worte fassen können ... Wir wissen, dass Gott bei denen, die ihn lieben, alles zum Guten führt.« (Römer 8,24–28)

Wie aber kann Unheilvolles als etwas Heiliges erfahren werden? Nicht um das Unheil zu verdrängen, sondern um sich darin Hoffnung und Kreativität nicht zerstören zu lassen, unbeschadet der Tatsache, dass es tiefste Leiderfahrungen der Trauer und der Zerstörung gibt, in denen sich keine Glaubensbilder mehr als Ressourcen des Lebens einstellen können, weil alles am Ende ist, wo der Glaube auch nochmals in sich selbst nackt ist, als blanke Hoffnung gegen alle Hoffnungslosigkeit. Gottes Nähe ist auch dann gegeben, wo sie nicht mehr in Glaubensbildern zu erleben ist.

Und doch: Es gibt viele eindrückliche Beispiele dafür, wie (nicht nur) gläubige Menschen auch in schlimmen Lebenskatastrophen noch eine andere Sicht der Wirklichkeit als die aufgezwungene finden und »erfinden«, um in diesen »Worten« und Bildern leben, überleben, gar sterben zu können. Sie mögen uns »Vor-Bild« sein, dass und wie in Situationen, in denen wir den Glauben nicht mehr mit vorhandenen Ressourcen verbinden können, der Glaube selbst zu einer Ressource wird, um nicht verzweifeln und resignieren zu müssen, sondern um auch darin nochmals Kraft zur eigenen Gestaltung zu gewinnen.

Mit Ulrich Bach höre ich auf einen behinderten Menschen.[13] Ulrich Bach ist evangelischer Pfarrer und an den Rollstuhl gebunden. Aus der Gottesbegegnung heraus ist ihm (und das darf hier nur ein Betroffener selbst sagen) die andere Sicht seiner Situation deutlich geworden, indem er anfragt: Wer hat uns eigentlich eingeflüstert, eine Behinderung nicht auch als eine Begabung zu sehen? Eine Begabung zum Beispiel, die eigenen Erfahrungen und die eigene Lebenssicht zusammen mit anderen behinderten Menschen für die Lebensgestaltung aller ernst und wichtig zu nehmen? Oder die Begabung, dass die äußerlich Unbehinderten elementar von Behinderten lernen können, ihre eigenen unsichtbaren Behinderungen nicht zu verkrampfen und zu verstecken. Eine Begabung also, die für alle Beteiligten das Leben vertieft und bereichert.

So kann auch Ulrich Bach angesichts bestehender und nicht geheilter Behinderungen die Wundergeschichten des Evangeliums nicht in ihrer wunderbaren Weise auf sich beziehen. Er bezieht sich auf das Kreuz, auf jenen am Kreuz radikal behinderten Menschensohn, der darin Gottessohn ist und bleibt und dieses Sterben und den Tod nochmals wendet als unvorstellbare »Begabung«, als Gabe für alle Menschen, nämlich als Vollzug seiner unbedingten Liebe, die auch noch die Täter und Täterinnen selbst umfasst. Nicht dass damit Behinderung und Leiden einen Sinn bekämen. Aber was in ihnen aufscheint, das ist die Möglichkeit, sie als einen Raum der Liebe, der Hingabe zu gestalten. Weil Gott selbst in diesen Raum eingetreten ist und uns darin trägt und nicht im Stich lässt. Die Behinderung als Begabung zu sehen ist eine »Einbildung« heterotroper Art, kein Fantasiegebilde, sondern eine Wirklichkeit, die in Gott selbst wurzelt und darin geschenkt ist.

Ein anderes Beispiel für die Vorstellungswelt und darin für die Vorstellungskraft des Glaubens finde ich beim Berliner Domprobst Bernhard Lichtenberg. Er kommt wegen seiner Solidarität mit den Opfern des Naziregimes 1941 ins Gefängnis Tegel. Und da sagt er: Ich stelle mir vor, ich bin in einem Kloster. Meine Gefängniszelle ist die Klosterzelle. Ich habe jetzt Zeit zu beten und zu arbeiten (im gewissenhaften Saubermachen der Zelle). Lichtenberg konstruiert sich von seinem Glauben her eine eigene und andere Vorstellung von der Wirklichkeit. Die Wirklichkeit bleibt, und sie bleibt eine Last, aber eine andere, eine leichtere, weil sie nun einen Ort in seiner Glaubenswelt und darin in seiner Gottesliebe bekommen hat. Aus der Fremdbestimmung macht er eine Selbstbestimmung; wenigstens teilweise verkleinert er damit die Entfremdung dieser Situation. Seine Mitgefangenen und auch seine Wärter werden dadurch nicht gerade Klosterbrüder, aber doch sind sie keine Fremden und gar Feinde mehr. Und sie erfahren dies auch so.

Besorgt in Gottes Sorge

Vieles kann man nicht verändern, aber alles kann man anders sehen. Aus der lebendigen Vertrauensbeziehung zu Gott heraus kann dann etwas tatsächlich leichter aus- und durchgehalten werden. Sinnloses bekommt damit nicht einen Sinn, verliert aber aus der Perspektive des Glaubens seine Beziehungslosigkeit. Hier zeigt sich, dass der Glaube kein zusätzliches Joch ist, das drückt, sondern die Last wirklich leicht macht (vgl. Matthäus 11,28–30). So verbindet Lichtenberg nicht nur das, was gut ist und als gut erfahren wird, mit seinem Glauben und seiner Hoffnung, sondern auch das Unheil, wie dies Ulrich Bach mit seiner Behinderung tut, wenn er sie, teilweise wenigstens, als Begabung sieht.

Die Menschen dürfen aus dem Getragensein von Gott heraus Meister und Meisterinnen der eigenen Sicht der Wirklichkeit sein: mit Bildern, die dem Leben seine Schwere nicht nehmen, die auch nicht davor fliehen, sondern die gerade darin noch einen Ort der Kraft des Heiligen Geistes und damit der Kreativität zu entdecken vermögen. Dann gibt es die Chance, dass neue Möglichkeiten die Zwanghaftigkeit und Ausweglosigkeit der Situation aufsprengen, sie nicht noch belastender machen, sondern noch tiefer hineinführen in die niemals verabschiedete und verabschiedbare Nähe Gottes zu uns und zu jeder Situation, in der wir uns befinden. Aus dieser Beziehung zu Gott heraus können Christen und Christinnen die Bedeutung ihres Lebens und ihrer Widerfahrnisse in ganz besonderer Weise entziffern oder als Geheimnis stehen lassen.[14] Der Glaube selbst ermöglicht also einen Spannungsbogen in Situationen, in denen wir zusammenzubrechen und zusammenzufallen drohen, eine Spannung zwischen der erfahrenen Ressourcenlosigkeit auf der einen und der darin unverminderten Gegenwart Gottes und damit der entsprechenden Hoffnung auf der anderen Seite.

Auch in diesem Zusammenhang gilt Matthäus 6,19–34: Sorgt euch nicht um euch, denn Gott hat längst für euch gesorgt! Natürlich sorgen wir uns um uns und um andere, aber wir wissen in unserem Glauben darum, dass diese Sorge nochmals umfangen ist von der unendlichen Sorge Gottes um ums. So gilt: In der Ressourcenfrage der Diakonie geht es nicht nur darum, bestehende Ressourcen mit unserem Glauben und mit unserer Hoffnung zu verbinden, sondern den Glauben und die darin liegende Hoffnung selbst als von Gott geschenkte unendliche Ressource, als Gnade auch noch und gerade dann zu erfahren, wenn wir faktisch gesehen oder auch nur von unseren eigenen Projektionen her nicht mehr ein noch aus wissen.

Hoffnungsfantasien wider die Hoffnungslosigkeit

Der österreichische Lyriker, Journalist und Kabarettist Leo Strauß hat in einem dreibödigen Lied die Verhältnisse in Theresienstadt beschrieben (und aufgeführt im dortigen Musik- und Kulturprogramm). Dreibödig deshalb, weil in scharfer Ironie gegen die Nazis, nach deren Meinung die Insassen dieses KZ als Vorzeige-KZ erleben sollten; dann in der Beschreibung dessen, was Realität ist, als erschreckender Einblick in die Wirklichkeit, wie sie tatsächlich hinter dem »als ob« zu erleben ist; und schließlich als ein genialer Versuch, die Ironie nicht nur den Tätern zu überlassen, sondern hinterrücks zu entziehen und für die Opfer bedeutsam werden zu lassen. Denn im »Als ob« werden auch die Bilder einer Hoffnung »fantasiert«, die Kraft zum Überleben gibt: »Man trägt das schwere Schicksal, als ob es nicht so schwer, und spricht von schönrer Zukunft, als ob's schon morgen wär.«

Die Stadt Als-ob …

Ich kenn ein kleines Städtchen,
Ein Städtchen ganz tiptop,
Ich nenn es nicht beim Namen,
Ich nenns die Stadt Als-ob.

Nicht alle Leute dürfen
In diese Stadt hinein,
Es müssen Auserwählte
Der Als-ob-Rasse sein.

Die leben dort ihr Leben,
Als obs ein Leben wär,

Und freun sich mit Gerüchten,
Als obs die Wahrheit wär.

Die Menschen auf den Straßen,
Die laufen im Galopp –
Wenn man auch nichts zu tun hat,
Tut man doch so als ob.

Es gibt auch ein Kaffeehaus
Gleich dem Café de l'Europe,
Und bei Musikbegleitung
Fühlt man sich dort als ob.

Und mancher ist mit manchem
Auch manchmal ziemlich grob. –
Daheim war er kein Großer,
Hier macht er so als ob.

Des Morgens und des Abends
Trinkt man Als-ob-Kaffee,
Am Samstag, ja am Samstag,
Da gibts Als-ob-Haché.

Man stellt sich an um Suppe,
Als ob da etwas drin,
Und man genießt die Dorsche
Als Als-ob-Vitamin.

Man legt sich auf den Boden,
Als ob das wär ein Bett,
Und denkt an seine Lieben,
Als ob man Nachricht hätt.

Man trägt das schwere Schicksal,
Als ob es nicht so schwer,
Und spricht von schönrer Zukunft,
Als obs schon morgen wär.

Die für das Überleben in Extremsituationen notwendige kontrafaktische Hoffnungsfantasie bezeugt auch ein Text bei Anita Lasker-Wallfisch, wenn sie von ihrer Großmutter schreibt: »Meine Großmutter *weigerte sich schlicht wahrzuhaben*, was um sie herum vorging. Dies war ohne Zweifel ihre Art, sich zu schützen.« Und: »Ich glaube, dass in solch verzweifelten Momenten eine Art *Amnesie* über einen kommt.«[15] Es gibt also auch noch in der Verzweiflung so etwas wie eine durchaus auf die Realität bezogene »Realitätsverleugnung als Überlebenstechnik«[16]. So gelingt es, sich »*irgendwie außerhalb der ›Wirklichkeit‹* zu stellen«[17]. Tatsächlich war dies eine »Illusion«, doch sie half zum Überleben.[18]

Für andere war es die Musik und das Spielen eines Instrumentes in den Konzerten von Theresienstadt, was ihnen Kraft und wenigstes für diese Augenblicke Freude gab. Es ist für die Cellistin Lasker-Wallfisch die Musik, die harte Probenarbeit im Lagerorchester, die sie von der Verzweiflung ablenkt. Von der Leiterin des Orchesters, Alma Rose, schreibt Lasker-Wallfisch: »Vielleicht war dies für sie selbst *die einzige Möglichkeit, nicht den Verstand zu verlieren*. Sie zog uns alle in den Bann ihres *Wahns*, aus dem Repertoire, das wir spielten, etwas Perfektes zu machen – und gerade darin half sie uns, *dass auch wir nicht den Verstand verloren*.«

Paul Valéry schreibt in seinem »kurzen Brief über den Mythos«: »Was wären demnach wir ohne den Beistand dessen, was nicht ist?« Diese Bemerkung wählt Mario Vargas Llosa als Eingangsmotto zu seinem Roman »Das Paradies ist anderswo«.[20] Mit Emmanuel Lévinas gewendet: *Anderswo ist* jenseits des Seins und anders als das Sein geschieht[21] als Ausdruck eines Unbegreiflichen, Unbegründeten und Unbegründbaren und derart Unbedingten: im Wort Gottes.

1 Anselm Grün, Spiritualität. Ein ganzer Mensch sein, Freiburg 2005, S. 7.

2 Vgl. Christian Bauer, Transgressionen der Moderne. Grenze und Horizont einer Theologie nach Gottes und des Menschen Tod, in: Christian Bauer, Michael Hölzl (Hg.): Gottes und des Menschen Tod?, Mainz 2003, S. 19–47, hier S. 42ff.

3 Ebd., S. 42.

4 Giorgio Agamben, Homo sacer. Die souveräne Macht und das nackte Leben, Frankfurt am Mai 2001, S. 94.

5 Vgl. ebd., S. 94.

6 Vgl. Ottmar Fuchs, »A pauperibus evangelizari«. Einige Aspekte zur »Definitionsmacht« der Armen, in: Theologische Quartalschrift 193 (2013) 3, S. 251–263.

7 Genau das ist das Problem des Petrus, nicht etwa, dass er den anderen nicht die Füße wäscht, sondern dass er sich von Jesus nicht die Füße waschen lässt. Und Jesus muss antworten: »Werde ich dich nicht waschen, so hast du keinen Teil mit mir.« (Johannes 13,8)

8 Vgl. Ottmar Fuchs, Plädoyer für eine radikale Pluralitätsethik, in: Zeitschrift für Missionswissenschaft und Religionswissenschaft 77 (1993) 1, S. 62–77, hier S. 67.

9 Sicher sind im Vollzug Dasein und Sosein niemals voneinander zu trennen. Aber ihre Unterscheidungsfähigkeit ermöglicht hier wiederum die entsprechende Haltung: Insofern mit dem Dasein die nackte Existenz, das nackte Geschaffensein des Menschen in seinem kulturellen und religiösen Kontext gemeint ist, das als solches ohne Wenn und Aber, ohne jegliche Bedingungen im strikten Sinn eines »Apriori« das Recht auf Leben, Würde und Gerechtigkeit besitzt und beanspruchen darf und muss.

10 Erwin Kräutler, Fünfhundert Jahre Lateinamerika: Die Nacht ist noch nicht vorüber ..., Schriften des Cusanuswerks Nr. 2, Bonn 1992, S. 17. Der Begriff der Gleichstufigkeit bezieht sich hier nicht auf das Wahrheitsbewusstsein (denn der verwundete Verbrecher ist als solcher relativ wenig wahrheitsfähig), sondern auf die Würde und das Grundrecht des Menschen, auch des irrenden und sündigen, an Leib und Leben nicht beschädigt zu werden.

11 Vgl. Ottmar Fuchs, Wer's glaubt wird selig ... Wer's nicht glaubt, kommt auch in den Himmel, Würzburg 2012, S. 64–72.

12 Vgl. Ottmar Fuchs, Taufe und Gemeindeentwicklung, in: Walter Kasper u. a. (Hg.): Weil Taufe Zukunft gibt, Ostfildern 2011, S. 34–75.

13 Vgl. Ulrich Bach, Kreuzes-Theologie und Behindertenhilfe, in: Pastoraltheologie 73 (1984), S. 211–224; ders.: Wer hat Angst vor Frau N.? Ein Kapitelchen abendländischer Befreiungs-Theologie, in: Diakonie 13 (1987), S. 198–203.

14 Zu Lichtenberg vgl. Ottmar Fuchs, Wider das Totschweigen des politischen Kampfes!, in: Rainer Bucher, Rainer Krockauer (Hg.): Pastoral und Politik, Wien 2006, S. 335–353, S. 345–351.

15 Anita Lasker-Wallfisch, Ihr sollt die Wahrheit erben. Die Cellistin von Auschwitz. Erinnerungen, Reinbek 1996, S. 65 und 75.

16 Thomas Auchter, Zur Psychologie des Überlebens, in: Michael Schlagheck (Hg.): Theologie und Psychologie im Dialog über Erinnern und Vergessen, Paderborn 2004, S. 223–243, hier S. 233.

17 Lasker-Wallfisch, Wahrheit, S. 118.

18 Vgl. ebd., S. 126f.

19 Ebd., S. 131.

20 Mario Vargas Llosa, Das Paradies ist anderswo, Frankfurt a. M. 2011.

21 Vgl. Emmanuel Lévinas, Jenseits des Seins oder anders als Sein geschieht, Freiburg, München 1992.

PATER SEBASTIAN PAINADATH

Das gewordene Christentum und die werdende Kirche

Ein anglikanischer Pastor wollte Mahatma Gandhi zum Christentum bekehren. Trotz langer Belehrung war es ihm nicht gelungen. Am Ende sagte ihm Gandhi: »Herr Pastor, ich bin stolz, Ihnen sagen zu dürfen, dass ich als Jünger Jesu leben will – aber ich möchte kein Christ werden.«

Christ sein oder Jünger Jesu sein?

Christ zu *sein* als Mitglied einer organisierten Religion ist etwas anderes als Jünger Jesu zu *werden*. Das Erste ist ein sozialer, religiöser Status, das Zweite ist ein geistlicher Vorgang, ein lebenslanger Verwandlungsprozess, eine begnadete Existenzweise. Wir könnten sagen: Wir sind Christen. Aber wie weit können wir im Bezug auf unseren Lebensstil beanspruchen: Ich bin wahrlich ein Jünger Jesu?

Es gibt also eine Grundpolarität zwischen Christsein und Jünger-Jesu-Sein, zwischen Christentum und Kirche. Unter *Christentum* verstehe ich die geschichtlich gewordene Religion mit all ihren Strukturen, Institutionen, Traditionen, Gesetzen und Riten. Mit *Kirche* meine ich die Gemeinschaft der Jünger Jesu, die in einem geistigen Werdegang ist. Christentum ist bereits da; Kirche aber entfaltet sich. Mit Kirche meine ich nicht die Institution Kirche, das Gebäude Kirche, die konfessionelle Kirche wie die katholische oder evangelische Kirche. Das alles gehört eigentlich zum gewordenen Christentum als einer etablierten Religion. So sprechen wir von den Weltreligionen wie dem Buddhismus, Hinduismus, Judentum, Christentum oder Islam. Kirche ist jedoch eine werdende spirituelle Wirklichkeit, der mystische Leib Christi, in dem die Gläubigen tief miteinander verbunden sind. »Wir sind ein Leib in Christus, als Einzelne aber sind wir Glieder, die zueinander gehören.« (Römer 12,5)

Vielleicht ist man in der normalen Umgangssprache im Westen gewohnt, umgekehrt zu formulieren: Kirche als die Institution und Christentum im Sinn der Nachfolge Christi. So stelle ich das Begriffspaar Christentum und Kirche auf den Kopf. Vielleicht verlangt diese von Asien kommende Denkart ein Umprogrammieren unseres Denkens! Es könnte aber hilfreich sein, einige spirituelle Entwicklungen neu zu verstehen und manche pastoralen Probleme anders zu bewältigen. Papst Franziskus spricht in seinem Apostolischen Schreiben *Evangelii Gaudium* (Benno Verlag, Leipzig 2013, im Folgenden abgekürzt als EG) durchgehend von den stabilisierenden Tendenzen des Christentums und der Aufbruchsstimmung, die die Kirche gestalten soll.

Kirche ist das Sakrament des Reiches Gottes. Jesus verkündete das Reich Gottes als den geistigen Prozess der Verwandlung des gesamten Seins in das göttliche Sein: »Die Zeit ist erfüllt, und das Reich Gottes ist nahe; kehrt um und glaubt an das Evangelium.« (Markus 1,15) Die Einladung zur Umkehr wird oft moralisch gedeutet, aber sie ist eigentlich ein mystischer Ansatz. Das griechische Wort meta-noeite heißt: über den nous (die intuitive Wahrnehmungsfähigkeit in uns) hinauszuschauen, mit dem inneren Auge zu sehen, in die göttliche Tiefe der Gegenwart zu blicken. Die Kirchenväter bezeichneten dies als Theorea, als Contemplatio: alles mit einem begnadeten göttlichen Auge zu betrachten. Dann erkennen wir, wie das Reich Gottes nahe gekommen ist, wie es sich in uns und um uns entfaltet, wie der Geist Gottes alles zum Neuen verwandelt. Geführt von diesem Geist gestalten wir die Kirche. Reich Gottes ist der geistige Antrieb, Kirche ist die daraus wachsende Weggemeinschaft, und das

Christentum ist eine dadurch entstehende gesellschaftliche Gestalt. So ist Reich Gottes mehr als Kirche; Kirche ist mehr als das Christentum.

Religion und Prozess

Christentum ist eine Religion; Kirche aber ist ein spiritueller Prozess. Christentum ist die geschichtlich, gesellschaftlich, kulturell gewordene religiöse Größe. Kirche ist die werdende Gemeinschaft, von der Jesus träumte. Als Christen *sind* wir Mitglieder des Christentums, aber wir *werden* zur Kirche, indem wir die Gemeinschaft der Jünger Jesu immer neu verwirklichen und glaubwürdig leben.

Ich möchte nicht Christentum und Kirche auseinanderreißen und zwischen beiden Trennmauern aufstellen. Aber ich möchte klarmachen, dass die Kirche mehr ist als das Christentum, dass die werdende Kirche immer eine Anfrage an das gewordene Christentum darstellt. Beide sind *distincti, non separati*. Es gibt eine dialektische Beziehung zwischen Christentum und Kirche. Dialektik heißt hier: Kirche wird ständig dem Christentum ein *Ja-* und *Nein-*Sagen abverlangen, nicht nur außerhalb, sondern vielmehr in uns selbst, zu uns selbst; nicht nur im Bezug auf Strukturveränderung, sondern vielmehr in Beziehung auf unseren eigenen Lebensstil.

Das Christentum ist eine Institution mit festen Strukturen und Traditionen. Kirche aber ist eine Weggemeinschaft, eine Pilgergemeinschaft, ein »Volk unterwegs« (Vat. II). Wir gehören dem Christentum an, aber Kirche *wird* durch uns. Von unserer religiösen Sozialisation her gehören wir dem Christentum an, aber durch die dem Evangelium entsprechende Lebensweise verwirklichen wir die Kirche.

Was bedeutet das Wort Kirche? Die neutestamentliche Bezeichnung für die Gemeinschaft der Jünger Jesu ist *ekklesia*, das heißt »die Heraus-Gerufene« (*ek-kaleo*). Daraus leiten sich Worte wie *ecclesia* (lateinisch), *l'eglise* (französisch), *iglesia* (spanisch) und so weiter ab. Der deutsche Begriff *Kirche* und der englische *Church* beziehen sich auf *Kyriake*, das heißt »dem Herrn zugehörig«. Das Wort *Kirche* bedeutet also Christus dem Herrn zugehörige Gemeinschaft. Es ist eine dynamische Beschreibung. »Wir wollen uns, von der Liebe geleitet, an die Wahrheit halten und auf Christus hin wachsen (*auxesomen*). Jeder trägt mit der Kraft, die ihm zugemessen ist. So wächst der Leib und wird in Liebe aufgebaut.« (Epheser 4,15–16) Es gibt in der Apostelgeschichte eine Bezeichnung der Kirche als Gemeinschaft des Weges/auf dem Weg (*oi tes odou*, Apostelgeschichte 9,2). All diese Bezeichnungen weisen auf die Dynamik der *Ekklesiogenese*: Wir sind Kirche, indem wir Kirche werden, indem wir sie in uns und um uns immer neu gestalten.

Vergangenheit und Gegenwart

Im Christentum gibt es wie in jeder etablierten Religion die Neigung, die Vergangenheit in die Zukunft zu tragen. Da meldet sich das Prinzip: Zurück zur Zukunft! Kirche sein aber bedeutet, der Inspiration des Heiligen Geistes volle Achtsamkeit zu schenken, der Dynamik des Hier und Jetzt Raum zu geben. Dem Christentum ist das geschichtliche Erbe sehr wichtig; darum schaut man sozusagen ständig nach rückwärts, in die Vergangenheit, in die Tradition, und sucht darin die Bezugspunkte. Bei jeder Entscheidung fragt man sich: Wie war es damals? In der Kirche aber bleibt man der Gegenwart des Geistes Gottes gegenwärtig, wach und achtsam. Bei jeder Entscheidung fragt man sich: »Was sagt der Geist den Gemeinden heute?« (Offenbarung 2,29) »Wir können nicht in der Nostalgie von Strukturen und Gewohnheiten verhaftet bleiben, die in der heutigen Welt keine Überbringer von Leben mehr sind.« (EG, S. 108)

Durch die heutige Umstrukturierung der Gemeinden könnte man das priesterzentrierte System des Christentums vielleicht noch ein paar Jahre am Leben erhalten; aber es ist keine Lösung auf Dauer. Der Auftrag der Kirche liegt eigentlich in der Förderung des aktiven Einsatzes aller Gläubigen in allen Bereichen, damit das Glaubensleben an der Basis Glaubwürdigkeit und Beweglichkeit gewinnt. Unterscheidung, Anerkennung und Förderung der Geistesgaben bei den Gläubigen (Charismen) ist eine epochale Aufgabe. Sie bildet den *articulus stantis vel cadentis ecclesiae*: das, womit Kirche steht oder fällt. Paulus verdeutlicht es. »Es gibt verschiedene Charismen, aber nur den einen Geist; es gibt verschiedene Dienste, aber nur den einen Herrn. Er bewirkt alles in allen.« (1 Korinther 12,4–6) Die besondere Gnade der heutigen Zeit ist, dass »das Bewusstsein der Identität und des Auftrags der Laien in der Kirche wächst« (EG, S. 102). »Das Feingefühl und die Intuition der Frauen«, vor allem »die besondere weibliche Aufmerksamkeit gegenüber den anderen« sind Schätze, womit »die Räume für eine wirksame weibliche Gegenwart in der Kirche noch erweitert werden sollen« (EG, S. 103). Eigentlich leben wir in einer begnadeten Zeit der Kirchengeschichte. Wir brauchen nur den Mut und die Offenheit, die vielfältigen Wirkungen des Geistes in uns und um uns zu erkennen und dementsprechend Kirche zu gestalten.

Gesellschaft und Gemeinschaft

Das Christentum bezieht sich auf die Gesellschaft (*societas*), Kirche aber entfaltet sich als eine Gemeinschaft (*communitas*). Das Christentum ist zum großen Teil soziologisch gestaltet. Die Kirche wird geistig geformt. Für das Christentum ist das religiöse Erbe wichtig. Für die Kirche ist die spirituelle Dynamik prägend. Diese Polarität zwischen Religion und Spiritualität können wir bei Paulus finden. Er zeigt sie zwischen Gesetz und Geist auf: »Ihr steht nicht unter dem Gesetz, wenn ihr euch vom Geist führen lasst.« (Galater 5,18) So können wir das, was hinter uns liegt, vergessen und uns nach dem, was vor uns liegt, strecken (Philipper 3,13).

Im Vorgang der Entfaltung des Christentums melden sich Ämter und Strukturen, Dogmen und Gesetze, Riten und Sitten zu Wort; dies ist eine unvermeidliche soziologische Angelegenheit, die oft eine theologische Rechtfertigung erhält. Kirche aber ist der geistige Prozess, worin die Geistesgaben das Glaubensleben der Einzelnen und der Gemeinde befruchten. Dem verwandelnden Geist Raum zu geben – darin besteht die Kreativität in der Entfaltung der Kirche. »Wenn ihr euch vom Geist Christi führen lasst, dann seid ihr frei.« (Galater 5,18) Diese Freiheit fördert eine innere Beweglichkeit und Kreativität: Beweglichkeit bedeutet, dass wir »in eine ständige Haltung des Aufbruchs versetzt werden« (EG, S. 27); Kreativität verlangt einen »beständigen Aufbruch zu den Peripherien, zu den neuen sozio-kulturellen Umfeldern« (EG, S. 30), »wo die neuen Geschichten und Paradigmen entstehen« (EG, S. 74).

Die Spannung zwischen Struktur und Geist ist seit der Zeit der Urgemeinden ein unvermeidlicher Faktor des Werdegangs der Kirche. Und diese Spannung muss man aushalten können. Das Institutionelle hat die Grundneigung, sich rückwärts schauend an den geschichtlichen Strukturen zu orientieren. Die charismatische Dynamik aber bleibt achtsam auf den Geist Christi in der Gegenwart. Ewigkeit ist die göttliche Tiefe der Gegenwart (*nunc aeternum*): »Alles bewirkt ein und derselbe Geist; einem jedem teilt er seine besondere Gabe zu, wie er will.« (1 Korinther 12,11)

Zwischen dem gewordenen Christentum und der werdenden Kirche gibt es eine dialektische Beziehung. Jede Gemeinschaft braucht das Getragensein durch eine Gesellschaft. Jeder Mensch braucht für seine Entfaltung die Grundbezüge zu Gesellschaft und Geschichte. Kein Mensch ist eine Insel auf dieser Erde. Jeder ist ein Teil vom Ganzen. Wir sind getragen und geformt durch ein kulturelles und religiöses Erbe. Trotz der ambivalenten Faktoren bietet das Christentum den Gläubigen ein Zugehörigkeitsgefühl, ein soziales Ambiente; aber Kirche ist größer als das Christentum. Es ist wie eine Sprache mit eigenen grammatikalischen Strukturen und Regeln. Das Sprechen-Können ist eine Begabung des Menschen, aber die Sprache ist auch etwas Verhängnisvolles, etwas Einengendes für den schöpferischen Geist. Das Denken drückt sich aus in Worten, aber es entfaltet sich über die Worte hinaus. Der Geist gießt sich in der Sprache aus, aber sprengt die Buchstaben: »Der Buchstabe tötet, der Geist aber macht lebendig.« (2 Korinther 3,6)

Das Christentum mit seinem Erbe bietet den Rahmen für das geistliche Leben, den Boden für den Auftrag der Kirche. Aber Kirche als eine werdende Realität wächst über das Gewordene hinaus. Kirche als spirituelle Wirklichkeit ist eine kritische Instanz in der Religion, die das Christentum ausmacht. Kirche als die Dynamik des göttlichen Geistes ist immer eine Herausforderung für das Christentum. Dies ist das Grundprinzip der *Ekklesiogenese*.

Das wird im Gespräch Jesu mit Nikodemus deutlich (Johannes 3,1–8). Nikodemus fühlte sich ganz geborgen in seiner gewordenen Religiosität. Aber Jesus forderte ihn zu einer tieferen Spiritualität auf, zu einer neuen Geburt: »Du sollst neu geboren werden: Der Geist weht, wo er will, so ist es mit jedem, der aus dem Geist neu geboren wird.« Dem alles transzendierenden, alles verwandelnden großen Geist Raum zu geben – darum geht es im geistlichen Leben. Jesus verdeutlicht dieses Grundanliegen auch beim Gespräch mit der Frau am Jakobusbrunnen: Auf die religiöse Frage, »wo kann ich Gott wahrlich anbeten«, gab Jesus eine spirituelle Antwort: »Die Zeit ist gekommen, da die wahre Anbetung weder in Jerusalem noch in Sychar geschieht, sondern im Geist und in der Wahrheit«, das heißt in der bedingungslosen Offenheit (*aletheia*) und Treue (hebräisch *aemaet*) dem Geist Gottes gegenüber (Johannes 4,23).

Für diesen verwandelnden und die Horizonte erweiternden Geist immer offen zu bleiben und dementsprechend das Leben zu gestalten – darum geht es im spirituellen Wachstumsprozess, der die Kirche in eine fortlaufende Aufbruchsstimmung versetzt. Die Strukturen können eine Hilfe sein, um die Geistesgaben zu erkennen, zu unterscheiden und zu fördern; aber sie können auch zu Blockaden werden, wenn sie auf das Gewordene fixiert bleiben. »Die Seelsorge verlangt, das bequeme pastorale Kriterium des *Es wurde immer so gemacht* aufzugeben. Ich lade alle ein, wagemutig und kreativ zu sein in dieser Aufgabe, die Ziele, die Strukturen, den Stil und die Methoden der eigenen Gemeinden zu überdenken« (EG, S. 33). Menschen machen Rückschritte, wenn sie in der Vergangenheit stecken bleiben. Die gesellschaftlich gewordenen Strukturen jeder Religion beinhalten eine gewisse Ambivalenz. Die Geistesgaben in der Kirche jedoch machen die alles erneuernde Gegenwart des Geistes spürbar.

Anpassung und Kritik

Das Christentum versucht wie jede andere Religion mit all seinen strukturellen Elementen sich den gegebenen politischen und gesellschaftlichen Umständen anzupassen. So wurde es zum Teil geformt durch die Gesetze des Römischen Reiches, durch die Strukturen des mittelalterlichen Feudalismus, durch die Interessen des expansionistischen Kolonialismus und durch die Werte des heutigen Kapitalismus. Kirche als die werdende Gemeinschaft der Jünger Jesu aber unterzieht ständig den politischen und gesellschaftlichen Prozess der Kritik durch die Botschaft Jesu. In diesem Sinn stellt Papst Franziskus die kritische Anfrage an »die absolute Autonomie der Märkte und der Finanzspekulation«, die die heutige Welt regiert und zur Verarmung der Völker führt (EG, S. 202). »Die Wirtschaft der Ausschließung und der Disparität der Einkommen tötet. Heute spielt sich alles nach den Kriterien der Konkurrenzfähigkeit und nach dem Gesetz des Stärkeren ab, wo der Mächtigere den Schwächeren vernichtet. Als Folge dieser Situation sehen sich große Massen der Bevölkerung ausgeschlossen und an den Rand gedrängt: ohne Arbeit, ohne Aussichten, ohne Ausweg. Der Mensch an sich wird wie ein Konsumgut betrachtet, das man gebrauchen und dann wegwerfen kann. Die Ausgeschlossenen sind nicht ›Ausgebeutete‹, sondern Müll, *Abfall*!« (EG, S. 53).

Kirche kann sich nie dem Zeitgeist anpassen, weil der Geist Christi die heteronomen Strukturen sprengt. Jesus machte es klar: »Ihr wisst, dass die Herrschenden und die Mächtigen dieser Welt ihre Macht über die Menschen erzwingen; bei euch aber soll es nicht so sein, sondern wer bei euch groß sein will, der soll euer Diener sein, und wer bei euch der Erste sein will, der soll euer Diener sein.« (Markus 10,42–44) Das *Reich*

Gottes hinterfragt jede religiöse oder politische Gestalt auf ihren Bezug zum Geist Gottes.

Die griechische Denkart, das römische Recht und der europäische Lebensstil haben das Christentum stark geprägt. Gerade in den asiatischen und afrikanischen Gemeinden wirkt sich die Kolonialgestalt des Christentums sehr befremdend aus. Kirche aber nimmt in der lebendigen Begegnung mit Kulturen und Religionen neue Formen an. »Wir können nicht verlangen, dass alle Völker aller Kontinente in ihrem Ausdruck des christlichen Glaubens die Modalitäten nachahmen, die die europäischen Völker zu einem bestimmten Zeitpunkt der Geschichte angenommen haben.« (EG, S. 118) Es gibt weltweit an der Basis viele neue Ansätze und mutige Einsätze, die Botschaft Jesu im Leben umzusetzen. Dafür wächst heute bei den Gläubigen eine reife Freiheit, ein neues Verantwortungsbewusstsein. Darin soll man die Wirkung des göttlichen Geistes erkennen. Es geht hier nicht um Anpassung. Jesus und seine Jünger konnten sich nicht den gegebenen Strukturen der damaligen Religiosität anpassen (Lukas 15,1–2), weil er von Spiritualität getrieben war (Lukas 4,1–18). Man denke an die starke Kritik Jesu an der Gesetztreue der Pharisäer und dem Hochmut der Sadduzäer. Im gewissen Sinn war Jesus ein *Aussteiger* (Lukas 11,37–54). Dies ist der Auftrag der Kirche Jesu. Dies ist auch unser Schicksal, wenn wir uns ernsthaft in die Sache Jesu einlassen. Papst Franziskus bekennt es: »Mir ist eine *verbeulte* Kirche, die verletzt und beschmutzt ist, weil sie auf die Straßen hinausgegangen ist, lieber, als eine Kirche, die aufgrund ihrer Verschlossenheit und ihrer Bequemlichkeit, sich an die eigenen Sicherheiten zu klammern, krank ist.« (EG, S. 40)

Christentum wird oft zum soziologischen Boden, auf dem Menschen sich an die herrschenden Wirtschaftswerte und Kulturströme anpassen. Kirche ist aber der geistige Raum, worin Menschen innerlich aussteigen, anders leben und der befreienden Botschaft Jesu entsprechend alternative Lebensformen entwickeln. Es gibt dafür erfreuliche Zeichen auch in der säkularisierten Gesellschaft des Westens: einfachere Lebensformen, Einsatz für Frieden, Solidarität für Gerechtigkeit, Projekte der Bewahrung der Schöpfung, Aufnahme der Asylanten, Bemühungen zum Schutz des Lebens, Sorge für die Benachteiligten, Vertiefung des spirituellen Lebens durch die Mystik, Meditationskreise und Beratungsgespräche, Besinnung auf Pilgerwegen, Dialog der Religionen und so weiter. In solchen Initiativen dürfen wir die Zeichen des Reiches Gottes erkennen. Aber oft entfalten sie sich am Rand des Christentums oder außerhalb dessen. Sollte nicht die Ortskirche ein Boden sein, auf dem diese Initiativen anerkannt und ermutigt, unterstützt und gefördert werden?

Kirche über Grenzen hinaus

Kirche als die dynamische Gemeinschaft der Jünger Jesu kann nicht mit einer konkreten Religion oder Kultur identifiziert werden. Kirche ist nicht einfach Christentum. Kirche ist mehr als das Christentum. Kirche verwirklicht sich im Christentum, aber auch trotz des Christentums und sogar außerhalb des Christentums. Bereits vor Jahrhunderten sprach Augustinus von der »Kirche seit Abel« (*ecclesia ab Abel*, Patrologia Latina, 36, 733) und Justin der Märtyrer von der Existenz der Kirche vor der Ankunft Jesu (Patrologia Graeca, 6, 398). Kirche ist das *Sakrament des Reiches Gottes*, das überall Gestalt annimmt. Kirche ist der geistige Raum, worin der Geist Gottes das Leben der Menschen in das göttliche Leben verwandelt, das spirituelle Milieu, in dem das Leben nach der Botschaft Jesu immer neu gestaltet wird: »Das Alte ist vergangen, Neues ist geworden.« (2 Korinther 5,17)

So gesehen ist Kirche eine prophetische Instanz, die die Werte der heutigen Konsumgesellschaft ständig infrage stellt, und eine mystische Realität, die den Zugang zur Einheit mit dem Göttlichen ermöglicht. Die Strukturen des Christentums haben oft die prophetische Kritik bekämpft und die mystische Erfahrung verdrängt. Es ist dringend nötig, in der Kirche den prophetischen Auftrag wachzurufen und die mystische Substanz zu beleben.

Mitglied im Christentum zu sein ist ein Status. In der Kirche zu sein ist eine Gnade, aber auch eine Verantwortung, wach zu bleiben. Den eigenen Lebensstil ständig unter die Kritik der Botschaft Jesu zu stellen, sich immer neu an Jesus zu orientieren, dem verwandelnden Geist Raum zu geben – das alles verlangt Achtsamkeit und Askese, einen einfacheren Lebensstil mit innerer Freiheit und geistiger Disziplin, Einsatz für Gerechtigkeit, Option für die Armen und vor allem eine Grundhaltung der Barmherzigkeit. So werden wir als Einzelne zu Jüngern Jesu, als Gemeinschaft zur Kirche Jesu. So entfaltet sich die dynamische Kirche in uns und durch uns, trotz unserer Grenzen und über uns Christen hinaus.

Das Christentum als ein religiöses Gefüge kennt konfessionelle Abgrenzungen und hierarchische Abstufungen. Kirche als eine geistige Wirklichkeit aber kennt keine politischen, kulturellen oder religiösen Grenzen und Stufen. Kirche als Weggemeinschaft Jesu ist eine Grenzen überwindende geistige Wirklichkeit. Sie entfaltet sich in die immer weiteren Horizonte des Geistes, *der weht, wo er will*. Für uns als Jünger Jesu gibt es kein Inland oder Ausland auf dieser Erde. In der Gemeinschaft Jesu, wie Paulus verkündet, »gibt es nicht mehr Juden und Griechen, nicht Sklaven und Freie, nicht Mann und Frau; denn wir alle sind *ein Leib* in Christus Jesus« (Galater 3,28).

Was bedeutet diese Perspektive für uns heute?

Aufgrund des Unterschieds zwischen Christentum und Kirche dürfen wir uns mit Freunde immer wieder sagen: Wir sind Kirche, wir bilden Kirche, wir werden zur Kirche Jesu. Das gewordene Christentum mit all seinen Licht- und Schattenseiten ist unsere Geschichte, und dazu stehen wir. Aber Kirche nimmt in der Gegenwart Gestalt an, in den Familien, in den Ortsgemeinden, an den Arbeitsplätzen, überall, wo das Leben pulsiert oder leidet. Der Geist Christi ruft uns heraus, in die göttliche Tiefe der Gegenwart zu blicken und daraus die Zukunft zu gestalten. Es ist eine Gnade, in der Kirche zu sein, und eine Freude, Kirche zu gestalten. Die ambivalenten Strukturen und die Skandalgeschichten des Christentums dürfen uns letztlich nicht entmutigen, denn *der Mut zum Sein* in der Kirche kommt vom Geist Christi.

Ich möchte hier kurz eine Problematik erwähnen. »Kirchenaustritt« ist ein Begriff, den wir in den nichteuropäischen Ortskirchen nicht verstehen. Man könnte eventuell vom Christentum und seinen Strukturen und Praktiken innerlich Abstand nehmen, aber man kann sich nicht von der geistigen Heimat der Kirche trennen. Es ist, als ob ein erwachsener Sohn sich für eine innere Entfernung von den Eltern entscheidet. Aber er kann sie nicht verleugnen und sagen: Ab heute seid ihr nicht mehr meine Eltern! Kirche als die vom Geist Christi getragene Gemeinschaft ist der Mutterboden, in dem wir ständig neu geboren werden, und sie bleibt unsere geistige Heimat. Daraus kann man eigentlich nicht *austreten*. Taufe ist nicht einfach ein Ritual der Eingliederung in das Christentum, sondern ein gnadenhafter Prozess der Verwandlung, der lebenslang andauert.

Eine gelungene Form der Wiederbelebung der Kirche vor Ort ist die Bildung kleiner christlicher Gemeinschaften. In vielen lateinamerikanischen und asiatischen Ortskirchen ist diese Form in den letzten Jahrzehnten mit großem Erfolg ins Leben gerufen worden. In einem übersichtlichen, nachbarschaftlichen Kreis erleben die Gläubigen die geistige Beheimatung und das Verantwortungsbewusstsein. Formen wie Eucharistiefeier mit geistigem Austausch, gemeinsames Gebet, »Exerzitien im Alltag«, das Feiern von Festen, »Bibel-Teilen«, kritische Reflexion über die Glaubenspraxis, Studium der spirituellen Klassiker, theologische Fortbildung, Lebensorientierungsprogramme, Familienberatung und Einsatz für Versöhnung und Gerechtigkeit befruchten das kirchliche Leben an der Basis. In der heutigen Zeit, in der viele Menschen eine bedrückende Vereinsamung erleben, bieten die kleinen christlichen Gemeinschaften an der Basis einen Raum, in dem sich die Menschen im Glaubensleben geborgen und von den anderen getragen fühlen können. Christlichen Glauben können wir glaubwürdig nur dann leben, wenn wir von den Schwestern und Brüdern der Ortsgemeinde getragen sind. Die Botschaft Jesu ist auf Liebe begründet, und sie verwirklicht sich in der Gemeinschaft.

Im europäischen Lebensumfeld, das zunehmend religionspluralistisch wird, ist es eine epochale Aufgabe, mit Mitgliedern anderer Religionsgemeinschaften zusammen feste Freundeskreise zu bilden. In vielen asiatischen Ortskirchen gibt es dazu die Form der *Basic Human Communities*. Auch in Europa gibt es solche Initiativen. Es geht um Kreise von etwa 20 Familien oder Einzelnen aus verschiedenen Religionen. Sie kommen regelmäßig zusammen, um miteinander über Lebensfragen zu reflektieren, lokale Probleme zu besprechen, gemeinsame Einsätze für den Frieden zu planen, Feste zu feiern und eventuell auch miteinander zu beten und die Schriften der Religionen zu lesen. Die Mitglieder werden mit herzlicher Gastfreundschaft zu den Familienfesten eingeladen. Die Kinder fühlen sich zu Hause bei allen. Solche Zusammenkünfte beseitigen unnötige Vorurteile, die die Beziehungen belasten und den Frieden gefährden. Diese Initiativen an der Basis tragen wesentlich dazu bei, eine Kultur der interreligiösen Harmonie zu entwickeln.

Insofern der Geist Gottes über alle Grenzen der Religionen hinweg *das neue Sein* schafft, dürfen die Christen mit großem Eifer und echter Freude solche Initiativen ergreifen. So wird die lokale Christengemeinde zu einer »Kirche der offenen Tür«, zu einem Raum, in dem die Gläubigen anderer Religionen sich in ihrer Eigenart respektiert und in der tiefen Einheit der Spiritualität angenommen fühlen. »Gott will die Zukunft der Menschheit als eine geschwisterliche Pilgerfahrt verwirklicht sehen, in der Gläubige verschiedener Religionen sich *gegenseitig* begleiten.« (Johannes Paul II., Assisi, 1986)

Schlussgedanken

ABT MICHAEL REEPEN

Einfach der Mitbruder Pater Anselm!

»Wie ist es denn, wenn man so einen berühmten
Mitbruder in der Gemeinschaft hat?« —
»Beim Frühstück sitzt er – wie wir alle – im Schweigen
und isst sein Müsli.«

»Mit Schlafsack ist bei uns immer ein Platz frei!« —
Das war der wichtige Satz von ihm, der dann
zu meinem Klostereintritt führte.

»Anselm, vielleicht solltest du mal eine Pause machen
mit dem Schreiben!« —
»Du hast recht, mir fällt auch nichts mehr ein.« —
Eine Woche später hat er schon wieder ein Buch fertig.

»Sie sind in dem Kloster, in dem Anselm Grün Abt ist?« —
»Nein, ich bin der Abt in dem Kloster, in dem Anselm Grün
Mönch ist.«

»Ist Pater Anselm überhaupt in der Gemeinschaft sichtbar?« —
»Wenn er vor Mitternacht vom Vortrag zurückkommt, ist er um
5.05 Uhr im Frühchor, wenn er nach Mitternacht zurückkommt,
um 6.15 Uhr im Konventamt – da können sich manche
was von abschneiden.«

»Macht es, probiert es aus!« —
So hat er damals bei den Jugendkursen uns junge Brüder ermutigt.
Das forderte uns heraus und gab uns Mut, unser Eigenes zu wagen.

Er könnte ein eigenes, lässiges Leben führen, sich manches gönnen — aber er ist zufrieden mit dem Cappuccino aus dem Automaten in der Tankstelle.

Großzügig zu anderen —
selbst sehr bescheiden.

Kurz, auf den Punkt gebracht sind seine Einleitungen zur Messe und auch die Predigten im Konventamt.

Das Schreiben ist sein Hobby, seine Hauptaufgabe war, 36 Jahre lang unser Cellerar zu sein: Montag Verwaltungssitzung, Dienstag Seniorat, Mittwoch Recollectio-Haus, Freitag Bausitzung, dazwischen Kantor, Banken, Betriebe, Mitarbeiter ...

Für das Schreiben bleiben Dienstag und Donnerstag von 6.00 bis 8.00 Uhr, weil er an diesen Tagen Abendmesse hat.

Vor seinen Fahrten bittet er um den Segen, wie das bei uns so üblich ist. Ich frage ihn: »Über welches Thema wirst du sprechen?« Er antwortet: »Weiß ich nicht mehr; wenn ich dort bin, werden sie es mir schon sagen.«

Nachwort

Lieber Pater Anselm,
wir danken dem lieben Gott
für die vielen Gaben, die er in Dich gelegt hat
und die uns und vielen Menschen zugutekommen.

Du darfst wissen,
auch wenn die Scheinwerfer aus sind,
nichts mehr von Dir gedruckt wird
und Deine Bücher verstauben,
bist Du unser Bruder!

Dein

+ Michael

Die Autoren dieses Buches

in der Reihenfolge ihres Beitrages im Buch

Abtprimas Dr. theol. Notker Wolf OSB ist als Abtprimas der Benediktiner höchster Repräsentant des Ordens, dem etwa 7.500 Mönche und 17.100 Nonnen angehören. Zu Besuchen und Treffen in den zahlreichen Klöstern auf der ganzen Welt reist er jährlich mehrmals um den Globus.
Foto: Vera Krause

Clemens Bittlinger ist evangelischer Pfarrer, Betriebswirt und Musiker. Zusammen mit Anselm Grün hat der »Rockpfarrer« ökumenische Fastenkalender geschrieben und mehrere Hörbücher aufgenommen. Bei gemeinsamen Lesetouren tritt seine Musik in Dialog mit den Texten von Anselm Grün. *www.bittlinger-mkv.de* Foto: Erika Hemmerich-Leupold

Winfried Nonhoff ist Büchermacher aus Leidenschaft. Nach seinem Studium der Germanistik und Theologie hat er viele Jahre lang als Lektor und Verlagsleiter gearbeitet, zuletzt als Leiter des Kösel-Verlages und des Diederich-Verlages. Seit 2010 ist er als freier Berater und Autor tätig. Zuletzt brachte er als Herausgeber im Buch »Das Geheimnis jenseits aller Wege« (Vier-Türme-Verlag) Anselm Grün und Willigis Jäger in ein gemeinsames Gespräch. Foto: Matthias E. Gahr/Vier-Türme-Verlag

Andrea J. Larson ist eine Nichte Anselm Grüns und Autorin. Sie ist verheiratet, Mutter von drei Kindern und lebt gemeinsam mit ihrer Familie in den USA. Zuletzt erschien im Vier-Türme-Verlag von ihr das Buch »Sag mal, Onkel Willi«, in dem sie im Dialog mit ihrem Onkel Anselm (Taufname Wilhelm) Grün die großen Fragen des Lebens zu ergründen sucht. *www.andreajlarson.com* Foto: privat

Dr. theol. Dr. h.c. Wunibald Müller ist als Diplom-Psychologe und Psychotherapeut Gründer und Leiter des therapeutisch-spirituellen Zentrums »Recollectio-Haus« in Münsterschwarzach. Er veröffentlichte eine Vielzahl an Büchern zu Themen der Spiritualität, Lebenshilfe und Psychologie und hält jährlich zahlreiche Vorträge. Foto: Matthias Körnich

Dr. phil. Rudolf Walter ist Herausgeber des periodisch erscheinenden »Einfach-leben-Briefs« von Anselm Grün. Seit vielen Jahren ist er als Lektor im Herder Verlag für die Bücher Anselm Grüns verantwortlich.
Foto: Verlag Herder

Hsin-Ju Wu ist Cheflektorin des Verlages South & North Publishing und lebt in Taipei, Taiwan. Ihr Studium der evangelischen Theologie führte sie unter anderem nach Göttingen. Äußerst erfolgreich führte sie Anselm Grün als Autor in den asiatischen Buchmarkt ein und veröffentlichte gemeinsam mit Anselm Grün ein Buch über den spirituellen Umgang mit Träumen. Foto: privat

Pierre Stutz ist Autor zahlreicher spiritueller Bücher, die in mehrere Sprachen übersetzt wurden. Als spiritueller Begleiter hält er Kurse und Seminare. Nach 17 Jahren als Priester legte er im Sommer 2002 sein Priesteramt nieder und lebt heute zusammen mit seinem Lebensgefährten in der Schweiz. *www.pierrestutz.ch* Foto: Stefan Weigand

Dr. rer. soc. Jochen Sautermeister arbeitet als Diplom-Theologe und Diplom-Psychologe am Lehrstuhl für Moraltheologie an der Katholischen Fakultät der Universität München und ist in der Ehe-, Partnerschafts- und Lebensberatung tätig. Zuletzt wirkte er am Buch »Theologie und Sprache bei Anselm Grün« mit, das im Vier-Türme-Verlag erschienen ist. Foto: privat

Prof. Pater Dr. theol. Josef Römelt CSsR ist Professor für Moraltheologie und Ethik an der Katholisch-Theologischen Fakultät der Universität Erfurt. Von 1992 bis 1999 war er als Gastprofessor in Rom tätig. Zuletzt wirkte er am Buch »Theologie und Sprache bei Anselm Grün« mit, das im Vier-Türme-Verlag erschienen ist. Foto: privat

Prof. em. Dr. med. Gerd Rudolf ist Facharzt für Psychotherapeutische Medizin, emeritierter Professor für Psychosomatik und Psychotherapie sowie ehemaliger Leiter der Psychosomatischen Universitätsklinik Heidelberg. Zuletzt wirkte er am Buch »Theologie und Sprache bei Anselm Grün« mit, das im im Vier-Türme-Verlag erschienen ist.
Foto: Universitätsklinikum Heidelberg

Linda Jarosch ist eine der leiblichen Schwestern von Anselm Grün. Sie arbeitet als selbständige Bildungsreferentin und berät Frauen in unterschiedlichen Lebenssituationen. Gute Resonanz erfahren ihre Seminare »Königin und wilde Frau« und »Ab morgen trage ich Rot«, die die Basis für ihre gleichnamigen Bücher bilden. *www.lindajarosch.de* Foto: privat

Pater Dr. theol. Fidelis Ruppert OSB ist Mönch der Abtei Münsterschwarzach, deren Abt er von 1982 bis 2006 gewesen ist. Er leitet Meditations- und Exerzitienkurse und ist in der Seelsorge tätig. Im Vier-Türme-Verlag sind zahlreiche Bücher von ihm erschienen, gemeinsam mit Anselm Grün verfasste er unter anderem das Buch »Christus im Bruder«, das eines der ersten Bücher der erfolgreichen Reihe »Münsterschwarzacher Kleinschriften« war. Foto: Matthias E. Gahr/Vier-Türme-Verlag

Pater Meinrad Dufner OSB ist Mönch in der Benediktinerabtei Münsterschwarzach, wo er seit über 30 Jahren künstlerisch tätig ist. Er studierte Philosophie und Theologie und ist seit 1991 auch als spiritueller Begleiter im Recollectio-Haus der Abtei tätig. Er ist Autor zahlreicher Bücher, unter anderem veröffentlichte er gemeinsam mit Anselm Grün im Vier-Türme-Verlag das wegweisende Buch »Spiritualität von unten«. Foto: privat

Monika Gunkel ist Autorin von christlichen Kinder- und Jugendbüchern und Arbeitsmaterialien für die Praxis in der Gemeinde. Neben ihrer langjährigen Erfahrung als Gemeindereferentin und in der Erwachsenenbildung liegt ihr vor allem die Begleitung des Umbruchs vom Kinder- zum Erwachsenglauben am Herzen. Anselm Grün lernte sie kennen, als sie sich noch zu DDR-Zeiten für die Errichtung einer Theologischen Fachschule einsetzte. Foto: privat

Claudia Gröhn studierte Musikwissenschaft und Theologie und ist mit dem Schwerpunkt christliche Literatur als Lektorin im Verlagswesen tätig. Als freie Redakteurin engagiert sie sich unter anderem mit dem Onlinemagazin *www.Buch-Auslese.de* dafür, aus dem reichhaltigen Angebot christlicher Literatur Bücher für alle Lebensbereiche auszuwählen und zu empfehlen. Mit Anselm Grün ist sie seit dem Besuch der Jugendkurse in Münsterschwarzach verbunden. Foto: privat

Freddy Derwahl arbeitet als Journalist und wurde im gesamten deutschsprachigen Raum vor allem durch seine Veröffentlichungen zu Papst Benedikt XVI. bekannt. Er publiziert in der FAZ, in der ZEIT sowie bei ARTE und dem ORF. Von ihm ist im Vier-Türme-Verlag die Biografie »Anselm Grün – Sein Leben« erschienen. Foto: David Hagenmann

Schwester Christiane Sartorius OP ist Provinzpriorin der Missionsdominikanerinnen für Deutschland. Sie arbeitete lange Zeit als Ergotherapeutin und absolvierte eine Ausbildung in Gesprächstherapie und Klinischer Gestalttherapie. Bis 2010 war sie im Recollectio-Haus der Abtei Münsterschwarzach tätig. Foto: privat

Hans-Jürgen Hufeisen ist Komponist und Flötist. Seit 1983 gibt er Konzerte in aller Welt. Als einer der bekanntesten Meister spiritueller Musik veröffentlichte er zahlreiche CDs, auch viele Hörbücher Anselm Grüns gestaltete er als Komponist und Flötist. In gemeinsamen Konzertlesungen meditiert er mit seiner Flötenmusik die tiefgehenden Texte von Anselm Grün. *www.hufeisen.com* Foto: Stefan Neubig

Marion Küstenmacher ist evangelische Theologin und Germanistin. Sie arbeitete lange Zeit als Redakteurin und Verlagslektorin. Heute ist sie als Coach für spirituelle Persönlichkeitsentwicklung tätig und Autorin zahlreicher Bücher. Ihr Mann Werner Tiki Küstenmacher ist evangelischer Theologe und Pfarrer, Journalist und erfolgreicher Karikaturist und Autor. Bekannt ist er auch durch seine live gezeichneten Comics im Format »Tikimation« beim ZDF. *www.kuestenmacher.com* Foto: privat

Franz Otremba war 32 Jahre lang kaufmännischer Leiter eines mittelständischen Industrieunternehmens. Seit 2013 ist er freiberuflich tätig. Im August 1996 hatte er die Möglichkeit, gemeinsam mit Anselm Grün den Berg Athos und dessen Klöster zu besuchen. Foto: privat

Barbara Stamm MdL ist seit 2008 Präsidentin des Bayerischen Landtages. Außerdem ist sie unter anderem Vizepräsidentin des Familienbundes der Katholiken, stellvertretende Vorsitzende des Diözesancaritasverbandes Würzburg und Schirmherrin zahlreicher wohltätiger Organisationen. *www.barbarastamm.de* Foto: privat

Paul Weismantel ist Domvikar im Bistum Würzburg. Seit 2002 leitet er dort den Bereich »Geistliches Leben«. Seit 2008 ist er auch Spiritual am Priesterseminar in Würzburg. Er ist ein gefragter geistlicher Begleiter und spiritueller Autor. *www.paul-weismantel.de* Foto: privat

Prof. em. Dr. theol. Dietmar Mieth ist emeritierter Professor für Theologische Ethik an der Universität Tübingen und Fellow des Max-Weber-Kollegs für kultur- und sozialwissenschaftliche Studien an der Universität Erfurt. Zuletzt wirkte er am Buch »Theologie und Sprache bei Anselm Grün« mit, das im Vier-Türme-Verlag erschienen ist. Foto: privat

Albrecht Fürst zu Castell-Castell wirkte mehr als 50 Jahre als Unternehmer in seinen Betrieben, in überregionalen Vereinigungen, in der Politik, in Jagd- und Reitsportverbänden, ehe er die Geschäfte an seinen Sohn Ferdinand übergab. Er ist nach wie vor ein reger Teilnehmer in theologischen Diskussionen. Foto: privat

Dr. theol. Thomas Philipp ist Leiter der katholischen Hochschulseelsorge aki in Bern. Er ist Mitherausgeber des im Vier-Türme-Verlag erschienen Buches »Theologie und Sprache bei Anselm Grün«. Foto: privat

Prof. Dr. theol. Ottmar Fuchs ist Professor für Praktische Theologie an der Eberhard Karls Universität in Tübingen. Zuletzt wirkte er am Buch »Theologie und Sprache bei Anselm Grün« mit, das im Vier-Türme-Verlag erschienen ist. Foto: privat

Pater Dr. theol. Sebastian Painadath SJ ist Jesuitenmönch und leitet einen christlichen Ashram in Indien. Er ist gefragter Exerzitienleiter und Meditationslehrer und gibt regelmäßig Kurse. Er ist bekannter Autor, im Vier-Türme-Verlag erschien von ihm unter anderem das Buch »Die Kraft des Gebets«, das er zusammen mit Anselm Grün und Gerondissa Diodora verfasste. Foto: privat

Abt Michael Reepen OSB ist seit Mai 2006 Abt der Benediktinerabtei Münsterschwarzach. Vorher war als Missionar in Tansania und dann lange Zeit als Novizenmeister (Magister) für die geistliche Ausbildung der neuen Mönche der Gemeinschaft und als Kursleiter im Gästehaus tätig. Er ist Herausgeber und Autor einiger Bücher, unter anderem gemeinsam mit Anselm Grün. Foto: privat